Klaus-J. Windeck

STRUKTURELLE PLANUNG
Mehrebenenplanung
in Entwicklungsländern

Band 26

Schriften des Zentrums für regionale Entwicklungsforschung der Justus-Liebig-Universität Gießen

Schriftleitung: Dr. Reinhard Kaufmann

VERLAG WELTARCHIV GMBH · HAMBURG 1984

ISSN 0170-1614

Schriften des
Zentrums für regionale Entwicklungsforschung
der Justus-Liebig-Universität Gießen

CIP-Kurztitelaufnahme der Deutschen Bibliothek

> **Windeck, Klaus-J.:**
> Strukturelle Planung, Mehrebenenplanung in Entwicklungsländern/Klaus-J. Windeck. – Hamburg: Verlag Weltarchiv, 1984.
> (Schriften des Zentrums für regionale Entwicklungsforschung der Justus-Liebig-Universität Giessen; Bd. 26)
> ISBN 3-87895-252-X
> NE: Zentrum für Regionale Entwicklungsforschung [Giessen]: Schriften des Zentrums . . .

ISBN 3-87895-240-6

© 1983 VERLAG WELTARCHIV GMBH
2000 HAMBURG 36
Druck: Buch- und Offset-Druckerei Wünsch,
Dreichlingerstraße 2a, 8430 Neumarkt/Opf.

Vorwort

Das Zentrum für regionale Entwicklungsforschung der Justus-Liebig-Universität Gießen führt seit 1975 interdisziplinäre Forschungsvorhaben in Industrie- und Entwicklungsländern durch, die den Erkenntnisstand über regionale Strukturen und Entwicklungsprozesse durch vergleichende Analyse und Planung verbessern sollen.

Im Zentrum sind derzeit Wissenschaftler verschiedener Disziplinen der Agrarwissenschaften, Ernährungswissenschaft, Geographie und Wirtschaftswissenschaften zusammengeschlossen.

Mit den vorliegenden "Schriften des Zentrums für regionale Entwicklungsforschung der Justus-Liebig-Universität Gießen" soll der Versuch unternommen werden, den Stand der Diskussionen im Zentrum über aktuelle regionalwissenschaftliche und entwicklungspolitische Themen einem Kreis von Interessierten darzulegen. Die jeweiligen Autoren erhoffen von den Lesern Stellungnahmen und kritische Anmerkungen zu ihren Beiträgen, um ihren eigenen Standort ständig neu überprüfen zu können.

Die "Schriften" erscheinen in unregelmäßiger Folge im Verlag Weltarchiv GmbH (Hamburg); die Bände 1 - 24 wurden vom Verlag Breitenbach (Saarbrücken/Fort Lauderdale) betreut.

Prof. Dr. H.-U. Thimm
(Geschäftsführender Direktor)

Zum Autor

Geboren 1947 in Herne, Studium der Ökonomie in Bochum und Gießen. Wissenschaftlicher Mitarbeiter an der Professur Volkswirtschaftslehre und Entwicklungsländerforschung an der Justus-Liebig-Universität Gießen. Freier Gutachter in Entwicklungsprojekten der deutschen und internationalen Entwicklungshilfe. Stipendiat des DAAD an der Ecole Nationale d'Administration in Paris. Seit 1981 Leiter der volkswirtschaftlichen Abteilung einer Hamburger Beratungsgesellschaft, seit 1982 deren stellvertretender Geschäftsführer.

Ja, mach nur einen Plan
sei nur ein großes Licht!
Und mach dann noch 'nen zweiten Plan
Gehn tun sie beide nicht.

(Aus B. Brechts Lied von der
Unzulänglichkeit menschlichen
Strebens)

INHALT

EINFÜHRUNG 19

1. Geschichtlicher und terminologischer Hintergrund 19
2. Gang der Arbeit 23

ERSTER TEIL
GRUNDLAGEN DER MEHREBENENPLANUNG

1. Ein einfaches Grundschema der Mehrebenenplanung .. 29
2. Ökonomische Interpretation von Einsatzmöglichkeiten von Dekompositionsverfahren 32
   - 2.1 Dekompositionsverfahren und Modellebenen 39
   - 2.2 Dekompositionsverfahren als Grundlage für Entscheidungsmodelle 42
   - 2.3 Mehrebenenplanung im konkreten Einsatz zur Lösung komplexer ökonomischer Probleme in Entwicklungsländern 44
3. Mathematische Grundlagen der Mehrebenenplanung 49
   - 3.1 Das Grundmodell 49
   - 3.2 Mathematische Grundlagen preisgesteuerter Verfahren 56
     - 3.2.1 Lagrange-Verfahren 56
     - 3.2.2 Dualitätstheorie 60
     - 3.2.3 Koopman's Modell als erster Ansatz preisgesteuerter Mehrebenenplanung ... 65
     - 3.2.4 Existenzbedingungen für preisgesteuerte Verfahren 67
     - 3.2.5 Preisgesteuerte Dekompositionsalgorithmen 71
       - 3.2.5.1 Der Algorithmus von Dantzig und Wolfe 71
       - 3.2.5.2 Zusammenfassung unter Berücksichtigung anderer preisgesteuerter Verfahren ... 84

3.3		Mathematische Grundlagen mengengesteuerter Verfahren	86
	3.3.1	Das allgemeine mathematische Verfahren	87
	3.3.2	Existenzbedingungen für mengengesteuerte Verfahren	90
	3.3.3	Mengengesteuerte Dekompositionsalgorithmen	92
3.4		Die Berücksichtigung von Zielkonflikten	98
	3.4.1	Vorbemerkungen	98
	3.4.2	Lösungsverfahren für Organisationen mit Zielkonflikten	100

ZWEITER TEIL

FALLSTUDIEN ZUR ANWENDUNG DER MEHREBENENPLANUNG IN ENTWICKLUNGSLÄNDERN

A. Die Studie über Mexiko 111

1. Die Grundzüge der Studie 111
   1.1 Einführung 111
   1.2 Die Aggregationsebenen 112
   1.3 Vergleichende Strukturanalyse der Programmierungsmodelle 114
   1.4 Angebots- und Nachfragebestimmung 116
       1.4.1 Produktion 116
       1.4.2 Inländische Nachfrage 116
   1.5 Berücksichtigung des Außenhandels in den verschiedenen Modellen 117
   1.6 Zusammenfassende Darstellung des Inlandsmarktes, des Außenhandels und der Zielfunktionen in den verschiedenen Modellen 119
   1.7 Realkapital 122
   1.8 Humankapital 123
   1.9 Verbindung der Modelle der verschiedenen Ebenen 127

2. Das landwirtschaftliche Sektormodell 131
   2.1 Die Verbindung des landwirtschaftlichen Sektormodells CHAC mit dem gesamtwirtschaftlichen Modell DINAMICO .. 131

2.2 Die Verbindung des Sektormodells mit dem Distriktmodell 138

2.3 Die Ergebnisse des Landwirtschafts- modells 144

    2.3.1 Produktion 144

    2.3.2 Beschäftigung 147

    2.3.3 Auswirkungen wirtschaftspoliti- scher Maßnahmen 149

3. Das Energie-Sektormodell 154

  3.1 Die Struktur von ENERGETICOS 154

  3.2 Interdependenzen im Energiesektor 159

  3.3 Ergebnisse des Energiemodells 164

  3.4 Die Verbindung des Energiesektor- modells ENERGETICOS mit dem gesamt- wirtschaftlichen Modell DINAMICO 168

  3.5 Das Regionalmodell INTERCON 172

4. Kritische Analyse der Mexikostudie 174

  4.1 Die Zielfunktion 175

  4.2 Die Verbindung der Modelle 177

B. Die Studie über die Elfenbeinküste 182

1. Problemstellung und Lösungsweg des Sektormodells 183

  1.1 Die Mehrebenenstruktur des Grund- modells 186

  1.2 Kritische Analyse der ersten Studie 188

2. Modifikation der Struktur des Modells Erweiterung seiner Aufgabenstellung durch einen politisch-administrativen Entscheidungsprozeß 191

3. Die Beschreibung der Modelle 195

  3.1 Das Zentralmodell 195

  3.2 Das Modell des städtischen Sektors 197

  3.3 Die Modelle der Landwirtschafts- sektoren 201

  3.4 Das Modell des Ausbildungssektors 206

4. Die Verbindung der einzelnen Modelle 211

5. Die wichtigsten Aspekte der Mehrebenenstudie über die Elfenbeinküste 217
   5.1 Die Zielfunktion 217
   5.2 Die Wirkungsermittlung wirtschaftspolitischer Eingriffe 222
   5.3 Zusammenfassung 228
6. Kritische Analyse der Studie über die Elfenbeinküste 231
   6.1 Analyse der Zielfunktion 231
   6.2 Analyse der Modellverknüpfung 238
   6.3 Zusammenfassung 243

DRITTER TEIL
ZUM GESAMTABLAUF
STRUKTURELLER ENTWICKLUNGSPLANUNG

1. Phasen des strukturellen Planungs- und Entscheidungsprozesses 248
   1.1 Allgemeine Problemanalyse 248
   1.2 Projektfindung 250
   1.3 Datengewinnung und Konsistenzanalyse 253
   1.4 Flexible Modellentwicklung 256
2. Das Baukastenprinzip 259

VIERTER TEIL
ZUR FRAGE DER WIRTSCHAFTSPOLITISCHEN
UMSETZUNG DER ENTWICKLUNGSEMPFEHLUNGEN
DER MEHREBENENSTUDIEN

1. Vorbemerkung 269
2. Zur wirtschaftspolitischen Umsetzung in der Elfenbeinküste 270
   2.1 Landwirtschaftssektor 270
   2.2 Ausbildung und Ivorisierung 274
   2.3 Der städtische Sektor 276

3. Zur wirtschaftspolitischen Umsetzung in Mexiko ... 278

4. Zusammenfassung 282

ZUSAMMENFASSUNG DER ARBEIT UND AUSBLICK 283

Anhang I: Beziehungen in der Dualitätstheorie.. 291
Anhang II: Mengengesteuerte Lösungsalgorithmen.. 293
Anhang III: Analytische Darstellung der Nutzen-
               funktion der Studie über
               die Elfenbeinküste 305

Literaturverzeichnis 313

VERZEICHNIS DER TABELLEN IM TEXT

Tab. 1:   Übersicht über Dekompositions-
          verfahren 108

Tab. 2:   Zusammenhang der Ebenen in der
          Mexikostudie 113

Tab. 3:   Charakteristika der sieben
          Programmierungsmodelle 115

Tab. 4:   Vergleich der Grundannahmen in bezug
          auf inländische Nachfrage, Exporte/
          Importe und Zielfunktion 120

Tab. 5:   Lösungsfälle von DINAMICHAC 135

Tab. 6:   Einfluß der Modellgrößen in
          DINAMICHAC 136

Tab. 7:   Komparative Vorteile verschiedener
          landwirtschaftlicher Produkte 145

Tab. 8a: Quantitative Wirkung wirtschafts-
          politischer Maßnahmen 150

Tab. 8b: Qualitative Wirkung wirtschafts-
          politischer Maßnahmen 153

Tab. 9:   Einfluß der Außenhandelsprämie auf
          die Modellergebnisse 166

Tab. 10: Charakteristika der Sektormodelle 210

Tab. 11: Zusammenfassende Bewertung der
          wirtschaftspolitischen Maßnahmen 227

Tab. 12: Landwirtschaftliche Produktion in
          der Elfenbeinküste 272

VERZEICHNIS DER ABBILDUNGEN IM TEXT

Abb. 1: Der Informationsfluß zwischen verschiedenen Ebenen.......................... 41

Abb. 2: Die Optimallösung bei Linearität 81

Abb. 3: Die Optimallösung bei "diminishing returns to scale" 82

Abb. 4: Diskrepanz zwischen total- und partialoptimalen Produktionsentscheidungen 83

Abb. 5: Informationsfluß bei mengengesteuerten Verfahren 86

Abb. 6: Verbindung der einzelnen Modelle in der Mexikostudie 128

Abb. 7a: Erste Variante des Informationsflusses zwischen Region und Distrikten 140

Abb. 7b: Zweite Variante des Informationsflusses zwischen Region und Distrikten 143

Abb. 8: CHAC Ergebnisse zur saisonalen Beschäftigung beim Anbau kurzzyklischer Feldfrüchte (1968) 148

Abb. 9: Grundannahmen des Energiemodells 155

Abb. 10: Interdependenzen bei der Energieproduktion 157

Abb. 11a: Das erste Mehrebenenmodell der Studie über die Elfenbeinküste 187

Abb. 11b: Das modifizierte Zweiebenenmodell 194

Abb. 12: Informationsflüsse im Mehrebenenmodell der Elfenbeinküste 216

Abb. 13: Planungs- und Entscheidungsprozeß nach dem "building-block-approach" 266

Abb. II.1: Die tangentiale Approximation 298

VERZEICHNIS DER VERWENDETEN ABKÜRZUNGEN

a.a.O.	am angeführten Ort
Bd.	Band
bzw.	beziehungsweise
ca.	circa
d.h.	das heißt
ed.	Herausgeber
ha	Hektar
hrsg.	herausgegeben
Hrsg.	Herausgeber
i.d.R.	in der Regel
m.a.W.	mit anderen Worten
max.	maximiere
m.E.	meines Erachtens
min.	minimiere
N.F.	Neue Folge
o.J.	ohne Jahr
o.O.	ohne Ort
Opt.	Optimum
s.	siehe
S.	Seite
s.o.	siehe oben
s.u.	siehe unten
u.a.	und andere
unter Neb.Bed.	unter Beachtung der Nebenbedingung(en)
usw.	und so weiter
u.U.	unter Umständen
vgl.	vergleiche
Vol.	Band
z.B.	zum Beispiel

ERKLÄRUNG DER VERWENDETEN SYMBOLE

I. Mathematische Grundlagen der Mehrebenenplanung
   (Kap. I/3.)

$\underline{v}_i$ — Ressourcenvektor für Untereinheit i

$\underline{x}_i$ — Vektor der Aktivitätsniveaus für Untereinheit i

$\underline{r}$ — Vektor des gesamten Ressourcenbestandes der Zentraleinheit

$\underline{x}_i \epsilon X_i$ — Vektor der Aktivitätsniveaus von Einheit i, die innerhalb deren realisierbaren Bereich X_i liegen; d.h. es handelt sich um eine technologische Restriktion für i

$u(g_1(\underline{x}_1), \ldots, g_n(\underline{x}_n))$ — Zielfunktion der Zentraleinheit in Abhängigkeit von den Aktivitätsniveaus der Untereinheiten

$f_i = (x_i)$ — Zielfunktion der Untereinheit i in Abhängigkeit vom eigenen Aktivitätsniveau

II/B Die Studie über die Elfenbeinküste

Die folgenden verwendeten Symbole haben im Ein-Produkt-Zwei-Faktoren-Modell die folgende Bedeutung:

1. Endogene Variablen

K_t — Erneuerbarer Kapitalstock > 0

$I_t = \dot{K}_t$ — Nettoinvestitionen (= Sparen)

C_t — Konsum > 0

$U_t = U(c_t)$ — Nutzen des Pro-Kopf-Konsums < 0

W — Wert der Zielfunktion

$c_t = C_t/N_t$ — Pro-Kopf-Konsum > 0

$r_t = \partial Y_t/\partial K_t$ — Grenzproduktivität des Kapitals > 0

$w_t = \partial Y_t / \partial L_t$ Grenzproduktivität der Arbeit > 0

$s_t = I_t / Y_t$ Sparquote $0 < s < 1$

γ_t Wachstumsrate des Pro-Kopf-Konsums

$g_t = v + \gamma_t$ Wachstumsrate des Gesamtkonsums

2. Exogene Variablen

$N_t = e^{vt} \bar{N}_o$ Größe der Bevölkerung > 0

$L_t = e^{vt} \bar{L}_o$ Größe des Arbeitskraftbestandes > 0

K_o Ursprünglicher Kapitalstock > 0

3. Exogene zeitinvariante Parameter

v Wachstumsrate der Bevölkerung > 0

$\bar{\gamma}$ Postterminale Wachstumsrate des Pro-Kopf-Konsums ≥ 0

σ Substitutionselastizität des Pro-Kopf-Konsums zu verschiedenen Zeitpunkten $0 < \sigma < 1$

$\bar{\sigma}$ Substitutionselastizität zwischen Arbeit und Kapital $0 < \bar{\sigma} < 1$

EINFÜHRUNG

1. Geschichtlicher und terminologischer Hintergrund

Die Planungstheorie für Entwicklungsländer weist in den letzten 35 Jahren eine offenkundige Evolution auf. Von einem Einzelgebiet der Entwicklungsökonomie, das zu Beginn nur grobe entwicklungspolitische Ansatzstellen zu definieren versuchte, ist sie zu einem eigenständigen Bereich der Ökonomie aufgestiegen, der heute eine weite Spanne theoretischer Abhandlungen aufweist und bereits durch erhebliche praktische Erfahrung gekennzeichnet ist.[1] Der Begriff Planung wird dabei unter dem Einfluß der angloamerikanischen Nationalökonomie pragmatisch definiert. Obwohl die grundsätzliche Bedeutung idealtypischer Grundformen der Wirtschaftsordnung nicht geleugnet wird, geht man davon aus, daß die Realisationsschwierigkeiten der jeweiligen Idealtypen (idealtypische Marktwirtschaft und idealtypische Zentralverwaltungswirtschaft) noch keine eindeutige Antwort auf die Frage zulassen, wie die reale Wirtschaftsordnung in Entwicklungsländern gestaltet sein sollte.[2]

---

1 Vgl. H. CHENERY: Foreword, in: CHr.R. BLITZER, P.B. CLARK, L. TAYLOR (Hrsg.), Economy-Wide Models and Development Planning, London 1975, S. XI.

2 Vgl. H.-R. HEMMER: Wirtschaftsprobleme der Entwicklungsländer, München 1978, S. 82 ff., hier S. 106 (im folgenden zitiert als: Wirtschaftsprobleme); vgl. auch ders.: Die Grenzen der Marktwirtschaft als ordnungspolitische Konzeption in Entwicklungsländern, in: P. HARBUSCH, D. WIEK (Hrsg.): Marktwirtschaft, Stuttgart 1975 (im folgenden zitiert als: Grenzen der Marktwirtschaft).

Es wird von der Tatsache der "mixed economy" mit frei agierenden marktwirtschaftlichen Bereichen unter staatlicher Beeinflussung und staatlich gelenkten Bereichen ausgegangen.[1] Offensichtlich sind die Zusammensetzung und das Zusammenwirken der verschiedenen Bereiche für die Dynamik des Entwicklungsprozesses von entscheidender Bedeutung.[2]

Ein solches reales Wirtschaftssystem weist unterschiedliche Planungssubjekte mit verschiedenen Planungskompetenzen auf.[3] Entwicklungsplaner definieren i.d.R. ihre eigene Rolle im umfassenden Entscheidungsprozeß zur Lösung komplexer Entwicklungsprobleme als die eines Planentwerfers und nicht als die eines Planungsträgers oder Planausführers.[4]

Damit reduziert sich der Planungsvorgang im Kompetenzbereich des Entwicklungsplaners auf die analysierende und informierende Entscheidungsvorbereitung, die auf den effizienten Einsatz knapper Faktoren konzentriert ist. Da die Entscheidung selbst und deren Vollzug im Kompetenzbereich

---

[1] Vgl. H.-R. HEMMER: Wirtschaftsprobleme, a.a.O., S. 106.

[2] Vgl. A.J. HALBACH, R. OSTERKAMP, H.G. BRAUN, A. GÄLLI: Wirtschaftsordnung, sozio-ökonomische Entwicklung und weltwirtschaftliche Integration in den Entwicklungsländern - Studie des Ifo-Instituts, BMWI-Studienreihe Nr. 36, Juli 1981, und die dort angeführte Literatur.

[3] Vgl. H.CH. RIEGER: Begriff und Logik der Planung - Schriftenreihe des Südostasien-Instituts der Universität Heidelberg - Wiesbaden, 1967, S. 30 ff.

[4] Vgl. ebenda, S. 32.

der politisch-administrativen Entscheidungsträger liegt, kann so definierte Planung im Prinzip in jedem politisch-gesellschaftlichen System vollzogen werden.[1,2]

Die Entwicklung komplexer mathematischer Lösungsverfahren und die rasante Leistungssteigerung von Computern in der letzten Dekade verschoben das Schwergewicht der Entwicklungsplanung von partiellen zu umfassenden integrierten Planungsansätzen.

Unter dem Einfluß neuerer mathematischer Theorien gewann der Gedanke der formalen Planungsdezentralisierung auf mehreren Ebenen an Bedeutung. Die Dezentralisierungsidee resultierte aus den Erfahrungen der Planungspraxis besonders in Entwicklungsländern: Zentralisierte Optimierungsmodelle setzen ein derartiges Ausmaß von Informationsbeschaffung und -verarbeitung voraus, daß sie auch unter heutigen Bedingungen kaum aussagefähige quantitative Erklärungsmodelle sein können.[3]

---

[1] Vgl. H. DE HAEN, I. EVERS, O. GANS, W. HENRICHSMEYER: Integrierte Entwicklungsplanung - Eine Bestandsaufnahme, Berlin 1975, S. 12 und dort angegebene Literatur.

[2] Das heißt jedoch nicht, daß Entwicklungsplaner dem konkreten politisch-gesellschaftlichen System gleichgültig gegenüberstehen. Es ist denkbar, daß das von Planungsträgern und -ausführern entwickelte gesellschaftliche Kontrollsystem mit dem Wertesystem des Planungsentwerfers unvereinbar ist, so daß eine im obigen Sinne eingeengte definierte Planungstätigkeit nicht mehr möglich ist.

[3] Vgl. W. VON URFF: Zur Programmierung von Entwicklungsplänen, Berlin, 1973.

Wesentlichen Anteil an der Entwicklung solcher dezentralisierter Planungsmodelle[1] hatte das Development Research Center der Weltbank, das nach ausführlichen theoretischen Vorbereitungen das Konzept der Mehrebenenplanung (Multi-Level Planning) entwickelte.

Charakteristisch für dieses Konzept ist die wechselseitige iterative Verknüpfung von verschiedenen Aggregationsebenen, wobei die auf jeder Ebene in unterschiedlichem Ausmaß vorhandenen Informationen systematisch zwischen den Ebenen ausgetauscht werden, um eine gesamtgesellschaftliche Zielfunktion unter Beachtung von Nebenbedingungen mittels der mathematischen Programmierung zu maximieren.

Die mathematische Basis der Mehrebenenplanung ist die Dekompositionstheorie im System der mathematischen Programmierung.

Diese relativ junge Theorie hat bis jetzt eine Reihe von Dekompositionsalgorithmen entwickelt, die mathematisch relativ kompliziert sind. Bevor einzelne dieser Algorithmen im Grundlagenteil dargestellt und analysiert werden, soll der Gang der Arbeit skizziert werden.

---

1 Dezentralisation betrifft in dieser Arbeit vor allem den Aspekt der Informationsbeschaffung und -verarbeitung in hierarchischen Organisationen; vgl. J.R. FREELAND: Conceptual Models of the Resource Allocation Decision Process in Hierarchical Decentralized Organizations, Diss., Georgia Institute of Technology, 1973, S. 4 ff.

2 Planung als systematische Entscheidungsvorbereitung wird also mathematisch definiert als begrenztes Maximierungsproblem; vgl. dazu G.M. HEAL: The Theory of Economic Planning, Amsterdam, Oxford 1974, S. 3 ff. In diesem Sinne determiniert die Mehrebenenplanung als Instrument des Planentwurfs nicht das System der Planausführung, wie die Länder Elfenbeinküste, Mexiko und Ungarn zeigen, die unterschiedliche ordnungspolitische Steuerungssysteme aufweisen.

2. Gang der Arbeit

In Teil I werden die Grundlagen der Mehrebenenplanung erarbeitet. Nach der Analyse der elementaren Charakteristika der Mehrebenenplanung mit Hilfe eines einfachen Grundschemas wird die Informationsstruktur und ihre Bedeutung für die Art möglicher Planungsverfahren untersucht. Die Einsatzmöglichkeiten von Dekompositionsalgorithmen im Sinne normativer oder deskriptiver ökonomischer Modellbildung werden beschrieben und ihre Fähigkeit der Abbildung von Entscheidungsmodellen mit Informationsverfügbarkeit auf mehreren Entscheidungsebenen analysiert. So kann die Eignung der Mehrebenenplanung zur Lösung komplexer ökonomischer Entscheidungsprobleme eingegrenzt werden.

Nach der eingehenden Analyse der Bedeutung der Informationsstruktur tritt dann der Aspekt der formalen zielorientierten Informationsverarbeitung in den Vordergrund. Es werden also die mathematischen Grundlagen der Mehrebenenplanung dargestellt. Zwangsläufig steht eine solche Darstellung im Spannungsfeld zweier konträrer Ansprüche. Einerseits müssen die analytischen Grundzüge der z.t. komplizierten Verfahren exakt herausgearbeitet werden, andererseits soll der Grundlagenteil den anwendungsorientierten Bezug dieser Verfahren zur Lösung komplexer ökonomischer Entscheidungsprobleme in Entwicklungsländern herstellen. Um beiden Ansprüchen gerecht zu werden, wird eine Darstellung gewählt, die die große Zahl der bis jetzt entwickelten Lösungsalgorithmen in zwei Hauptgruppen je nach ihrem Steuerungsmechanismus aufspaltet, die mathematischen Strukturen der Hauptgruppen analysiert und die einzelnen Verfahren, die im Rahmen unterschiedlicher Disziplinen entwickelt wurden, auf ihre ökonomische Anwendungsmöglichkeit überprüft. So wird eine geschlossene Übersichtsdarstellung verschiedener in der Ökonomie anwendbarer Dekompositionsalgorithmen erreicht, die bisher in der deutschsprachigen Literatur zur Entwicklungsplanung nicht vorliegt. Dabei wird den preisgesteuerten Algorithmen größeres Gewicht beigemessen, da sie für die Fallbeispiele besonders wichtig sind. Mengengesteuerte Lösungsverfahren werden globaler analysiert, ihre mathematischen Details werden im Anhang beschrieben.

Die im ersten Teil abstrakt abgeleiteten Möglichkeiten der Mehrebenenplanung werden in Teil II dieser Arbeit anhand zweier Fallstudien aus Mexiko und der Elfenbeinküste analysiert und überprüft. Diese Konkretisierung, die verhindert, daß die theoretischen Erkenntnisse im "luftleeren Raum" hängenbleiben, entspricht der Zielsetzung einer anwendungsorientierten Untersuchung.

Mit Hilfe der zwei Studien der Mehrebenenplanung, die beide vom Development Research Center der Weltbank angeregt und durchgeführt wurden, wird verdeutlicht, welcher Anstrengungen - und welcher Abstriche - es bedarf, um ein neues Instrumentarium auf die komplexen praktischen Probleme der strukturellen Planung in Entwicklungsländern anzuwenden. Darüber hinaus ermöglicht der Vergleich der nach der Mexikostudie angefertigten Studie über die Elfenbeinküste Einsichten, inwieweit Lernfortschritte aus der ersten Arbeit gewonnen und umgesetzt wurden und welche Probleme bis jetzt noch nicht gelöst sind.

Teil III dieser Arbeit ergänzt die theoretisch analysierten und empirisch untersuchten Aspekte der zielorientierten Informationsverarbeitung und der Informationsstruktur bei der Anwendung der Mehrebenenplanung in Entwicklungsländern um den Aspekt des politisch-administrativen Entscheidungsprozesses.

Nach der Darstellung der Ablaufphasen struktureller Entwicklungsplanung wird auf der Grundlage des "building block approach" ein konzeptioneller Rahmen der Entwicklungsplanung in Entwicklungsländern erarbeitet. Es wird nachgewiesen, daß moderne projektbezogene Planungsverfahren wie die Cost-Benefit-Analyse und die auch die Makro- und Sektorebene umfassende Mehrebenenplanung sich nicht ausschließen, sondern sich unter bestimmten Voraussetzungen ergänzen. Diese Voraussetzungen werden erarbeitet, so daß sich ein Grundkonzept der Entwicklungsplanung ergibt, das die Integration der verschiedenen Planungsverfahren erlaubt und damit die ökonomische Verwendung von in Entwicklungsländern besonders schwer zu beschaffenden Informationen gewährleistet.

Im Anschluß daran wird in Teil IV versucht, die Frage zu beantworten, in welchem Maße Mexiko und die Elfenbeinküste die Empfehlungen der zwei Studien zur Mehrebenenplanung umgesetzt haben und welche Entwicklungskonsequenzen sich daraus ergeben haben. Dieser "performance test", der für die Frage nach der empirischen Relevanz des theoretischen Instrumentariums von großer Bedeutung ist, konnte nur im Ansatz realisiert werden, da die restriktive Informationspolitik sowohl der Weltbank als auch der jeweiligen Regierungen eine solche Überprüfung sehr erschwerten. Dieses Problem konnte auch durch die Analyse von Statistiken der zwei Länder wegen des nicht klaren Ursache-Wirkungsbezugs nicht eindeutig gelöst werden.

Im Schlußteil wird eine kurze Zusammenfassung des Inhalts der Arbeit gegeben. Da die Möglichkeiten und Grenzen der Mehrebenenplanung und ihrer Anwendung in Entwicklungsländern unmittelbar im Text analysiert werden, wird die kritische Würdigung nur kursorisch vorgenommen.

Im Ausblick werden die zukünftigen Entwicklungen der Mehrebenenplanung - soweit sie sich heute absehen lassen - dargestellt, wobei nicht-zielsymbiotische Lösungsverfahren, deren theoretische Struktur bereits am Ende des Grundlagenteils skizziert wurde, besondere Bedeutung haben. So wird eine Perspektive auf umfassende Planungsverfahren eröffnet, die die Existenz komplexer Entscheidungsinstanzen und konfliktgeladener Zielfelder in realen sozialen Organisationen berücksichtigen.

ERSTER TEIL

GRUNDLAGEN DER MEHREBENENPLANUNG

1. Ein einfaches Grundschema der Mehrebenenplanung

Ausgangsbasis ist eine bestimmte Datenmenge D, von der ausgehend ein mathematisches Programmierungsproblem gelöst werden soll. Die Optimallösung dieses Problems wird durch den Lösungsvektor L wiedergegeben.[1] Die Umwandlung der Datenmenge D in L, also $[D \rightarrow L]$ (1), kann direkt in einer Operation vorgenommen werden. Eine solche direkte Lösungsmöglichkeit stellt z.B. die Simplexmethode dar. Die Anwendung des direkten Verfahrens setzt allerdings voraus, daß das zu lösende Problem für den zur Verfügung stehenden Algorithmus nicht zu groß ist und - dieser Aspekt ist im Zusammenhang dieser Arbeit relevant - die Datenmenge D an einer Stelle verfügbar ist. Liegen Teilmengen von D auf verschiedenen Ebenen vor, die idealtypisch mit Zentrale (Z) und Sektor (S) bezeichnet seien, so lassen sich Dekompositionsverfahren anstelle des direkten Lösungsverfahrens einsetzen. Ausgehend von den der Zentrale zur Verfügung stehenden Daten D_o lautet die erste Operation der Zentrale:

$$D_o \rightarrow [G_o^1, B_1^1, B_2^1, \ldots, B_n^1], \qquad (2)$$

wobei G_o^1 der Gedächtnisinhalt der Zentrale am Ende der ersten Iteration ist. B_i^1 stellt den zentralen Informationsoutput dar, der durch die erste zentrale Berechnung entsteht und am Ende der ersten Iteration für die i-te Sektorberechnung übermittelt wird.

---

1 Vgl. J. KORNAI: Thoughts on Multi-Level Planning Systems, in: L.M. GOREUX, A.S. MANNE (ed.): Multi-Level Planning: Case Studies in Mexico, Amsterdam, London, New York 1973 (im folgenden zitiert als: Thoughts on), S. 522 ff.

B_i besteht je nach der Art des verwendeten Dekompositionsalgorithmus aus Preis- oder Mengeninformationen.

Die erste Berechnung der Sektoren auf der Basis der Sektorinformationen D_i lautet:

$$D_i \longrightarrow \left[G_i^1, F_i^1 \right] \quad (i = 1, \ldots, n) \qquad (3)$$

wobei G_i^1 der Gedächtnisinhalt des i-ten Sektors am Ende der ersten Iteration und F_i^1 der durch die erste sektorale Berechnung gewonnene sektorale Informationsoutput ist. In einem preisgesteuerten Dekompositionsverfahren besteht dieser der Zentrale mitgeteilte Informationsoutput aus Mengen, bei mengengesteuerten Verfahren vice versa.

Nach i.d.R. mehreren Iterationen erfolgt die Transformation:[1]

$$\left[G_0^{s-1}, F_1^{s-1}, F_2^{s-1}, \ldots, F_n^{s-1} \right] \longrightarrow$$

$$\longrightarrow \left[G_0^s, B_1^s, B_2^s, \ldots, B_n^s \right] \qquad (4)$$

Diese Transformation kann als die Antwortfunktion der Zentrale bezeichnet werden.

Die Antwortfunktion der Sektoren[2] besteht aus folgender Transformation:

$$\left[G_i^{s-1}, B_i^{s-1} \right] \longrightarrow \left[G_i^s, F_i^s \right]$$

$$(i = 1, \ldots, n) \qquad (5)$$

---

1 s kennzeichnet die letzte Iteration.
2 Hier liegt offensichtlich ein Bezeichnungsfehler vor; vgl. J. KORNAI: Thoughts on, a.a.O., S. 524.

Sind die Funktionen nicht degeneriert, so sind beide Antworten determiniert. Der Informationsoutput der einen Ebene stellt den Informationsinput der anderen Ebene dar, wobei der jeweilige Informationsinput auf derselben Ebene in einen eindeutigen Informationsoutput transformiert wird.

In beiden Antwortfunktionen ist ein Gedächtnisinhalt vorhanden, was letztlich nichts anderes heißt, als daß die Informationen aus vorangegangenen Iterationen gespeichert werden müssen, die für die jeweils nächste Antwortfunktion relevant sind. Zudem ist für jeden Dekompositionsalgorithmus eine Beendigungsregel wichtig, die entweder verlangt, daß die Iterationen bis zum Erreichen der Optimallösung (L) des Ursprungsproblems oder daß die Iterationen bis zum Erreichen einer bestimmten akzeptablen Approximation auszuführen sind.

Der "harte" oder "weiche" Vektor $L^* = L_1^* \ldots L_n^*$ ergibt sich aus einer festgelegten Lösungsregel

$$\left[G_1^S, B_1^* \right] \longrightarrow L_1^{*\,1} \tag{6}$$

Generelle Charakteristika jedes Dekompositionsverfahrens sind also:

- Umfang, Art, Aggregationsebene und Aufteilung der ursprünglichen Datenmenge;
- die zentralen und sektoralen Antwortfunktionen einschließlich der Gedächtnisinhalte der jeweiligen Antwortfunktionen;

---

1 * kennzeichnet die Endergebnisse.
"Hart" ist der Vektor L* aus der Transformation (6) dann, wenn er der optimalen Lösung L in (1) entspricht. Muß er nur einer akzeptablen Annäherung genügen, wird er "weich" genannt.

- die Art des Informationsaustausches (Preise/Mengen) zwischen den Ebenen, wobei der Informationsoutput der einen Ebene der Informationsinput der anderen Ebene und vice versa ist;
- die Beendigungsregel (harte oder weiche Lösung, je nachdem, ob das Optimum oder dessen Approximation zu erreichen ist);
- die Lösungsregel.

2. Ökonomische Interpretation und Einsatzmöglichkeiten von Dekompositionsverfahren

Bis heute ist eine große Zahl von Dekompositionsalgorithmen entwickelt worden. Im Rahmen dieser Arbeit werden nur solche Verfahren in Betracht gezogen, die entweder von vornherein in bezug auf ökonomische Fragestellungen entwickelt wurden oder eine direkte sinnvolle ökonomische Interpretation zulassen.[1] Fand die Dekomposition, die eng mit der Entwicklung der linearen Programmierung verbunden ist, zunächst Verwendung bei der Lösung großer physikalischer Modelle, so wurde doch ihre Einsatzmöglichkeit bei der Lösung umfassender ökonomischer Planungsprobleme sehr früh deutlich.[2]

In Anlehnung an Kornai lassen sich hierbei drei Verwendungsrichtungen unterscheiden.[3] Die erste ist die, Dekompositionsmethoden als rein mathematische Lösungsverfahren

---

1 Vgl. die am Ende dieses Teils befindliche Liste von Dekompositionsalgorithmen, die nur Verfahren aufführt, die diesen Kriterien genügen.
2 Vgl. G.B. DANTZIG: Lineare Programmierung und Erweiterungen, Berlin, Heidelberg, New York, 1966, S. 507 ff.
3 Vgl. J. KORNAI: Thoughts on, a.a.O., S. 526.

bei großen[1] Programmierungsproblemen zu verwenden. Die Notwendigkeit dazu resultiert aus der Tatsache, daß ein gegebener Computer über eine bestimmte Operationsgeschwindigkeit und einen Speicherinhalt verfügt, die die Möglichkeit der direkten Bearbeitung komplexer ökonomischer Probleme objektiv begrenzen. Diese Grenze, die die relativen Kostenunterschiede zwischen der direkten und "zerlegenden" Lösung eines Problems bestimmt, ist von Computer zu Computer unterschiedlich. Sie ist vor allem einem außerordentlich schnellen Wandel in Abhängigkeit vom technischen Fortschritt der "hardware" elektronischer Rechenanlagen unterworfen. Es hat bisher nur wenige Versuche gegeben, die Verarbeitungsgrenze zu ermitteln, bei deren Überschreiten ein Optimierungsproblem eine indirekte Lösung zwingend nötig macht.[2] Die Gültigkeit solcher Berechnungen ist aus den oben erwähnten Gründen außerordentlich kurzfristig. Da mathematische Lösungsverfahren im Rahmen dieser Untersuchung lediglich unter ihrem instrumentalen Aspekt interessant sind, soll dieser Frage nicht weiter nachgegangen werden. Es läßt sich zusammenfassend feststellen, daß der rapide technologische Fortschritt im Bereich elektronischer Rechenanlagen die rechentechnische Notwendigkeit der Dekomposition massiv reduziert, so daß dieser Aspekt in Zukunft immer weiter an Bedeutung verlieren wird. Diese Entwicklung eröffnet zugleich die Möglichkeit, mit Dekompositionsalgorithmen komplexere Probleme zu lösen und/oder detailliertere Ergebnisse zu liefern.

Der zweite ökonomische Verwendungsaspekt von Dekompositionsverfahren betrifft ihren Einsatz als **normatives theoretisches Modell** für die konkrete Planung sowohl im

---

1 "groß" wird hier für den Begriff "large-scale" verwendet.
2 Vgl. J. KORNAI: Thoughts on, a.a.O., S. 526.

Bereich großer Unternehmen als auch gesamter Volkswirtschaften. Ausgangspunkt ist die Erkenntnis, daß große ökonomische Einheiten, die Marktpreise als optimierende Knappheitsindikatoren nicht benutzen können oder wollen, eine Optimierung, also eine Maximierung ihrer Zielfunktion unter Nebenbedingungen, nur bei vollständiger - nicht aus dem Markt resultierender - Information realisieren können.

Die erste Konstellation kann im Fall eines grundsätzlich marktwirtschaftlich organisierten Ordnungssystems auftreten, wenn die Bedingungen der vollständigen Konkurrenz massiv und auf Dauer außer Kraft gesetzt sind. Konkret kann das große private Unternehmen betreffen, die als Oligopole oder Monopole auf dem Markt operieren. Sind solche Wirtschaftseinheiten auf vielen räumlich getrennten Märkten und u.U. noch mit einem heterogenen Produktangebot tätig, ist eine optimale Unternehmenspolitik z.B. in bezug auf Größe und Verteilung der gesamten Konzerninvestitionen außerordentlich schwierig. In der Tat gehen fast alle betriebswirtschaftlichen Ansätze des Einsatzes von Dekompositionsverfahren von einer solchen Grundkonstellation aus.[1] Ähnliche Probleme treten auch bei - aus welchen Gründen auch immer entstandenen - öffentlichen Monopolunternehmen auf.[2]

Die zweite Konstellation - Marktpreise als optimierende Knappheitsindikatoren nicht akzeptieren zu wollen - betrifft Volkswirtschaften, in denen die politischen Entscheidungsträger Informationen aus dem Markt in ihrer Steuerungsfunktion nicht akzeptieren. In den letzten Jah-

---

1 Vgl. J.R. FREELAND: a.a.O., S. 4 ff.
2 Z.B. haben die Bedingungen der Electricité de France einen Teil der französischen Dekompositionsarbeiten angeregt.

ren fand und findet gerade unter ungarischen Nationalökonomen und Planern eine lebhafte und relativ freie Diskussion statt, wie das Problem der Informationsbeschaffung und -verarbeitung mit dem Ziel einer volkswirtschaftlichen Optimalplanung bei "relativer" Selbständigkeit der einzelnen Produktionseinheiten zu realisieren sei.

Grundlegend waren hier die Arbeiten von J. Kornai und T. Lipták,[1] die schon relativ früh ein mengengesteuertes Dekompositionsverfahren zur volkswirtschaftlichen Optimalplanung entwickelten. Dieses Verfahren wurde teilweise experimentell angewandt[2] und führte dazu, daß zumindest einige Autoren Dekompositionsverfahren als normatives theoretisches Modell für die konkrete Volkswirtschaftsplanung ansahen, nach deren Konzept die Informationsströme und die Informationsverarbeitung in zentral geplanten Volkswirtschaften zu organisieren seien.[3]

Diese "Dekompositionsemphase" muß heute - auch unter dem Eindruck der Schwierigkeiten ihrer praktischen Realisierung als beendet betrachtet werden. Die Frage, in welchem Ausmaß Dekompositionsverfahren als eine normative Theorie für die praktische Planung angesehen werden können, wird heute von den meisten Autoren offen gelassen.[4]

---

[1] Vgl. J. KORNAI, T. LIPTAK: Two-Level Planning, in: Econometrica, Vol. 33 (1965), S. 141 ff.

[2] Vgl. ders.: Multi-Level Programming - A first Report on the Model and on the Experimental Computation, in European Economic Review, Vol. 1 (1969).

[3] Vgl. z.B. G. SIMON: Optimal Planning by Reflector - Programming, in: A. BRODY (ed.): Economic Development and Planning, Budapest 1970

[4] Vgl. J. KORNAI: Thoughts on, a.a.O., S. 530.

An die Stelle eines gewissen voreiligen Anwendungswillens ist gegenwärtig eine Auffassung getreten, die Dekompositionsverfahren als ein Instrument im Suchprozeß nach Lösungen bisher noch nicht oder unzureichend gelöster Probleme versteht. Diese Interpretation von Modellbildung - die sich grosso modo mit der Verwendungsvorstellung dieser Arbeit deckt - liegt der Darstellung der Einsatzmöglichkeiten von Dekompositionsverfahren im Zusammenhang des hier interessierenden Problemfeldes zugrunde.

Der dritte Aspekt der Dekompositionsverfahren ist der, d e s k r i p t i v e s theoretisches Modell für die Planung zu sein.[1] In diesem Fall werden die qualitativen Eigenschaften verschiedener Dekompositionsverfahren in Beziehung zu konkret existierenden Planungsabläufen gesetzt. Diese Vorgehensweise betrifft allerdings nicht alle Charakteristika konkreter Planungsabläufe, sondern nur einen Teilaspekt, i.d.R. den der Informationsgewinnung und -verarbeitung zwischen der Zentrale und den Peripherieeinheiten.

Der Grundgedanke einer solchen ökonomischen Verwendung von Dekompositionsverfahren wurde bereits ausführlich dargestellt; er sei hier nur kurz wiederholt: Man geht davon aus, daß Planung auf einer Ebene - der Zentrale - nur mit einem außerordentlich großen Informationsgewinnungsaufwand möglich ist, der zudem die Autonomie der Peripherieeinheiten (Produktionseinheiten) unmöglich macht. Die Mehrebenenplanung will deshalb die auf jeder Ebene spezifisch vorhandenen Informationen optimal nutzen und mit Hilfe der Dekomposition einen Informationsaustausch zwischen den verschiedenen Ebenen strukturieren.

---

1 Vgl. J. KORNAI: Thoughts on, a.a.O., S. 526 ff.

So läßt sich z.B. das preisgesteuerte Verfahren von Dantzig/Wolfe als abstraktes Modell eines Planungsprozesses definieren, in dem die Zentrale (Planungsamt) die Aufgabe hat, Nachfrage und Angebot in bezug auf die zentral kontrollierten Ressourcen und Güter anzugleichen, deren Preise zu ermitteln und den Peripherieinheiten (Produktionseinheiten) mitzuteilen. Die Produktionseinheiten bestimmen mit Hilfe dieser Information entsprechend ihren Produktionsbedingungen ihr Produktionsprogramm und melden der Zentrale die daraus resultierenden Mengen.

Mengengesteuerte Verfahren - z.B. das von Kornai/Lipták - gehen abstrakt von einem inversen Informationsaustausch aus.

Die konkrete Umsetzung des deskriptiven Modells der Planung mit Hilfe von Dekompositionsverfahren ist nun auf zwei grundsätzlich unterschiedliche Arten möglich. Die erste Umsetzung erfolgt, indem die Informationsoutputs jeder Iteration materiell den realen ökonomischen Ablauf beeinflussen. Geht man z.B. von einem preisgesteuerten Verfahren aus, bedeutet das, daß die Produktionseinheiten die von der Zentrale gesendeten Informationen - die Preise der Güter und Ressourcen - für die konkrete Produktion benutzen. Die zurückgemeldeten Peripherieinformationen - die jeweiligen Mengen - treten in "geronnener" Form, d.h. als reale Produktionsmengen auf. Aus deren faktischem Angebots-Nachfrage-Ausgleich ermittelt die Zentrale neue Preise. Diese Umsetzungsform beeinflußt also konkret Produktion, Handel und Konsum.[1]

---

1 Vgl. J. KORNAI: Thoughts on, a.a.O., S. 528.

Wie bereits dargestellt, sind Dekompositionsverfahren, die ja von unvollständiger Information ausgehen, Verfahren zur iterativen Informationsgewinnung. Das heißt allerdings zugleich, daß bis zu dem Zeitpunkt, in dem eine Optimallösung gefunden ist, jeder Zwischenschritt suboptimal ist. Die materielle Umsetzung eines solchen suboptimalen Programms wäre also durch - u.U. erhebliche - Ungleichgewichte gekennzeichnet. Bedenkt man, daß bei einer solchen Umsetzungsmethode die Existenz von Substitutionsprozessen bei einem Nachfrageüberhang große Probleme aufwirft, zudem die meisten preisgesteuerten Dekompositionsverfahren nicht primär "feasible" sind,[1] so erscheint diese Konkretisierung absurd. Sie wurde nur deshalb ausführlicher dargestellt, weil in einigen Arbeiten zur Mehrebenenplanung, die unter dem Einfluß des Walras'schen "tâtonnement"-Ansatzes stehen, offensichtlich diese Umsetzungsform intendiert wird.[2]

Die zweite Interpretationsmöglichkeit von Dekompositionsverfahren als deskriptiven theoretischen Modellen der Planung besteht darin, den durch das jeweilige Verfahren strukturierten Informationsaustausch "auf dem Papier" stattfinden zu lassen.[3] In diesem Fall tauschen die Zentraleinheit und die Peripherieeinheiten entsprechend den Regeln des Dekompositionsalgorithmus iterativ Informationen aus. Erst die schrittweise ermittelte Optimallösung wird in einem konkreten Vollzug realisiert. Eine solche Umsetzung stellt also einen Planfindungsprozeß dar, mit ande-

---

1 Vgl. die Analyse der preisgesteuerten Verfahren.
2 Vgl. K.J. ARROW, L. HURWICZ: Decentralization and Computation in Resource Allocation, in: R. PFOUTS (ed.): Essays in Economics and Econometrics, Chapel Hill, N.C., 1960.
3 Vgl. J. KORNAI: Thoughts on, a.a.O, S. 528.

ren Worten eine Entscheidungsvorbereitung. Man muß sich allerdings darüber im klaren sein, daß auch ein solcher Prozeß, selbst wenn er nur ein abstraktes tâtonnement darstellt, knappe Ressourcen bindet und vor allem Zeit kostet. Unter diesem Aspekt sind besonders die Schnelligkeit und Stetigkeit der Konvergenz[1] eines bestimmten Dekompositionsverfahrens wichtig, weil sie darüber entscheiden, wie oft unter Kosten gewonnene Informationen ausgetauscht werden müssen.

2.1 Dekompositionsverfahren und Modellebenen

Wie bereits dargestellt wurde, können Dekompositionsverfahren (1) als rein mathematische Lösungsverfahren, (2) als normatives theoretisches Modell für die konkrete Planung und (3) als deskriptives theoretisches Modell für die Planung verwendet werden, wobei sich (3) danach unterscheiden läßt, ob die Zwischenergebnisse der einzelnen Iterationen a) konkret den Wirtschaftsablauf beeinflussen und hieraus neue Informationen gewonnen werden (reales tâtonnement), oder b) die Zwischenergebnisse der einzelnen Iterationen nur Modellveränderungen bewirken und erst das schrittweise gefundene Endergebnis real umgesetzt werden soll (abstraktes tâtonnement). Anwendungsmöglichkeiten (1) und (2) sind aus den dargestellten Gründen im Rahmen dieser Arbeit nicht relevant, der Fall (3a) scheidet als unrealistisch aus.

Fall (3b) trifft grundsätzlich auf alle Fälle zu, in denen iterativ ein Optimierungsproblem zu lösen ist, wobei die

---

[1] Vgl. die mathematische Analyse der einzelnen Verfahren.

verfügbaren Informationen auf mehrere Ebenen verteilt sind und ein wechselseitiger Austausch abstrakter Informationen zwischen den Ebenen organisiert ist. Diese Ebenen können Realebenen innerhalb einer realen hierarchischen Organisation sein. Betriebswirtschaftlich könnte das z.B. ein Konzern mit einer Muttergesellschaft und abhängigen Tochtergesellschaften, gesamtwirtschaftlich eine Volkswirtschaft mit einem Planungsministerium und abhängigen Produktionsunternehmen sein.

Die relevanten Ebenen können jedoch auch Abbildungsebenen sein, die durch verschiedene Modelle repräsentiert werden. Die auf jeder Ebene verfügbaren Informationen sind vor allem durch ihren Aggregationsgrad unterschiedlich; es lassen sich dann insbesondere eine gesamtwirtschaftliche, eine sektorale, eine regionale und eine Projektebene unterscheiden.[1] Ziel der expliziten Berücksichtigung der verschiedenen Ebenen ist es, den ebenenspezifischen Informationen Rechnung zu tragen und die Variablen der verschiedenen Ebenen zu endogenisieren, also die unterschiedlichen Informationen miteinander zu verknüpfen. Dieser Zusammenhang ist in Abbildung 1 grafisch dargestellt.

Diese Verknüpfung geschieht nicht nur durch einen abwärts fließenden Informationsfluß, sondern bei Berücksichtigung der Interdependenz der einzelnen Modellebenen auch durch aufwärts fließende Informationen. Sie ist zugleich komplexer als der in der Entwicklungsökonomie häufig auftretende Fall einer nur abwärts fließenden Informationsverknüpfung zwischen der gesamtwirtschaftlichen Ebene und der Projekt-

---

[1] Vgl. H. DE HAEN, u.a.: a.a.O., S. 75.

Abb. 1: Der Informationsfluß zwischen verschiedenen Ebenen

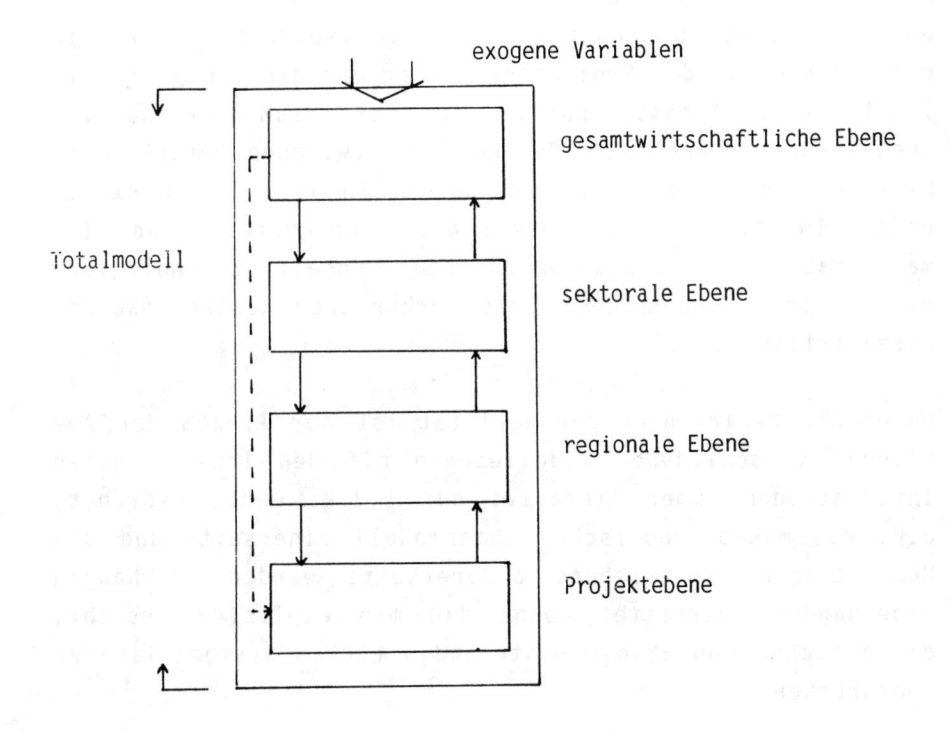

```
                          exogene Variablen
                        ┌──────────────────┐
                        │   gesamtwirtschaftliche Ebene
                        │
                        │   sektorale Ebene
   Totalmodell          │
                        │   regionale Ebene
                        │
                        │   Projektebene
```

ebene.[1] Die explizite Berücksichtigung der Interdependenz der verschiedenen Ebenen bringt "Licht" in die "black box" des Totalmodells.

Die Tatsache, daß auf unterschiedlichen ökonomischen Modellebenen in Art und Umfang unterschiedliche Daten vorliegen bzw. für eine sinnvolle Modellbildung auch nötig sind, ist eine triviale Erkenntnis der ökonomischen Theorie. Da

---

[1] Auf die Bedingungen, unter denen eine solche Verknüpfung hinreichend ist, wird später zurückzukommen sein.

jedoch Informationen nur unter Kosten zu beschaffen sind
- dies gilt besonders für Entwicklungsländer, in denen die
Informationsstruktur schwächer entwickelt ist als in Industrieländern, - muß man sich i.d.R. je nach der Zielsetzung
des Modells auf die mehr oder minder isolierte Informationssammlung auf der Projektebene oder auf die wenig detaillierte Informationsbeschaffung auf der gesamtwirtschaftlichen Ebene beschränken. Der Konflikt zwischen Detailliertheit und Komplexität wäre nur durch ein alle Ebenen umfassendes Simultanmodell zu lösen, das - unterstellt man einmal, daß ein solches umfassendes Modell technologisch
bildbar ist - wegen des damit verbundenen Kostenaufwandes
unrealistisch ist.[1]

Unter den Bedingungen der Realität ist der Prozeß der Abbildung verschiedener Modellebenen mit den ihnen eigenen
Informationen immer iterativ, nur i.d.R. wenig geordnet,
d.h. das makroökonomische Rahmenmodell einerseits und die
Modelle der Projektebene andererseits werden unabhängig
voneinander bearbeitet, ohne daß man explizit versucht,
die zwischen den Ebenen bestehenden Lücken systematisch zu
überbrücken.[2]

2.2 Dekompositionsverfahren als Grundlage
für Entscheidungsmodelle

Dekompositionsalgorithmen eignen sich also als Verfahren
der Bildung von Erklärungsmodellen (analytische Modelle)
zur Beschreibung der Struktur des ökonomischen Prozesses,

---

1 Vgl. L.M. GOREUX, A.S. MANNE (ed.): a.a.O., S. 35.
2 Vgl. H. DE HAEN, u.a.: a.a.O., S. 75.

wenn die Analyse mehrere Ebenen umfassen muß, um sowohl Detailliertheit als auch Komplexität der "Abbildung" zu erreichen.

Neben den definitorischen sind dabei auch strukturelle Relationen mathematisch zum Ausdruck zu bringen.[1] Strukturelle Relationen können als Reaktionsfunktionen in der Form von Verhaltensgleichungen oder als technologische Gleichungen auftreten. Die ersteren bezeichnen bestimmte Verhaltenstypen, wie sie in dem betreffenden Wirtschaftsraum institutionalisiert sind (Konsumfunktion, Sparfunktion etc.), die letztgenannten beziehen sich auf technische (Produktionsfunktionen) oder wirtschaftsrechtliche (Steuergesetzgebung) Rahmenbedingungen der ökonomischen Entscheidungsprozesse.[2] Solche Erklärungsmodelle können zur Grundlage von Entscheidungsmodellen (decision models) gemacht werden. Entscheidungsmodelle sind durch explizit formulierte Zielvariablen als einzelne oder als Kombinationen verschiedener endogener Variablen und durch die dem Entscheidungsträger zur Verfügung stehenden Instrumentvariablen gekennzeichnet.[3] Beachtet man die Genese von Dekompositionsverfahren aus der mathematischen Programmierung, so wird die Eignung solcher Verfahren für so definierte ökonomische Entscheidungsmodelle unmittelbar deutlich.

---

[1] Vgl. G. KADE: Die Grundannahmen der Preistheorie - Eine Kritik an den Ausgangssätzen der mikroökonomischen Modellbildung, Berlin, Frankfurt/M. 1962, S. 27.

[2] Der von H. DE HAEN u.a. verwendete Terminus "Planungsmodelle" für diesen Modelltyp wird, um Fehlinterpretationen zu vermeiden, nicht verwendet.

[3] Vgl. H. DE HAEN u.a.: a.a.O., S. 17.

2.3 Mehrebenenplanung im konkreten Einsatz zur Lösung komplexer ökonomischer Probleme in Entwicklungsländern

Dekompositionsverfahren ermöglichen, wie die Analyse des vorigen Kapitels zeigt, idealtypisch ein Entscheidungsmodell, das die Auswirkungen jeder getroffenen Maßnahme auf den verschiedenen Modellebenen (Projektebene, Sektorebene, Regionalebene, gesamtwirtschaftliche Ebene) aufzeigt.

Wird entsprechend den Ausführungen in der Einleitung Planung elementar als informierende und analysierende, auf die Effizienz des Einsatzes knapper Ressourcen abgestellte Entscheidungsvorbereitung begriffen und nicht als Vorschrift für den Vollzug der Entscheidung selbst,[1] so lassen sich Mehrebenen-Entscheidungsmodelle auf der Grundlage von Dekompositionsalgorithmen zur Planung komplexer Maßnahmen in Entwicklungsländern verwenden. Dabei bietet die Zerlegung in Ebenen die Möglichkeit, die Anordnung der einzelnen Planungsschritte im entscheidungslogischen Rahmen zu berücksichtigen.

Hier steht also nicht die funktionale, durch den mathematischen Aufbau des Algorithmus bedingte Verknüpfung der Ebenen, sondern die sinnvolle, in den zeitlichen Ablauf eingebundene Koordination entscheidungsvorbereitender Maßnahmen im Vordergrund.

Die Frage nach einer entscheidungslogisch naheliegenden oder gar zwingenden stufenbezogenen Planung ist in der Literatur umstritten.

---

1 Vgl. H. DE HAEN u.a.: a.a.O., S. 12.

Tinbergen, der das Verfahren einer "Planung in Stufen" wiederholt beschrieben hat, schlägt folgende Stufen vor:[1]

- Makrostufe
- Sektorstufe
- Projektstufe

- eventuell eine regionale Stufe, die der Sektorstufe vorangeht oder ihr nachfolgt oder der Projektstufe nachgestellt ist;

- zudem können u.U. Projektvorstudien als erste Stufe in dieses Schema eingegliedert werden.[2]

Ist schon bei Tinbergen der Stufenablauf nicht eindeutig, so werden in der Literatur andere Ablaufschemata vorgeschlagen,[3] die die Beantwortung der Frage nach einem ebenenbezogenen entscheidungslogisch einwandfreien Ablauf erschweren. Uns scheint dieses Problem von sekundärer Bedeutung zu sein. Entscheidend ist die Frage, welche Informationen auf welcher Ebene gesammelt bzw. verarbeitet werden müssen und wie sie stringent verknüpft werden können, um massive Inkonsistenzen bei struktureller Entwicklungsplanung zu vermeiden. Solche Überlegungen intendieren kein "Rezeptvorgehen", sondern versuchen, notwendige Vorgänge in der Praxis zu systematisieren und zu koordinieren.

---

1 Vgl. J. TINBERGEN: Central Planning, New Haven, London 1964; ders.: Methodik der Entwicklungsplanung, in: H. BESTERS, E.E. BOESCH (Hrsg.): Entwicklungspolitik, Stuttgart, Berlin, Mainz 1966; J. TINBERGEN, H. BOS: Mathematical Models of Economic Growth, New York, San Francisco, Toronto, 1962.

2 Vgl. H. DE HAEN u.a.: a.a.O., S. 20.

3 Vgl. die Darstellung der Reihenfolge von Waterston bei H. DE HAEN u.a.: ebenda.

Informationen auf der Makroebene sind nötig, um die gesamtwirtschaftliche Wachstumsrate unter Wahrung der monetären Bedingungen des dynamischen Gleichgewichts vorläufig bestimmen zu können.[1] Eine solche Bestimmung mit Hilfe der Harrod-Domar-Formel unter Verwendung von Erfahrungswerten für den gesamtwirtschaftlichen Kapitalkoeefizienten und Annahmen über die Sparquote und den möglichen Kapitalimport stellt vom analytischen Gerüst her ein Erklärungsmodell dar, das - sofern seine Kernelemente geschätzt sind - zu einer groben Prognose geeignet ist, aber noch nicht die Charakteristika eines entwickelten Entscheidungsmodells[2] aufweist.[3]

Die auf der Sektorebene relevanten Informationen betreffen vor allem die Endnachfrage nach den Leistungen der einzelnen Sektoren. Für die Endnachfrage der Haushalte sind die angenommene Bevölkerungszunahme, die Einkommenselastizitäten und die Einkommenssteigerung wichtig. Ebenso sind die Höhe des Staatsverbrauchs, die Endnachfrage nach Investitionsgütern und die Importe und Exporte zu berücksichtigen.

Grundsätzlich sind zur Bestimmung der Endnachfrage auf der Sektorebene Informationen aus der Makroebene nötig. Mehrebenenmodelle auf der Basis von Dekompositionsalgorithmen strukturieren den Informationsfluß, wie ausgeführt, so, daß ein iterativer Anpassungsprozess zur Konsistenzsicherung

---

[1] Vgl. W. VON URFF: Zur Programmierung von Entwicklungsplänen - Eine theoretische und empirische Analyse unter besonderer Berücksichtigung der indischen Entwicklungsplanung, Berlin 1973, S. 91 ff.
[2] Vgl. Kap. II.3 "Dekompositionsverfahren als Grundlage für Entscheidungsmodelle" dieser Arbeit.
[3] Vgl. W. VON URFF: a.a.O., S. 91.

zwischen gesamtwirtschaftlichem und sektoralem Modell nicht zu einem "trial-and-error-Prozeß" wird, bei dem exakt die Begrenzung durch natürliche Ressourcen berücksichtigt wird.

Soll im Zuge der Planung der regionale Aspekt berücksichtigt werden, sollte die "Regionalisierung" zwischen Sektor- und Projektebene erfolgen. Auf der regionalen Ebene sind vor allem Unterschiede des quantitativen und qualitativen Arbeitsangebots wichtige Informationen, u.U. sind auch klimatische oder soziokulturelle Unterschiede zwischen verschiedenen Regionen von besonderer Bedeutung.

Auf der Projektebene muß der Zielerreichungsbeitrag eines konkreten Projektes zu den von den politischen Entscheidungsträgern als erstrebenswert definierten Zielen ermittelt werden. Wie schon dargestellt, kann die Projektebene in Form von Projektvorstudien als erste Stufe im Planungsablauf auftreten. Diese Stellung ist in der Praxis selten zu finden, einerseits weil einzelne Ressorts bzw. nachgeordnete Gebietskörperschaften Projekte im Rahmen ihrer Kompetenz und ihres Interessenfeldes vorschlagen und durchzusetzen versuchen, andererseits weil die Entscheidungsträger der übergeordneten Ebenen u.U. über so geringe Informationen bezüglich umfassender Eingriffsnotwendigkeiten verfügen, daß sie dazu neigen, konkrete Projekte auszuwählen, die ihrer Meinung nach einen besonders hohen Zielerreichungsbeitrag leisten oder einen speziellen gravierenden Engpaß beseitigen. Solche Entscheidungen sind jedoch oftmals intuitiv und nicht selten von nicht-ökonomischen Überlegungen (z.B. Prestigedenken) geleitet. Aus diesem

---

1 Vgl. W. VON URFF: a.a.O., S. 92.

Grunde ist es wichtig, daß die Ebene der Projektvorstudien nicht die rational verkürzte Ausgangsebene für definitive Projektentscheidungen wird, sondern daß konkrete Vorstellungen in einen umfassenden Entscheidungsprozeß eingebettet sind. Insofern muß tendenziell der Gleichklang von Informationsstruktur (unterschiedliche Informationen auf verschiedenen Ebenen), von Methoden der zielorientierten Informationsverarbeitung (Algorithmen zur Zieloptimierung) und von politisch-administrativem Entscheidungsprozeß (rational strukturierte Ziel-Mittel-Wahl und konkrete Abstimmung) vorhanden sein, um eine "optimale" Entwicklungspolitik realisieren zu können.

Im folgenden wird die mathematische Struktur der Informationsverarbeitung analysiert. Diese Darstellung wird nur soweit vertieft, wie es für das Verständnis der folgenden Fallstudien einschließlich deren Programmanhängen nötig erscheint.

3. Mathematische Grundlagen der Mehrebenenplanung

3.1 Das Grundmodell

Geht man von einer Organisation aus, die aus einer Zentraleinheit und mehreren Sektoreinheiten besteht, so läßt sich das in dieser Arbeit relevante Entscheidungsproblem formal wie folgt darstellen:[1]

Die Zentraleinheit steht vor dem Entscheidungsproblem: Wähle Vektoren $\underline{v}_i$ (i = 1, 2, ..., n), so, daß gilt[2]

Maximiere: $u(g_1(\underline{x}_1), ..., g_n(\underline{x}_n))$ (1.1)

unter Bed.: $\sum_{i=1}^{n} \underline{v}_i \leq \underline{r}$ (1.2)

$\sum_{i=1}^{n} \underline{z}_i(\underline{v}_i) \leq \underline{y}$ (1.3)

während die i-te von n Sektoreinheiten[3] vor dem Entscheidungsproblem steht, die Entscheidungsvariablen x_i so zu wählen, daß gilt:

Maximiere: $f_i(\underline{x}_i)$ (1.1a)

unter Bed.: $\underline{h}_i(\underline{x}_i) \leq \underline{v}_i$ (1.2a)

$\underline{x}_i \in X_i$ (1.3a)

---

[1] Vgl. im folgenden J.R. FREELAND: a.a.O., S. 24 ff.
[2] Die Symbole werden in der Tabelle der Symbole zu Beginn dieser Arbeit erläutert.
[3] Die Sektoreinheiten werden im allgemeinen Fall auch Peripherie- oder Untereinheiten genannt.

Alle in diesen zwei Gleichungssystemen angeführten Variablen, die mit einem waagerechten Strich unterhalb des Symbols gekennzeichnet sind, stellen Spaltenvektoren dar.

(1.1) stellt die Zielfunktion der Organisation dar, die an dieser Stelle noch nicht konkret definiert ist, da es um die Darstellung der grundsätzlichen Zusammenhänge geht. Diese Zielfunktion ist zu maximieren unter Beachtung von Nebenbedingungen, weil, wie bereits ausgeführt, rationales ökonomisches Handeln im Kern immer Maximierung einer, wie immer definierten, Zielfunktion unter Beschränkungen ist. Das Beschränkungssystem der Zentraleinheit wird durch die Gleichungen (1.2) und (1.3) angegeben, wobei (1.2) sicherstellt, daß der Gesamtverbrauch der Ressourcen durch alle n Peripherieeinheiten $\sum_{i=1}^{n} \underline{v}_i$ den der Organisation zur Verfügung stehenden Bestand an Ressourcen $\underline{r}$ nicht übersteigt.

Restriktion (1.3) artikuliert zusätzliche Beschränkungen, die u.U. der Organisation von außen (von Willensbildungsträgern, z.B. politischen Instanzen) vorgegeben sind und die darin bestehen können, daß die Untereinheit i nicht mehr Ressourcen erhält als Untereinheit j.[1]
Diese Beschränkungen sollen im folgenden zunächst außer acht gelassen werden; es erscheint aber sinnvoll, sie im Grundmodell explizit anzuführen, weil diese Art von Beschränkungen in der Realität nicht selten ist und erheblichen Einfluß auf die Optimierung hat. Dieser Aspekt wird in der Modellbildung oft vernachlässigt.[2]

---

[1] Sofern es sich bei den Untereinheiten um Sektoren handelt, läßt sich so auch eine sektorale Schwerpunktbildung - z.B. nach der Strategie des "unbalanced growth" - berücksichtigen.

[2] Dieser Typ von Beschränkungen existiert in der realen Welt grundsätzlich, wird aber bei ökonomischen Optimierungen aus politischen Gründen oft nur verdeckt artikuliert.

Gleichung (1.1a) stellt die Zielfunktion der i-ten Untereinheit dar, wobei $\underline{x}_i$ den Vektor des Aktivitätsniveaus darstellt. Diese Größen machen deutlich, daß die hier zu behandelnden ökonomischen Erklärungsmodelle auf der Grundlage der Aktivitätsanalyse beruhen. Die Aktivitätsanalyse und ihr Bezug bzw. ihr Unterschied zur "klassischen" Produktionstheorie sollen an dieser Stelle nicht näher erläutert werden, da eine solche Darstellung erstens den Rahmen dieser Arbeit sprengte[1] und zweitens der Unterschied zwischen Aktivitätsanalyse und Produktionstheorie bei den hier zu behandelnden Problemen nicht gravierend ist.[2]

Die Verwendung der Aktivitätsanalyse in Dekompositionsmodellen ergibt sich aus der Nähe des Instrumentariums der Aktivitätsanalyse zu den vorherrschenden Lösungstechniken der Programmierung.

Gleichungen (1.2a) und (1.3a) stellen die Beschränkungen der i-ten Untereinheit dar. Die Vektorfunktion (1.2a) sichert, daß für die Produktion in Untereinheit i nicht mehr Ressourcen verbraucht werden als verfügbar sind, während (1.3a) eine technologische Restriktion darstellt,

---

[1] Ausführliche Arbeiten zur Aktivitätsanalyse von DORFMANN, SAMUELSON und SOLOW, HICKS und KOOPMANNS sind allgemein bekannt. Vgl. auch M.J. BECKMANN: Grundbegriffe der Produktionstheorie vom Standpunkt der Aktivitätsanalyse, Weltwirtschaftliches Archiv, Bd. 75 (1955/II), S. 33 ff.
ders.: Lineares Programmieren und neoklassische Theorie, Weltwirtschaftliches Archiv, Bd. 84 (1960/I), S. 39 ff.
Eine Zusammenfassung befindet sich bei H.P. TONN: Mehrebenenmodelle als Mittel und Abbildung gesamtheitlich geplanter Wirtschaftssysteme, Diss. Darmstadt 1971, S. 69 ff.

[2] Vgl. dazu auch: M.J. FARRELL: An Application of Activity Analysis to the Theory of the Firm, in: Econometrica Vol. 22 (1954), S. 291 ff. und D.G. CHAMPERNOWNE: A Note on Mr. Farrell's Model, ebenda, S. 303 ff.

die die Peripherieeinheit zwingt, nur $\underline{x}_i$ innerhalb ihres realisierbaren Bereichs (feasible region) zu wählen; die betreffende Untereinheit kann also nur Produktionsprogramme entsprechend ihrer konkreten technologischen Möglichkeiten wählen.

Das hier dargestellte Modell ist bis jetzt allgemein formuliert und weist folgende Grundzüge auf:

(1) Sowohl die Zentraleinheit als auch die Untereinheiten - hier repräsentiert durch die Peripherieeinheit i - haben eine eigene Zielfunktion (1.1) bzw. (1.1a). In dieser allgemeinen Formulierung ist es möglich, daß die Zentrale und die Peripherie unterschiedliche Zielfunktionen aufweisen, die sie unter den jeweils spezifischen Nebenbedingungen zu maximieren versuchen. Die Möglichkeit von Zielkonflikten wird in den meisten Dekompositionsmodellen dadurch ausgeschlossen, daß man annimmt, die Zielfunktion der Zentrale entspreche der Summe der Zielfunktionen der Peripherieeinheiten,[1] d.h.

$$u(g_1(\underline{x}_i), \ldots, g_n(\underline{x}_n)) = f_1(\underline{x}_1) + \ldots + f_n(\underline{x}_n),$$

wobei gilt, daß jede Untereinheit nur $f_i(\underline{x}_i)$, also ihren Anteil an der Gesamtzielfunktion, kennt und verfolgt. Die Zentrale verfügt entweder über die Gesamtzielfunktion oder geht davon aus, daß entsprechend der Organisationsstruktur die Peripherieeinheiten jeweils Teilzielfunktionen verfolgen, die dem Gesamtziel entsprechen und sich additiv zur Zielfunktion der Zentrale zusammenfügen lassen. Diese Organisationsform wird im folgenden unterstellt, um die mathematische Lösungsstruktur solch komplexer Entscheidungsprozesse klar herausarbeiten zu können.

---

[1] Vgl. J.R. FREELAND: a.a.O., S. 11.

Mehrebenenorganisationen, in denen zwar Konflikte bezüglich der Ressourcenverteilung auftreten, weil die einzelnen Untereinheiten miteinander um die Zuteilung der i.d.R. knappen Ressourcen (vgl. 1.2) durch die Zentrale konkurrieren, in denen aber kein Konflikt bezüglich der Zielfunktion existiert, können zielsymbiotische Organisationen genannt werden. Die zugrundeliegenden Annahmen erscheinen unter dem Gesichtspunkt der Realität heroisch und vereinfachen sicherlich die komplexe Problematik der Zielfunktion besonders in der Entwicklungsökonomie.[1] Zunächst soll jedoch von der Annahme der Zielsymbiose ausgegangen werden, um die Funktionsweise der Mehrebenenplanung klar herausarbeiten zu können. Das Problem unterschiedlicher Zielfunktionen wird später behandelt werden.

(2) Auch unter der Annahme des Nichtvorhandenseins von Zielkonflikten innerhalb der Organisation (Staat, Konzern etc.) ist der Erklärungsgehalt von Mehrebenenmodellen des hier dargestellten Typs erheblich, da sie deutlich machen, daß ein Konflikt zwischen verschiedenen ökonomischen Aktivitäten bei knappen Ressourcen - und dieser Fall legitimiert ja überhaupt die Existenz der Wirtschaftswissenschaften - grundsätzlich vorhanden ist.

(3) In zielsymbiotischen Mehrebenenmodellen benötigt die Zentrale keine detaillierten Kenntnisse über die Zielfunktionen und Produktionsmöglichkeiten der Untereinheiten. Insofern sind diese Modelle informationsdezentralisiert und informationsökonomisch. Daß die

---
1 Eine umfassende Darstellung befindet sich bei H.-R. HEMMER: Zur Problematik der gesamtwirtschaftlichen Zielfunktion in Entwicklungsländern, Saarbrücken 1978.

Informationsdezentralisation bei verschiedenen Lösungsalgorithmen unterschiedlich ist, wird später gezeigt werden.

(4) Die Ebenen sind interaktiv. Die Untereinheiten beeinflussen die Zentrale über aufwärtsfließende Informationen, wobei die Aktivitätsniveaus von den Peripherieeinheiten bestimmt werden, während die Zentrale über die Wahl von Entscheidungsparametern, die sie als abwärtsfließende Informationen sendet, die Peripherie beeinflußt. Diese Parameter, mit denen die Zentrale die Untereinheiten zur Maximierung ihrer Zielfunktion steuert, können entweder Preise oder Mengen sein. In der Dekompositionsliteratur herrscht eine erhebliche terminologische Uneinheitlichkeit bezüglich der zwei an diese Parameter anknüpfenden grundsätzlichen Steuerungsverfahren. Während einige Autoren[1] bei der Wahl von Preisen als Steuerungsparameter durch die Zentrale von "price directive techniques" sprechen, verwenden andere Autoren den Begriff "indirect distribution"[2]. Freeland[3] hingegen benutzt den Terminus "goal intervention".

---

1 Vgl. A.M. GEOFFRION: Primal Resource-Directive Approaches for Optimizing Nonlinear Decomposable Systems, in: Operations Research, Vol. 18 (1970);
R.C. GRINOLD: Steepest Ascent for Large Scale Linear Programs, in: SIAM Review, Vol. 14 (1972).

2 Z.B. A. TEN KATE: A Comparison Between Two Kinds of Decentralized Optimality Conditions in Nonconvex Programming, in: Management Science, Vol. 18 (1972).

3 Vgl. J.R. FREELAND: a.a.O., S. 15.

Ähnlich heterogen sind die Begriffe in der deutschsprachigen Literatur.[1] In dieser Arbeit sollen in Anlehnung an Heal[2] Verfahren, in denen die Zentrale als Parameter Preise wählt, um die Untereinheiten zu beeinflussen, preisgesteuert genannt werden.

Ähnliche definitorische Schwierigkeiten gibt es für den Fall, daß die Zentrale Mengen als Steuerungsparameter wählt.[3] Solche Verfahren sollen in dieser Arbeit mengengesteuert genannt werden. Mit Sicherheit lassen sich gegen die hier verwendeten Begriffe Einwände vorbringen. Es erscheint jedoch nicht sinnvoll, Definitionsfragen überzubewerten. In der deutschsprachigen wirtschaftswissenschaftlichen Literatur sind "Preis" und "Menge" etablierte Begriffe für die zwei grundsätzlichen Parameter in ökonomischen Prozessen. Bei den Algorithmen, die nicht zum jeweils "reinen" Typ gehören, wird auf die Unterschiede hingewiesen werden.

Entscheidend ist, daß bei preisgesteuerten Verfahren die Zentrale auf die Untereinheiten einwirkt, indem sie deren Zielfunktion beeinflußt. Insofern sind sie zielintervenierend.[4]

Bei mengengesteuerten Verfahren beeinflußt die Zentrale die Peripherieeinheiten über Maßnahmen, die deren realisierbaren Produktionsbereich ("feasible region") beeinflussen, d.h. mittels der Ressourcenzuteilung oder durch Auferlegen bestimmter Nebenbedingungen. Insofern sind solche Verfahren "restriktionsintervenierend".

---

[1] Diese Heterogenität entspringt größtenteils aus der wörtlichen Übersetzung der verschiedenen englischen Begriffe.
[2] Vgl. G.M. HEAL: a.a.O., S. 77.
[3] Vgl. J.R. FREELAND: a.a.O., S. 78 und dort angegebene Literatur.
[4] Vgl. ebenda, S. 15.

In den zwei folgenden Kapiteln werden ausgehend vom mathematischen Grundmodell die zwei Steuerungsmechanismen ausführlich dargestellt.

3.2 Mathematische Grundlagen preisgesteuerter Verfahren

3.2.1 Lagrange-Verfahren[1]

Das allgemeine mathematische Modell kann im Fall einer zielsymbiotischen Organisation, wenn man den Entscheidungsparameter $\underline{v}_i$ allgemein gleich $\underline{h}_i(x_i)$ setzt, wie folgt umformuliert werden:[2]

Problem 1:

$$\text{Maximiere:} \quad \sum_{i=1}^{n} f_i(\underline{x}_i) \qquad (2.1)$$

$$\text{unter der Bed. daß} \quad \sum_{i=1}^{n} \underline{h}_i(\underline{x}_i) \leq \underline{r} \qquad (2.2)$$

$$\sum_{i=1}^{n} \underline{z}_i(\underline{h}_i(\underline{x}_i)) \leq \underline{y} \qquad (2.3)$$

$$\underline{x}_i \in X_i \quad \text{für } i = 1, \ldots, n \qquad (2.4)$$

Die Ersetzung des Entscheidungsvektors $\underline{v}_i$ durch $\underline{h}_i(\underline{x}_i)$ verändert die theoretischen Zusammenhänge des Ausgangsmodells nicht.

Gleichung (2.1) repräsentiert die Zielfunktion der Organisation, $f_i(\underline{x}_i)$ stellt dementsprechend den Zielerreichungsbeitrag der Untereinheit i zum Organisationsziel mittels

---

[1] Das Lagrange-Verfahren setzt grundsätzlich die Notwendigkeit der Kuhn/Tucker-Bedingungen für Sattelpunkte voraus; vgl. Kap. I/3.2.4. dieser Arbeit.

[2] Vgl. J.R. FREELAND: a.a.O., S. 36.

der Produktionsaktivitäten $\underline{x}_i$ dar. Diese Aktivitäten müssen im Rahmen der für die Untereinheit (i) spezifischen Produktionsmöglichkeiten stattfinden: $\underline{x}_i \in X_i$.[1] Restriktion (2.2) bezieht sich auf die der Organisation zur Verfügung stehenden Ressourcen, während (2.3) die im allgemeinen Modell bereits dargestellten zusätzlichen Beschränkungen repräsentiert.

Da die Organisation zielsymbiotisch ist, kann Problem 1 dadurch gelöst werden, daß die Untereinheiten jeweils den Teil des Gesamtproblems lösen, auf den sie mit ihren Vektoren $\underline{x}_i$ Einfluß nehmen können, während die Zentrale darauf achten muß, daß die Nebenbedingungen (2.2) und (2.3), die als die für alle Untereinheiten relevanten Bedingungen die Peripherieeinheiten verbinden (coupling constraints), durch die in der Peripherie vollzogenen Aktivitäten nicht verletzt werden. Ein in der ökonomischen Theorie oft benutztes Verfahren, ein solches Problem zu lösen, ist die Methode von Lagrange.[2]

Integriert man nach diesem Verfahren die Nebenbedingungen in die zu maximierende Funktion, ergibt sich:

$$\text{Max.: } \sum_{i=1}^{n} f_i(\underline{x}_i) - \underline{\lambda}_1' \left[\sum_{i=1}^{n} \underline{h}_i(\underline{x}_i) - \underline{r} \right] -$$

$$- \underline{\lambda}_2' \left[\sum_{i=1}^{n} \underline{z}_i \cdot (\underline{h}_i(\underline{x}_i)) - \underline{y} \right] \qquad (2.5)$$

$$\underline{x}_i \in X_i \quad (i = 1, \ldots, n)[3]$$

oder

---

1 Vgl. Kap. I/3.1 dieser Arbeit.

2 Vgl. G.B. DANTZIG: Lineare Programmierung und Erweiterungen, Berlin, Heidelberg, New York 1966, S. 163 ff.

3 Vgl. Erklärungen der verwendeten Symbole zu Beginn der Arbeit

Max.: $\sum_{i=1}^{n} (f_i(\underline{x}_i) - \underline{\lambda}'_1 \underline{h}_1(\underline{x}_i) - \underline{\lambda}'_2 (\underline{z}_i(\underline{h}_i(\underline{x}_i)))) +$

$+ \underline{\lambda}'_1 \cdot \underline{r} + \underline{\lambda}'_2 \underline{y}$ (2.5a)

$\underline{x}_i \in X_i$ (i = 1, ..., n)

Bei gegebenen λ'_1 und λ'_2 kann die Gleichung (2.5a) dadurch gelöst werden, daß die Untereinheit i das folgende Problem löst:[1]

Problem 2 (λ)[2]:

Maximiere $f_i(\underline{x}_i) - \underline{\lambda}'_1 \underline{h}_i(\underline{x}_i) -$

$- \underline{\lambda}'_2 \underline{z}_i(\underline{h}_i(\underline{x}_i))$ (2.5b)

$\underline{x}_i \in X_i$

$\underline{\lambda}_1$ und $\underline{\lambda}_2$ sind die bekannten Lagrange-Multiplikatoren. Sie entstehen, wie gezeigt, aus der Einbeziehung der die Untereinheiten verbindenden Nebenbedingungen in die zu maximierende Zielfunktion.

Vernachlässigt man nun den zweiten Subtrahenten, d.h. daß der Organisation keine (externen) Bedingungen über die Art der Ressourcenverteilung vorgegeben sind, verkürzt sich die Gleichung (2.5b) zu Max: $f_i(\underline{x}_i) - \underline{\lambda}'(\underline{h}_i(\underline{x}_i))$ (2.6). Dieses im Rahmen der Aktivitätsanalyse definierte Problem behinhaltet die Aufgabe, eine Zielfunktion in Abhängigkeit von Outputmengen zu maximieren, ohne daß die Inputmengen,

---

[1] Da der Ausdruck $\underline{\lambda}'_1 \underline{r} + \underline{\lambda}'_2 \underline{y}$ bei konstantem $\underline{\lambda}_1$ und $\underline{\lambda}_2$ eine Konstante ist, kann er aus der Gleichung eliminiert werden.
[2] Vgl. J.R. FREELAND: a.a.O., S. 38.

die zur Erstellung des Output nach Maßgabe der für die jeweiligen Untereinheiten relevanten Produktionsverfahren nötig sind, die der Zentrale verfügbaren Faktorbestände übertreffen.

Die Komponenten von $\underline{\lambda}_1$ und $\underline{\lambda}_2$, die Lagrange-Multiplikatoren, geben den Wert jeweils einer Einheit der dazugehörigen Produktionsmittel an.[1] Ihre Preisfunktion läßt sich im Zweiebenenmodell so verstehen, daß der Preis der Ressource $\lambda_1^k = 0$ beträgt, wenn die Nachfrage der Untereinheiten nach der k-ten Ressource kleiner als deren Verfügbarkeit durch die Zentrale ist, also

$$\sum_{i=1}^{n} \underline{h}_i^k (\underline{x}_i) < \underline{r}^k$$ gilt. Erst wenn gilt

$\sum h_i^k (\underline{x}_i) \geq r^k$, wird der Preis der Ressource für die Untereinheiten, die sie benutzen, positiv. Die Lagrange-Multiplikatoren messen insofern den verbindenden Restriktionen Kosten zu.[2]

Da die Lagrange-Multiplikatoren durch die Optimierung errechnete Preise darstellen, werden sie auch Verrechnungs- bzw. Schattenpreise (shadow prices) genannt. Nicht selten wird auch der Name "Dualvariablen" (dual variables) in der Literatur verwendet.[3] Die hier mehr intuitiv beschriebenen Bewertungszusammenhänge sollen im folgenden in einer exakten Darstellung herausgearbeitet werden.

---

[1] Vgl. P. BERNHOLZ: Grundlagen der politischen Ökonomie, 1. Band, Tübingen 1972, S. 51 ff.;
Vgl. auch: W.I. ZANGWILL: Nonlinear Programming: A Unified Approach, Prentice Hall, Englewood Cliffs, New Jersey 1969, S. 66.

[2] Vgl. J.R. FREELAND: a.a.O., S. 45.

[3] Vgl. ebenda.

3.2.2 Dualitätstheorie

Die Lösung des dargestellten Programmierungsproblems mit Hilfe der Lagrange-Multiplikatoren stellt den Spezialfall einer allgemeinen Lösungstechnik dar. Die Multiplikatoren müssen, falls sie existieren, einem "dualen" System genügen.[1] Da die Dualitätstheorie für die hier zu analysierenden Dekompositionsalgorithmen von erheblicher Bedeutung ist, soll sie in ihren Grundzügen dargestellt werden.

Ausgangspunkt ist das System linearer Ungleichungen mit nichtnegativen Variablen:[2] (2.7)

Primales Problem: man suche $x_i \geq 0$ und max z unter den Bedingungen

$$a_{11}x_1 + a_{12}x_2 + \ldots + a_{1n}x_n \leq r_1$$
$$a_{21}x_2 + a_{22}x_2 + \ldots + a_{2n}x_n \leq r_2$$
$$\ldots\ldots\ldots\ldots\ldots\ldots\ldots\ldots\ldots\ldots\ldots\ldots\ldots\ldots$$
$$a_{m1}x_1 + a_{m2}x_2 + \ldots + a_{mn}x_n \leq r_m$$
$$c_1x_1 + c_2x_2 + \ldots + c_n x_n = z \text{ (max)}$$

Aus dieser Form erhält man das duale Problem, indem man die Koeffizientenmatrix transponiert, die Rolle der rechten Seiten und der Koeffizienten der Zielform gegenseitig auswechselt und die Richtung der Ungleichungen wechselt. Wenn die primale Zielform zu maximieren ist, muß die duale minimiert werden et vice versa.

---

[1] Vgl. G.B. DANTZIG: a.a.O., S. 167 und die vorstehenden Beweise.
[2] Vgl. ebenda, S. 144 und H. KÖRTH, C. OTTO, W. RUNGE, M. SCHOCH,: Lehrbuch der Mathematik für Wirtschaftswissenschaften, Opladen 1972, S. 309.

Dann ergibt sich folgendes duales Problem: (2.8)

Man suche $w_j \geq 0$ und min Z unter den Bedingungen:

$$a_{11}w_1 + a_{21}w_2 + \ldots + a_{m1}w_m \geq c_1$$

$$a_{12}w_1 + a_{22}w_2 + \ldots + a_{m2}w_m \geq c_2$$

$$\ldots\ldots\ldots\ldots\ldots\ldots\ldots\ldots\ldots\ldots\ldots\ldots$$

$$a_{1n}w_1 + a_{2n}w_2 + \ldots + a_{mn}w_m \geq c_n$$

$$b_1w_1 + n_2w_2 + \ldots + b_mw_m = Z \text{ (min)}$$

Wendet man die gleiche Bildungsvorschrift auf die Dualaufgabe an, läßt sich unmittelbar feststellen, daß die Dualaufgabe der Dualaufgabe wiederum die ursprüngliche Primalaufgabe ist.[1] Insofern können die beiden dargestellten linearen Programmierungsaufgaben als ein zueinander duales Paar von linearen Optimierungsaufgaben bezeichnet werden.

Im folgenden werden einige der wichtigsten Beziehungen zwischen der primalen und dualen Programmierungsaufgabe skizziert.

(1) Wenn Lösungen des primalen und des dualen Systems existieren, dann ist der Wert z der Zielform, der zu einer zulässigen Lösung des primalen Problems gehört, kleiner als oder gleich dem Wert Z der Zielform, die zu irgendeiner zulässigen Lösung des dualen Problems gehört. Zulässige optimale Lösungen existieren dann

---

1 Vgl. H. KÖRTH u.a.: a.a.O., S. 264.

für beide Systeme, und es gilt max z = min Z.[1] Dieser Satz wird als Dualitätssatz bezeichnet.

(2) Besitzt eine der Programmierungsaufgaben unbeschränkte Lösungen, dann existiert für die andere keine zulässige Lösung.[2]

(3) Für jedes Paar von Optimallösungen der Programmierungsaufgaben gilt: Wenn die k-te Restriktion der einen Aufgabe als echte Ungleichung erfüllt ist, dann ist die k-te Restriktion der anderen als Gleichung erfüllt.[3]

Der Dualitätssatz ermöglicht es, den Rechenaufwand bei der Lösung einer großen Zahl von linearen Optimierungsaufgaben drastisch zu verringern. Liegt eine Aufgabe mit vielen Ungleichungen unter den Restriktionen und relativ wenigen Variablen vor, so sind viele Schlupf- bzw. Überschußvariablen einzuführen. Damit wird die Dimension der zu lösenden Aufgabe relativ groß. Da die zugehörige Dualaufgabe jedoch nur so viele Restriktionen wie die Primalaufgabe reale Variablen enthält, erfordert die Lösung der Dualaufgabe wesentlich weniger Aufwand. Es empfiehlt sich also in solchen Fällen, die Dualaufgabe zu bearbeiten und aus dem zugehörigen optimalen Simplextableau eine zulässige Optimallösung für die ursprüngliche Aufgabe

---

1 Vgl. G.B. DANTZIG:a.a.O., S. 145, wobei zu beachten ist, daß es bei dem hier behandelten primalen Programmierungsproblem um eine Maximierungsaufgabe geht; vgl. auch H. KÖRTH u.a., a.a.O., S. 312 ff., wo sich auch die Beweise befinden.
2 Vgl. H. KÖRTH u.a.: a.a.O. S. 316.
3 Vgl. ebenda.

zu entnehmen.[1] Neben den rein rechentechnischen Aspekten der Dualität ist ihre ökonomische Interpretation interessant.

Das vorher dargestellte Entscheidungsproblem läßt sich in Analogie zu den bei der Ableitung der Dualität verwendeten Programmierungsproblemen wie folgt spezifizieren:[2] (2.9)

$$\text{Maximiere } z = \sum_{j=1}^{p} c_j x_j$$

$$\text{unter Bed. daß } \sum_{j=1}^{p} a_{ij} x_j \leq r_i \quad i = 1, 2, \ldots, m$$

$$x_j \geq 0 \quad j = 1, 2, \ldots, p$$

Konkret läßt sich diese Aufgabe so interpretieren: Eine Produktionseinheit kann aus m verschiedenen Inputs p verschiedene Outputs produzieren, deren zu produzierende Mengen mit x_j bezeichnet werden. Zur Produktion einer Einheit des Produkts j werden genau a_{ij}-Einheiten des Inputguts i benötigt. Der Gewinn des Betriebes je Einheit des Produkts j beträgt c_j. In diesem speziellen Fall besteht das Programmierungsproblem darin, ein solches Produktionsprogramm zu ermitteln, das den Gewinn der Produktionsstätte maximiert (Zielfunktion), unter der Bedingung, daß die Inputmengen nicht die verfügbaren Ressourcenmengen r_i übersteigen[3] (Nebenbedingung). Die zur Primalaufgabe

---

[1] Vgl. H. KÖRTH u.a.: a.a.O., S. 314 f.; auf die Simplexmethode soll an dieser Stelle nicht weiter eingegangen werden. Gute Darstellungen dieser Methode findet man in: H. KÖRTH u.a.: a.a.O., S. 278 ff. und G.B. DANTZIG: a.a.O., S. 110 ff.

[2] Dabei werden die Verteilungsbedingungen außer acht gelassen.

[3] Vgl. H. KÖRTH u.a.: a.a.O. S. 317.

zugehörige Dualaufgabe lautet entsprechend den dargestellten Bildungsregeln: (2.10)

$$\text{Minimiere} \quad Z = \sum_{i=1}^{m} r_i w_i$$

$$\text{unter Bed. daß} \quad \sum_{i=1}^{m} a_{ij} w_i \geq c_j \quad j = 1, 2, \ldots, p$$

$$w_i \geq 0 \quad i = 1, 2, \ldots, m$$

Ist $\hat{x}^T = [\hat{x}_1, \hat{x}_2, \ldots, \hat{x}_p]$ eine zulässige Optimallösung der Primalaufgabe und $\hat{\underline{w}}^T = [\hat{w}_1, \hat{w}_2, \ldots, \hat{w}_m]$ eine zulässige Optimallösung der Dualaufgabe, so gilt nach dem Dualitätssatz (Satz 1) (2.11)

$$Z_{min} = z_{max} = \sum_{i=1}^{m} v_i \hat{w}_i .$$

Es wird unmittelbar deutlich, daß der Optimalwert der Zielfunktion der Primalaufgabe von der Ressourcenmenge v_i und den Komponenten $\hat{w}_i$ der Optimallösung der Dualaufgabe abhängt.

Die Komponenten $\hat{w}_1$ der Optimallösung der Dualaufgabe geben an, um wieviel sich der Optimalwert der Zielfunktion der Primalaufgabe vergrößern kann, wenn der Ressourcenbestand v_i des Inputgutes i bei Konstanz der anderen Ressourcenmengen um eine Einheit erhöht wird. Bedingung ist allerdings, daß die Basisvariablen der vorliegenden Optimallösung $\hat{\underline{x}}$ auch nach der Änderung der betreffenden Ressourcenmenge v_{io} noch Basisvariablen der Optimallösung sind.

Der dritte Satz zur Dualität kann dann sinnvoll ökonomisch interpretiert werden.

Gilt nämlich für ein bestimmtes i bei der Optimallösung $\hat{\underline{x}}$ der Primalaufgabe (2.12)

$$\sum_{j=1}^{p} a_{ij}\hat{x}_j < v_i$$

(d.h. die Restriktion gilt als echte Ungleichung), so wird der Ressourcenbestand des Inputguts i durch die Optimallösung $\hat{x}$ nicht ausgenutzt. Damit hat die Erhöhung des Ressourcenbestands v_i keinen Einfluß auf die Zielfunktion, d.h. daß die zugehörige Komponente $\hat{w}_i$ der Optimallösung der Dualaufgabe ($z_{max} = \sum_{i=1}^{m} v_i \hat{w}_i$) den Wert Null hat.

Dieses Ergebnis wurde im vorigen Kapitel mehr intuitiv dargestellt.

In $z_{max} = \sum_{i=1}^{m} v_i \hat{w}_i$ hat z die Dimension "Zahlungseinheit", v_i die Dimension "Einheit des Inputgutes $_i$". Dementsprechend hat $\hat{w}_i$ die Dimension "Zahlungseinheiten pro Einheit des Inputgutes $_i$". Stringent wird hier deutlich, daß die Komponenten $\hat{w}_i$ der Optimallösung der Dualaufgabe die Bewertung der Inputgüter in Abhängigkeit von v_i, a_j und c_j liefern. Deshalb werden die $\hat{w}_i$ (i = 1, 2, ..., m) auch als Dualvariablen oder Schattenpreise bezeichnet.

Die hier ausgeführten Zusammenhänge sind, wie sich erweisen wird, von fundamentaler Bedeutung für die darzustellenden Dekompositionsalgorithmen.

3.2.3 Koopmans' Modell als erster Ansatz preisgesteuerter Mehrebenenplanung

Einer der ersten Autoren, der die hier beschriebenen Dezentralisierungsmöglichkeiten durch einen preisgesteuerten Koordinierungsprozeß theoretisch in einem gesamtwirtschaftlichen Modell umzusetzen versuchte, war Koopmans.[1] Auf der Grundlage der Aktivitätsanalyse für die gesamte Volkswirtschaft entwickelte er, indem er die Erkenntnisse der allgemeinen Gleichgewichtstheorie und der "welfare economics" verband, einen iterativen Prozeß zur Erreichung des gesamtwirtschaftlichen Optimums. In den Iterationen setzt ein "Steuermann" (helmsman) die Werte für die Endverbrauchsgüter. Ein "Treuhänder" (custodian) bestimmt für jedes intermediäre Gut und Primärgut tentative Preise und verändert diese Preise, um Angebot und Nachfrage auszugleichen, während ein "manager" für jede ökonomische Aktivität seinen Gewinn bei gegebenen Preisen zu maximieren versucht.[2]

Da es bei der hier zu untersuchenden Fragestellung nicht um einen Effizienzvergleich zwischen unterschiedlichen Wirtschaftsordnungen geht, soll die Arbeit Koopmans' und die sich daran anschließende Diskussion[3] nicht weiter ausgeführt werden. Für den hier zu untersuchenden Problemkreis ist wichtig, daß der von Koopmans entwickelte mehrstufige Prozeß seiner Ausführung nach zu einer optimalen Lösung führt, und daß der von ihm vorgeschlagene iterative Prozeß konvergent ist, er jedoch keinen Beweis für die Konvergenz, d.h. für die ständige verbesserte Annäherung

---

[1] Vgl. T.C. KOOPMANS: Allocation of Resources and the Price System, in: ders.: Three Essays on the State of Economic Science, New York, Toronto, London, S. 46 ff.
vgl. auch: ders.: Analysis of Production as an Efficient Combination of Activities, in: T.C. KOOPMANS (Hrsg.): Activity Analysis of Production and Allocation, New York 1951.

[2] Vgl. J.R. FREELAND: a.a.O., S. 41

[3] Vgl. J. DEAN: Decentralization and Intracompany Pricing, in: Harvard Business Review, Vol. 33 (1955); und
G.B. DANTZIG, P. WOLFE: The Decomposition Algorithm for Linear Programs, in: Econometrica, Vol. 29 (1961).

und letztendliche Erreichung des Optimums mit fortschreitenden Iterationen formuliert.[1] Diese Fragen stehen jedoch im Mittelpunkt einer anwendungsorientierten Analyse und sollen im folgenden detaillierter untersucht werden.

3.2.4 Existenzbedingungen für preisgesteuerte Verfahren

In diesem Kapitel soll ohne zu detaillierte mathematische Beweisführung die folgende Frage behandelt werden: Unter welchen Bedingungen kann das in den Gleichungen (2.1) bis (2.5a) beschriebene Problem dadurch gelöst werden, daß die Zentraleinheit Preise ($\underline{\lambda}_1^*$, $\underline{\lambda}_2^*$) an die Peripherieeinheiten sendet, mit deren Hilfe die Untereinheiten ihre Aufgaben so lösen, daß sich eine Optimallösung für das Ausgangsproblem ergibt, ohne daß weitere Informationen als diese Preise nötig sind?

Grundsätzlich setzt eine preisgesteuerte dezentralisierte mehrstufige Planung des hier beschriebenen Typs die notwendigen Kuhn/Tucker-Bedingungen für Sattelpunkte voraus.[2]

---

[1] Vgl. K.J. ARROW, L. HURWICZ: Decentralization and Computation in Resource Allocation, in: R. PFOUTS (Hrsg.): Essays in Economics and Econometrics, Chapel Hill, N.C., 1960.

Das Verfahren von ARROW und HURWICZ, das eine Preissteuerung mit Hilfe der Gradientenmethode aufweist, soll aus Platzgründen nicht näher erläutert werden.

[2] Eine ausführliche mathematische Beweisführung zu begrenzten Maxima und Sattelpunkten findet sich bei G.M. HEAL: a.a.O., App. A 12, S. 380 ff.

Danach müssen eine konkave Zielfunktion, konvexe Nebenbedingungen und die Erfüllung der Qualifikation der Nebenbedingungen vorliegen.[1]

Das bereits dargestellte zu lösende Problem lautet:

Maximiere $\quad \sum_{i=1}^{n} f_i(\underline{x}_i)$ \hfill (1.)

unter Bed. daß $\quad \sum_{i=1}^{n} \underline{h}_i(\underline{x}_i) \leq \underline{r}$ \hfill (2.)

$\qquad\qquad\quad \sum_{i=1}^{n} \underline{z}_i(\underline{h}_i(\underline{x}_i)) \leq \underline{y}$ \hfill (3.)

$\qquad\qquad\quad \underline{x}_i \in X_i \quad (i = 1, 2, \ldots, n)$ \hfill (4.)

Vektoren von Preisen $\underline{\lambda}_1^*$ und $\underline{\lambda}_2^*$, die bei der Lösung des Problems durch die Untereinheit i zu optimalen $\underline{x}_i^*$ führen, existieren nur unter folgenden hinreichenden Bedingungen:[2]

a) $f_i(\underline{x}_i)$ ist strikt konkav über X_1;[3]

b) (2.) und (3.) genügen der Nebenbedingungsqualifikation;[4]

c) $\underline{h}_i(\underline{x}_i)$ und $\underline{z}_i(\underline{h}_i(\underline{x}_i))$ sind konvex über der konvexen Menge X_i.

---

[1] Zu den Konsequenzen, die sich daraus für preisgesteuerte Verfahren ergeben, vgl. W.J. BAUMOL, T. FABIAN: Decomposition Pricing for Decentralization and External Economies, in: Management Science, Vol. 11 (1964);
A. CHARNES, R.W. CLOWER, K.O. KORTANEK: Effective Control through Coherent Decentralization with Preemptive Goals, in: Econometrica, Vol. 35 (1967).

[2] Vgl. P.V. MOESEKE, G. DE GHELLINCK: Decentralization in Separable Programming, in: Econometrica, Vol. 37 (1969), S. 75.

[3] Zum Beweis dieser Bedingung vgl. G.M. HEAL: a.a.O., S. 377.

[4] Wobei Problem 2 (λ) nicht der Nebendingungsqualifikation unterworfen ist.

Voraussetzung a) stellt sicher, daß, wenn eine reellwertige Funktion f(x) dreimal differenzierbar ist, x^* ein Maximum von f(x) angibt.[1] Dann gilt, daß für die auf einer abgeschlossenen konvexen Menge konkave Funktion f(x) jedes relative Maximum das absolute Maximum von f(x) über X ist.[2] Voraussetzung a) sichert also eindeutige optimale Ergebnisse.

Bedingung b) verlangt die Gültigkeit der Nebenbedingungsqualifikation (constraint qualification). Auf ihren relativ komplizierten Beweis soll an dieser Stelle verzichtet werden.[3] Wichtig ist in diesem Zusammenhang, daß dadurch gesichert ist, daß, wenn die i-te Nebenbedingung nicht bindend ist, der damit verbundene Schattenpreis Null beträgt. Damit führt die Erweiterung der Nebenbedingung (relaxation) zu keiner Erhöhung des Zielfunktionswerts (complementary slackness-Bedingung). Vice versa sind positive Schattenpreise nur bei bindenden Restriktionen möglich.[4] Auf diesen ökonomisch bedeutenden Zusammenhang wurde schon bei der Darstellung der Dualitätstheorie hingewiesen.

Bedingung c) verlangt, daß bei einer Veränderung der Entscheidungsvariablen für eine Untereinheit die Veränderungen in einer Nebenbedingungsfunktion wenigstens so schnell vonstatten gehen müssen wie ein konstantes Vielfaches bezogen auf die Entscheidungsvariablen.[5]

---

[1] Vgl. G.M. HEAL: a.a.O., S. 380, wo auch die mathematischen Beweise zu finden sind.
[2] Vgl. auch, H. KÖRTH u.a.: a.a.O., S. 653.
[3] Vgl. G.M. HEAL: a.a.O., S. 384 ff.
[4] Vgl. ebenda, S. 386 ff.
[5] Vgl. J.R. FREELAND: a.a.O., S. 58 f.

Die Voraussetzungen a), b) und c) stellen nicht dar, wie die Zentrale einer mehrstufigen zielsymbiotischen Organisation die für die Steuerung nötigen Optimalpreisvektoren $\underline{\lambda}_1^*$ und $\underline{\lambda}_2^*$ finden kann. Sie sichern die Existenz von Optimalpreisen und beschreiben, unter welchen ökonomischen Bedingungen allein Preise zur Ermittlung des Optimums innerhalb einer wie oben beschriebenen Organisation ausreichend sind:

Bedingung a) als wichtigste Voraussetzung verlangt, daß die Zielfunktion jeder Untereinheit decreasing returns to scale aufweist. Damit ist der Fall von constant (linear) und increasing returns to scale ausgeschlossen, was bedeutet, daß zahlreiche ökonomisch relevante Fälle nicht gelöst werden können.[1]

Diese Bedingung, die lineare Probleme ausschließt, mag zunächst insofern verwirrend erscheinen, als die optimalen Verrechnungspreise nichts anderes sind als die optimalen Dualvariablen, die für lineare Probleme komplikationslos zu ermitteln sind. Die Schwierigkeit liegt jedoch darin, daß bei der Steuerung der Untereinheiten allein durch die optimalen Dualvariablen die von den Untereinheiten zu lösenden Aufgaben mehrere alternative Optimallösungen aufweisen, da nur eine auf einer konvexen Menge streng konkave (streng konvexe) Funktion f(x) das absolute Maximum (absolute Minimum) von f(x) über D höchstens in einem Punkt annehmen kann.[2] Dieser Problemkreis wird im nächsten Kapitel ausführlicher dargestellt werden.

---

1 Vgl. J.R. FREELAND: a.a.O., S. 58 f.
2 Vgl. H. KÖRTH u.a.: a.a.O., S. 653.

Bei linearen Problemen ist also eine Optimallösung für die Organisation nicht allein mit Hilfe der Schattenpreise als Steuerungsinstrumente möglich.[1] In einem solchen Fall werden mehr Informationen benötigt, was dem Verfahren zumindest einen Teil seiner informationssparenden Attraktivität nimmt. Nachdem die Existenzbedingungen für preisgesteuerte Verfahren herausgearbeitet worden sind, können nun konkrete preisgesteuerte Lösungsalgorithmen dargestellt werden. Besonderes Gewicht wird dabei dem Algorithmus von Dantzig/Wolfe beigemessen, da dieses Verfahren konzeptionell nahezu als Prototyp gelten kann und darüber hinaus für die zu behandelnden Fallstudien von besonderer Bedeutung ist.

3.2.5 Preisgesteuerte Dekompositionsalgorithmen

3.2.5.1 Der Algorithmus von Dantzig und Wolfe

Der preisgesteuerte Dekompositionsalgorithmus von Dantzig und Wolfe soll im folgenden ausführlicher dargestellt werden.[2] Das zu lösende lineare Problem habe die folgende Form:

---

[1] Vgl. J.R. FREELAND: a.a.O., S. 59 ff. und das dort angeführte Beispiel.

[2] Grundlage dieses Kapitels ist: G.B. DANTZIG, P. WOLFE: Decomposition Principle for Linear Programs, in: Operation Resarch, Vol. 8 (1960), S. 101 ff.; G.B. DANTZIG, P. WOLFE: The Decomposition Algorithm for Linear Programs, in: Econometrica, Vol. 29 (1961), S. 767 ff.; G.B. DANTZIG: Lineare Programmierung und Erweiterungen, Berlin, Heidelberg, New York 1966, Kapitel 23, wobei auf mathematische Erklärungen in den Kapiteln 4, 5, 6, 9 und 22 zurückgegriffen wird;
vgl. auch B. BOUCON, J. BOURLES, J.-H. LORENZI, B. ROSIER: Modèles de Planification Décentralisée, Presses Universitaires de Grenoble 1973, S. 117 ff.;
vgl. auch W.J. BAUMOL, T. FABIAN: a.a.O., an deren Ausführungen sich die Darstellung dieses Kapitels anlehnt.

Maximiere
$$P = P_1 X_1 + P_2 X_2 + P_3 Y_1 + P_4 Y_2 + P_5 Y_3 \qquad (1)$$
unter Bed.
$$a_{11} X_1 + a_{12} X_2 + a_{13} Y_1 + a_{14} Y_2 + a_{15} Y_3 \leq R_1 \qquad (2)$$
$$a_{21} X_1 + a_{22} X_2 \leq R_2 \qquad (3a)$$
$$a_{31} X_1 + a_{32} X_2 \leq R_3 \qquad (3b)$$
$$a_{43} Y_1 + a_{44} Y_2 + a_{45} Y_3 \leq R_4 \qquad (4)$$
für alle X_i, $Y_i \geq 0$.

Gleichung (1) stellt die additiv zusammengesetzte Zielfunktion der Gesamtorganisation, Ungleichung (2) die Ressourcennebenbedingung der Zentrale dar. Die Ungleichungen (3a) und (3b) kennzeichnen die Restriktionen der Untereinheit 1, die Ungleichung (4) die Nebenbedingung der Untereinheit 2.
P stellt den Gesamtgewinn der Organisation dar; P_j repräsentiert den Gewinn pro Einheit des Output j;
a_{ij} gibt die Inputmenge des Gutes i an, die zur Produktion einer Einheit des Gutes j nötig ist.

Aus dem Gleichungssystem wird deutlich, daß es sich um eine Organisation handelt, die eine Zentraleinheit und zwei Untereinheiten beinhaltet. Untereinheit 1 kann entweder ein oder zwei Güter produzieren, deren Outputs mit X_1 und X_2 gekennzeichnet werden. Die drei potentiellen Outputs von Untereinheit 2 werden durch Y_1, Y_2 und Y_3 repräsentiert. Beide Untereinheiten nutzen die zentralen Ressourcen, deren begrenzte Mengen durch R_1 angegeben wird. Darüber hinaus wird die Produktion von Untereinheit 1 durch die verfügbaren eigenen Ressourcen R_2 und R_3 begrenzt, während Untereinheit 2 die begrenzten Ressourcen R_4 aufweist. Sind all P_j und a_{ij} konstant, handelt es sich um ein übliches lineares Programmierungsproblem. Der iterative Lösungsablauf läßt sich verbal vereinfacht wie folgt beschreiben:[1]

(1) Die Zentraleinheit teilt jeder Untereinheit einen Preis für die zentralen Ressourcen mit.

(2) Jede Untereinheit löst ihr Optimierungsproblem auf der Basis dieser Preise und teilt der Zentrale ein (suboptimales) Produktionsprogramm - ausgedrückt in den jeweiligen Gütermengen - mit.

(3) Die Zentraleinheit ermittelt, welche Kosten oder Erträge jedes dieser Programme für alle anderen Untereinheiten verursacht. Läßt sich eine verbesserte Lösung finden, so teilt die Zentraleinheit den Untereinheiten neue Preise für die zentralen Ressourcen mit.

(4) Jede Untereinheit löst auf der Grundlage dieser variierten Preisinformation erneut ihr Optimierungsproblem und meldet der Zentrale das veränderte Produktionsprogramm.

(5) Dieser iterative Prozeß wird so lange fortgesetzt, bis die Optimallösung erreicht ist. Aufgrund der Eigenschaften des Algorithmus kann garantiert werden, daß bei jedem Schritt die Werte der Gesamtzielfunktion verbessert werden und daß der Prozeß in einer endlichen Zahl von Iterationen konvergiert.[2]

---

1 Vgl. W.J. BAUMOL, T. FABIAN: a.a.O., S. 5, sowie J.R. FREELAND, a.a.O., S. 65 f.
Dem ersten Schritt liegen i.d.R. Vorinformationen - z.B. Erfahrungswerte - zugrunde. Falls diese von den Untereinheiten stammen, ließe sich der erste Iterationsschritt auch bei den Untereinheiten beginnen. Die Art der Iterationen auf den verschiedenen Ebenen wird dadurch nicht geändert.

2 Vgl. J.R. FREELAND: a.a.O., S. 65.

Der wesentliche Vorgang des dezentralisierten Lösungsprozesses vollzieht sich von Schritt 2 ab.
Bis zu einem bestimmten Zeitpunkt haben die Untereinheiten der Zentrale Lösungen X_1^*, ..., X_q^* und Y_1^*, ..., Y_n^* mitgeteilt. Produziert Untereinheit 1 n_1-Artikel, so ist X_{pq}^* der Vektor (X_{1q}, X_{2q}, ..., Xn_1q), wobei X_k den Output des Gutes k darstellt, der im q-ten Lösungsvorschlag der Untereinheit 1 enthalten ist. Y_r^* wird entsprechend in bezug auf Untereinheit 2 definiert.

Es muß beachtet werden, dass die X_{iq} und Y_{jr} keine Variablen, sondern konkrete numerische Werte sind, die von den Untereinheiten im q-ten und r-ten Schritt berechnet wurden.[1]

Die Zentrale bekommt diese Lösungen der zwei Untereinheiten gemeldet. Sie bildet nun aus diesen Mengeninformationen und den entsprechenden Informationen der Vorrunden ein gewichtetes Mittel für jedes Produkt X_i und Y_j. Dazu werden die (bis jetzt unbestimmten) Gewichte u_1, ..., u_q und v_1, ..., v_r verwendet:[2]

$$X_{iq}^a = u_1 X_{i1} + u_2 X_{i2} + \ldots + u_q X_{iq}$$
$$Y_{jr}^a = v_1 Y_{j1} + v_2 Y_{j2} + \ldots + v_r Y_{jr}. \tag{5}$$

Da es sich bei u_1, ..., u_q und v_1, ..., v_r um Gewichte handelt, müssen sie die Bedingungen

---

1 Vgl. W.J. BAUMOL, T. FABIAN: a.a.O., S. 8.
2 Vgl. ebenda, S. 8.

$$u_1 + u_2 + \ldots + u_q = 1 \text{ und} \tag{6}$$
$$v_1 + v_2 + \ldots + v_r = 1$$

alle $u_s \geq 0$, alle $v_t \geq 0$, erfüllen.

Die gewichteten Durchschnitte X^a_{iq} und Y^a_{jr} werden in der Zentrale als Variablen des Ausführungsprogramms (executive program) benutzt.

Das Ausführungsprogramm besteht aus drei Komponenten:
- der Zielfunktion, die auf der Zielfunktion des Originalprogramms beruht;
- den zentralen Nebenbedingungen;
- Nebenbedingungen für die zu diesem Zeitpunkt noch unbekannten Gewichte (6), wobei jeder Untereinheit eine Nebenbedingung zugeordnet ist.

Die Nebenbedingungen der Untereinheiten treten im Ausführungsprogramm nicht direkt auf, so daß es i.d.R. weniger Nebenbedingungen als das Originalprogramm enthält.

Die Durchschnittsvariablen X^a_{iq} und Y^a_{jr} des Ausführungsprogramms setzen sich aus den unbekannten Gewichten u_i und v_i und den aus den Lösungen der Untereinheiten erhaltenen Konstanten X_{iq} und Y_{jr} zusammen; die einzigen echten Unbekannten sind also die Gewichte.[1]

Das dargestellte Hauptproblem läßt sich also in ein lineares Programmierungsproblem umformulieren, das nur diese

---

[1] Vgl. W.J. BAUMOL, T. FABIAN: a.a.O., S. 8 f.

Variablen enthält.[1] Entscheidend ist folgendes: mit der Verwendung des Ausführungsprogramms wird das Problem, das ursprünglich in der Bestimmung der Variablen X_i und Y_i bestand, verändert in ein Problem zur Bestimmung der verbesserten realisierbaren Gewichte u_s und v_t, die zur Bildung des Durchschnitts der vorher gemeldeten sektoralen Produktionsvorschläge verwendet werden.

Die Bestimmung einer durchführbaren Menge dieser Gewichte ist genau die Aufgabe des Ausführungsprogramms.[2] Die Anzahl der Gewichte im Ausführungsprogramm hängt von der Anzahl der Produktionsvorschläge der Untereinheiten ab. Bei jedem neuen Vorschlag (X^*_{q+1}) wird ein neues Gewicht (u_{q+1}) dem Hauptprogramm und damit dem Variablensatz des Ausführungsprogramms hinzugefügt.

Die Tatsache, daß die Nebenbedingungen der Untereinheiten im Ausführungsprogramm nicht direkt berücksichtigt werden, bestätigt das dargestellte Grundkonzept der Dekomposition, daß die Zentraleinheit keine Informationen über die technologischen Bedingungen der Untereinheiten hat. Hier wird der Aspekt der Informationsersparnis deutlich.

Für das dargestellte Ausführungsprogramm läßt sich ein Dualprogramm formulieren.[3] Mit Hilfe der revidierten Simplexmethode können die Simplexmultiplikatoren, also die vorläufigen Dualvariablen für jede der zentralen Ressourcen

---

1 Zur Bildung des Ausführungsprogramms aus dem zugrundegelegten Hauptprogramm (1) vgl. W.J. BAUMOL, T. FABIAN: a.a.O., S. 9 f.
Die Bildung des Ausführungsprogramms und die Bestimmung der Gewichte wird detailliert mit Hilfe eines numerischen Beispiels auf den Seiten 24 ff. gezeigt.

2 Vgl. W.J. BAUMOL, T. FABIAN: a.a.O., S. 9

3 Vgl. Kapitel I/2.2; dort werden die Lösungscharakteristika der Dualitätstheorie, die hier relevant sind, ausführlich dargestellt und analysiert.

$p = (p_1, \ldots, p_m, \bar{p}_1, \bar{p}_2)$ bestimmt werden. Die letzten zwei dieser Dualpreise, $\bar{p}_1$, $\bar{p}_2$, entsprechen jeweils den Gewichtungsnebenbedingungen $\Sigma u_i = 1$ und $\Sigma v_j = 1$.[1,2]

Mit Hilfe der vorläufigen Dualpreise lassen sich die revidierten Zielerreichungswerte der Untereinheiten für deren q-te bzw. r-te Lösungen berechnen. Dazu werden die folgenden Ausdrücke benutzt:[3]

$$R_{qi} = P_i - (p_1 a_{1i} + p_2 a_{2i} + \ldots + p_m a_{mi})$$
$$S_{rj} = P_j - (p_1 a_{1j} + p_2 a_{2j} + \ldots + p_m a_{mj}) \quad (7)$$

Diese revidierten Gewinnwerte der Untereinheiten werden in der nächsten Iterationsrunde als Koeffizienten der Zielfunktionen der Untereinheiten benutzt.

Die revidierte Zielfunktion für Untereinheit 1 lautet dann:[4]

$$\Sigma R_{qi} X_i = \Sigma_j (P_j - \Sigma_i p_i a_{ij}) X_j.$$

Diese Zielfunktion unterscheidet sich von der ursprünglichen Zielfunktion $\Sigma_j P_j X_j$ durch den Wert $-\Sigma_i \Sigma_j p_i a_{ij} X_j$. Die ökonomische Bedeutung dieses Ausdrucks soll nun betrachtet werden.

X_j stellt die Menge des Output j dar, a_{ij} gibt die Menge des Input i an, die zur Produktion einer Einheit des Output j nötig ist; p_i stellen die vorläufigen Dualwerte der

---

1 Vgl. W.J. BAUMOL, T. FABIAN: a.a.O., S. 11; vgl. auch J.R. FREELAND; a.a.O., S. 64.
2 Zur Bildung der vorläufigen Dualvariablen vgl. den Beweis in W.J. BAUMOL, T. FABIAN: a.a.O., S. 21.
3 Vgl. ebenda, S. 11.
4 Vgl. ebenda, S. 12.

knappen Inputs der Zentraleinheit dar (Simplex-Multiplikatoren).[1] Dementsprechend gibt der Ausdruck $\Sigma_i\, p_i\, a_{ij}\, X_j$ den Gesamtwert aller Inputs an, die in die Produktion des Output j eingehen.

Der Ausdruck $-\Sigma_i\, \Sigma_j\, p_i\, a_{ij}\, X_j$ aus der revidierten Zielfunktion stellt die Opportunitätskosten für die Organisation dar, die aus dem Einsatz der knappen Ressourcen durch die Untereinheit 1 zur Produktion des jeweiligen gesamten Output resultieren.

Die Zentrale fordert dementsprechend bei jeder Iteration die Untereinheiten auf, den Nettozielerreichungswert $\Sigma R_{qi} X_i$ zu maximieren. In diesem Ausdruck wird also von dem Ertrag der Wert subtrahiert, den die von der Untereinheit benutzten knappen Ressourcen für den übrigen Teil der Organisation darstellen.

Die Berücksichtigung der Opportunitätskosten, die durch den Einsatz knapper Ressourcen entstehen, gewährleistet, daß ein Gesamtoptimum iterativ erreicht wird, obwohl die Produktionsentscheidungen bis zum Endschritt der Iteration dezentralisiert, also nur auf der Ebene der Untereinheiten getroffen werden.

Im folgenden soll der Optimalitätstest für den iterativen Prozeß beschrieben werden.

Wie ausgeführt, enthält das Ausführungsprogramm m + 2 Nebenbedingungen. m Nebenbedingungen beziehen sich auf die m zentralen Ressourcen; diesen m Nebenbedingungen entsprechen m Dualwerte (Simplex-Multiplikatoren = Schat-

---

[1] Die vorläufigen Dualwerte sind ökonomisch als marginal profitability des Input i zu interpretieren; vgl. J.W. BAUMOL, T. FABIAN: a.a.O., S. 6.

tenpreise der Inputgüter: $p_1, \ldots, p_m$). Darüber hinaus gibt es zwei Nebenbedingungen $\Sigma u_i = 1$ und $\Sigma v_j = 1$, denen die zwei Dualwerte $\bar{p}_1$ und $\bar{p}_2$ zugeordnet sind. $\bar{p}_1$ stellt die Gewinnsteigerung für die Gesamtorganisation dar, die aus der erhöhten Zuteilung von zentralen Ressourcen an Untereinheit 1 resultiert. Entsprechendes gilt für $\bar{p}_2$.[1] Bei jedem Iterationsschritt ermittelt die jeweilige Untereinheit auf der Grundlage der revidierten Zielfunktion ein neues Produktionsprogramm $X_q = X_{1q}, X_{2q}, \ldots X_{n_1 q}$. Dieses neue Programm muß mit den vorher der Zentrale mitgeteilten Programmen verglichen werden. Dazu wird der revidierte Gewinnausdruck der Untereinheit 1

$$R_q (X_q) = \Sigma_j (P_j - \Sigma_i p_i a_{ij}) X_{jq},$$

der sich aus dem Produktionsprogramm X_q ergibt, mit dem Wert von $\bar{p}_1$ verglichen.

Da $R_q (X_q)$ den Gewinn nach Abzug der Opportunitätskosten angibt, der der Organisation aus dem neuen Produktionsvorschlag X_q von Untereinheit 1 entsteht, und $\bar{p}_1$ ein Maß für den Gewinnbeitrag der vorherigen Produktionsvorschläge von Untereinheit 1 darstellt, läßt sich aus dem Vergleich dieser zwei Größen ermitteln, ob der neue Produktionsvorschlag der Untereinheit für die Gesamtorganisation einen höheren Zielwertbeitrag erbringt als der Beitrag, der durch den optimal gewichteten Durchschnitt der bisherigen Lösungen der Untereinheiten zustandekommt.[2]

Gilt also $R_q > \bar{p}_1$, so läßt sich durch ein neues verbessertes Ausführungsprogramm ein höherer Zielerreichungsgrad für die Gesamtorganisation realisieren; es wird dann eine neue Iterationsrunde begonnen. Erst wenn R_q und $\bar{p}_1$ gleich

---

[1] Vgl. W.J. BAUMOL, T. FABIAN: a.a.O., S. 13.
[2] Vgl. ebenda, S. 14.

sind ($R_q = \bar{p}_1$), ist die Optimallösung erreicht. Nachdem die Optimallösung gefunden ist, muß die Zentraleinheit den Untereinheiten mitteilen, welche Gewichte sie zu benutzen haben, d.h. welche Kombination ihrer bisherigen Vorschläge nach den Berechnungen der Zentraleinheit als optimales Produktionsprogramm faktisch realisiert werden soll.[1]

Die Zentraleinheit muß also den Untereinheiten nach Ermittlung der Optimalität eine Mengenangabe machen. Diese unter dem Aspekt der Informationsdezentralisierung und -ersparnis negative Eigenschaft des Algorithmus von Dantzig und Wolfe resultiert aus der Tatsache, daß diese Lösungsmethode keinen eingebauten Motivationsmechanismus enthält, der die Untereinheiten zu der gleichen Kombination veranlaßt, die von der Zentrale als optimal ermittelt wird.

Formal resultiert dieses Problem aus der Tatsache, daß das Produktionsprogramm für die Untereinheiten, das von der Zentrale für die Gesamtorganisation als optimal ermittelt wurde, kein Eckpunkt auf der Begrenzungslinie der durchführbaren Produktionsregion der Untereinheit sein muß.

Zwei Gründe sind für eine solche Konstellation denkbar:

(1) Die Schwierigkeiten ergeben sich aus der Linearität des Problems. In diesem Fall ist es möglich, daß die von der Zentrale ermittelte Optimallösung für die Gesamtorganisation nicht mit einem Eckpunkt des realisierbaren Lösungsraumes der Untereinheit koinzidiert.

---

[1] Vgl. W.J. BAUMOL, T. FABIAN: a.a.O., S. 14.

In der folgenden Abbildung[1] liegt die Optimallösung für die Gesamtorganisation in S; dieser Punkt entspricht dem gewichteten Durchscnitt der vorher ermittelten sektoralen Produktionsprogramme D und C.

Abb. 2: <u>Die Optimallösung bei Linearität</u>

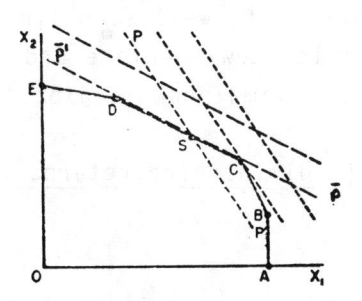

Da S aus dem gewichteten Durchschnitt von C und D resultiert, müssen entsprechend den Ausführungen zum Ablauf des Algorithmus sowohl C als auch D den revidierten Zielerreichungswert $\bar{p}_1$ aufweisen, also auf derselben Iso-Gewinn-Kurve liegen. Da nun jeder Punkt auf dem Kurvensegment CD - also auch S - aus der Sicht der betreffenden Untereinheit gleich profitabel ist, gibt es für diese Untereinheit keinen Grund S zu wählen, da sie gegenüber dem Lösungspunkt S indifferent ist.

Die Zentrale ist also gezwungen, im letzten Schritt den Untereinheiten Mengengrößen vorzugeben, um die Realisierung des für die Gesamtorganisation optimalen Produktionsprogramms in S zu sichern.
Bei Linearität des zu lösenden Problems ist folglich ein rein preisgesteuerter - also auch bei der letzten

---

[1] Man beachte, daß $\bar{p}$ die Dualwerte der Gewichtungsnebenbedingungen angibt.

Iteration informationssparender - Lösungsalgorithmus nicht möglich.

Bei "diminishing returns to scale" (diminishing technical marginal rates of substitution), die einen vollständig gekrümmten Verlauf der Begrenzungslinie der konvexen realisierbaren Menge der Lösungen für die jeweilige Untereinheit zur Folge haben, treten diese Schwierigkeiten i.d.R. nicht auf, weil sich ein eindeutiger Tangentialpunkt von Iso-Gewinn-Linie und Produktionsmöglichkeitenkurve im Optimalpunkt ergibt.[1]

Abb. 3: <u>Die Optimallösung bei diminishing returns to scale</u>

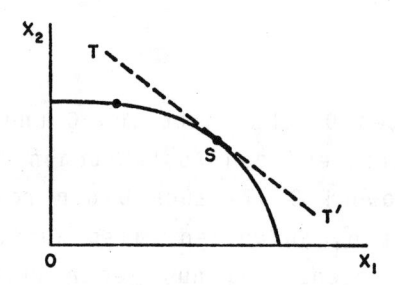

Die hier grafisch ermittelten Ergebnisse decken sich mit den Resultaten aus der analytischen Untersuchung der Existenzbedingungen von preisgesteuerten Verfahren, die in Kapitel I/4 vorgenommen wurden.

Neben den in der internen Produktionsstruktur der jeweiligen Untereinheiten begründeten Problemen ergibt sich eine Einschränkung der Entscheidungsautonomie aus folgenden unter (2) zusammengefaßten Gründen:

---

[1] Vgl. W.J. BAUMOL, T. FABIAN: a.a.O., S. 17.

(2) Die Diskrepanz zwischen total- und partialoptimalen Produktionsentscheidungen, die die Entscheidungsautonomie der Untereinheiten gravierender einschränkt, resultiert aus der Tatsache, daß die begrenzte Verfügbarkeit der zentralen Ressourcen das Feld der Produktionsmöglichkeiten der Untereinheiten auf einen Subbereich beschränkt.

Denkbar ist die Konstellation, wenn a) der zentrale Ressourcenbestand für keine der Untereinheiten ausreicht oder b) der zentrale Ressourcenbestand nicht für alle diese Ressourcen anfordernden Untereinheiten ausreichend zur Verfügung steht. In beiden Fällen kommt es zu einer Situation, in der der Produktionsmöglichkeitenbereich der Untereinheiten größer ist als der der Gesamtorganisation. Für den vereinfachenden linearen Fall ist diese Konstellation in der folgenden Abbildung dargestellt, in der der Produktionsmöglichkeitenbereich einer Untereinheit durch die zwei gestrichelten Linien eingegrenzt wird, die die beschränkten zentralen Ressourcen repräsentieren:[1]

Abb. 4: <u>Diskrepanz zwischen total- und partialoptimalen Produktionsentscheidungen</u>

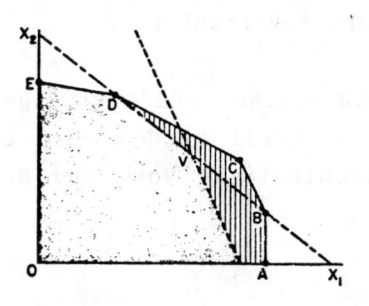

---

[1] Vgl. W.J. BAUMOL, T. FABIAN: a.a.O., S. 17.

Wertepaare von X_1 und X_2, die innerhalb der schraffierten Fläche liegen, befinden sich also im Bereich der peripheren Produktionsmöglichkeiten, der für die Gesamtorganisation nicht realisierbar ist. Die Linearkombination der zwei Extrempunkte B und D der Untereinheit wäre in diesem Fall V. Dieser Optimalpunkt für die Gesamtorganisation liegt also innerhalb des Produktionsmöglichkeitenbereichs der Untereinheit. Deshalb muß die Zentrale der betreffenden Untereinheit mitteilen, welche Gewichte den Extrempunkten der Untereinheit, z.B. B und D, zuzuordnen sind, oder welche Produktionswerte von X_1 und X_2 (entsprechend V) realisiert werden sollen. Es muß also im letzten Schritt den Untereinheiten ein Produktionsprogramm durch die Zentrale vorgegeben werden.

Aus diesen Ausführungen wird deutlich, daß es sich bei dem Dekompositionsalgorithmus von Dantzig und Wolfe nicht um einen vollständig dezentralisierten Entscheidungsprozeß handelt. Es ist eigentlich - wie Dantzig selbst definierte - ein Verfahren der "Zentralplanung ohne vollständige Information am Zentrum".[1]

3.2.5.2 Zusammenfassung unter Berücksichtigung anderer preisgesteuerter Verfahren

In den letzten Jahren sind zahlreiche andere preisgesteuerte Dekompositionsverfahren entwickelt worden, die entsprechend ihrer Konzeption unterschiedliche Vor- und Nachteile aufweisen.

---

1 Vgl. G.B. DANTZIG: Lineare Programmierung und Erweiterungen, a.a.O., S. 523 ff.

Da dieser Teil im Rahmen der Arbeit die Funktion hat, die theoretische Grundlage für den praxisorientierten Einsatz der Mehrebenenplanung zu liefern, erscheint es nicht sinnvoll, weitere Algorithmen darzustellen und zu analysieren. Detaillierte Kenntnisse anderer Lösungsverfahren - vielleicht zur Lösung konkreter Entscheidungsprobleme - lassen sich aus der vorliegenden ausführlichen Literatur gewinnen.[1] Eine tabellarische Zusammenfassung der wichtigsten Dekompositionsalgorithmen befindet sich am Ende dieses Grundlagenteils.

Darüber hinaus sei an dieser Stelle schon darauf hingewiesen, daß, wie die Fallstudien zeigen werden, der konkrete Einsatz von Dekompositionsalgorithmen zur Mehrebenenplanung Modifikationen der theoretischen Verfahren nötig macht. Auch aus diesem Grunde erscheint es nicht sinnvoll, in extenso weitere "pure" Typen von Lösungsverfahren anzuführen.

Zusammenfassend läßt sich feststellen, daß zielsymbiotische Organisationen mit mehreren hierarchisch geordneten Ebenen, die zur Ressourcenallokation "reine" preisgesteuerte Dekompositionsalgorithmen verwenden, u.U. keine Optimallösung für die globale Zielfunktion finden, wenn eine der folgenden Konstellationen vorliegt:[2]

- zwischen Entscheidungseinheiten der gleichen Ebene existieren nicht-lineare Abhängigkeiten (externalities);
- die globale Zielfunktion weist nicht strikt "decreasing returns to scale" auf;
- die Nebenbedingungsfunktionen sind nicht konvex.

---

[1] Vgl. z.B. J.R. FREELAND: a.a.O., S. 67 ff.; L.P. JENNERGREN: a.a.O., S. 29 ff.; L.S. LASDON: a.a.O., S. 144 ff.
[2] Vgl. J.R. FREELAND: a.a.O., S. 77.

Wie sich die Existenz einer oder mehrerer dieser Konstellationen auf die Anwendung der Dekompositionsalgorithmen auswirkt bzw. wie die daraus resultierenden Schwierigkeiten durch eine Modifikation der "reinen" Verfahren überwunden werden können, wird sich in den Fallstudien zeigen.

3.3 Mathematische Grundlagen mengengesteuerter Verfahren

In diesem Kapitel sollen Verfahren dargestellt werden, in denen eine Maximierungsaufgabe unter Nebenbedingungen dezentral so gelöst wird, daß die Zentrale den Untereinheiten als einzige Information Mengeneinheiten vorgibt, mit deren Hilfe die Peripherie das ihnen zugewiesene Problem optimal und damit - da Zielsymbiose, d.h. eine additiv zusammengesetzte Gesamtzielfunktion vorliegt - das Gesamtproblem optimal löst. In dem iterativen Lösungsprozeß verlaufen die Informationsströme idealtypisch so:

Abb. 5:   Informationsfluß bei mengengesteuerten Verfahren

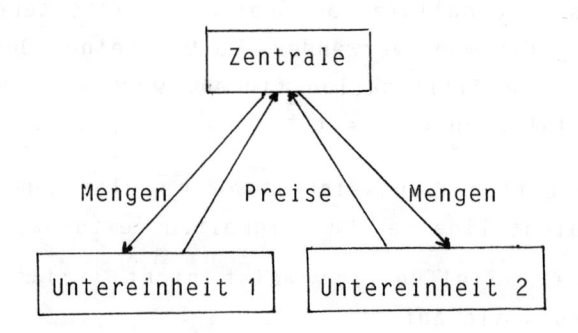

```
                    ┌──────────┐
                    │ Zentrale │
                    └──────────┘
                     ↑↓    ↑↓
              Mengen/ Preise \Mengen
                    ↓         ↓
         ┌──────────────┐ ┌──────────────┐
         │ Untereinheit 1│ │ Untereinheit 2│
         └──────────────┘ └──────────────┘
```

3.3.1 Das allgemeine mathematische Verfahren

Das allgemeine Modell, das vorher unter (1.1) bis (1.3) bzw. (1.1a) bis (1.3a) dargestellt wurde, kann als ein einziges Optimierungsproblem formuliert werden:[1]

Problem (R):

Maximiere $\quad\sum_{i=1}^{n} f_i(\underline{x}_i)$ (3.1)

unter Bed. $\quad\sum_{i=1}^{n} \underline{v}_i \leq \underline{r}$ (3.2)

$\quad\sum_{i=1}^{n} \underline{z}_i(\underline{v}_i) \leq \underline{y}$ (3.3)

$\underline{h}_i(\underline{x}_i) \leq \underline{v}_i$ für $i=1,\ldots,n$ (3.4)

$\underline{x}_i \in X_i$ (3.5)

Die Bedeutung der Symbole ist die gleiche wie in Kapitel 1.

Problem (R) kann nun in n Teile, entsprechend der Anzahl der Untereinheiten, zerlegt werden, so daß Untereinheit i mit folgendem Entscheidungsproblem konfrontiert wird:

Problem $R_i(\underline{v}_i)$

Maximiere $\quad f_i(\underline{x}_i)$ (3.6)

unter Bed. $\quad \underline{h}_i(\underline{x}_i) \leq \underline{v}_i$ (3.7)

$\underline{x}_i \in X_i$ (3.8)

---

[1] Vgl. J.R. FREELAND: a.a.O., S. 80.

Die Aufgabe der Zentraleinheit besteht nun darin, die Untereinheiten durch die Wahl von $\underline{v}_i$ für $i = 1, \ldots, n$ so zu steuern, daß die Bedingungen

$$\sum_{i=1}^{n} \underline{v}_i \leq r \text{ und } \sum_{i=1}^{n} \underline{z}_i (\underline{v}_i) \leq \underline{y}$$

nicht verletzt werden.

Bedingung (3.3), die die (evtl. von außen bestimmte) Art der Ressourcenaufteilung festlegt, ist ein Teil der Nebenbedingungen, die in dem durch die Zentrale zu lösenden Problem verbleiben. (3.3) bestimmt also die Art der Ressourcenaufteilung durch die Zentrale, ohne daß die Untereinheiten Kenntnisse über diese Nebenbedingungen zu haben brauchen.

Der durch (3.3) repräsentierte Typ von Nebenbedingungen wird in den meisten der mengengesteuerten Dekompositionsverfahren nicht beachtet. Die Bedeutung dieser Nebenbedingung kann jedoch von erheblicher Bedeutung sein.
Konkret könnte z.B. diese Nebenbedingung festlegen, daß dem Straßenbau (Untereinheit 1) niemals ein größerer Anteil an volkswirtschaftlich knappen Ressourcen zugeteilt werden soll als dem Gesundheitswesen (Untereinheit 2).[1]

Das bedeutet für Problem (R)

$$\sum_{j=1}^{P_1} v_{1j} + \sum_{j=1}^{P_2} v_{2j} \leq r \qquad (3.2a)$$

$$\sum_{j=1}^{P_1} v_{1j} - \sum_{j=1}^{P_2} v_{2j} \leq 0 \qquad (3.3a)$$

---

[1] Die Zuteilung auf Rüstung und zivile Projekte ist - auch in Entwicklungsländern - ein bedeutsameres Beispiel.

wenn v_{ij} den für Projekt j, das von Untereinheit i ausgeführt wird, zugewiesenen Betrag an Ressourcen darstellt. Die mit diesem Nebendingungstyp verbundenen Dualvariablen λ_2 stellen Verrechnungspreise ebenso wie λ_1 dar.[1]

Durch die Einbeziehung einer solchen Nebenbedingung ist es möglich, in der Realität nicht seltene Zielvorstellungen politischer Entscheidungsinstanzen zu berücksichtigen, wobei vielleicht der Hauptvorteil darin besteht, die Explizierung solcher Ziele zu fordern. Die "institutionalisierte" Offenlegung trägt zur Rationalisierung von - in dem Zusammenhang dieser Arbeit relevanten - Entscheidungen über Entwicklungsprojekte bei, weil die Auswirkungen bestimmter Zielvorstellungen transparent gemacht werden.

Der iterative Lösungsprozeß des hier allgemein dargestellten mengengesteuerten Verfahrens läßt sich im Fall einer Zentrale mit zwei Untereinheiten so darstellen:[2]

Die Zentraleinheit teilt der Untereinheit i eine Ressourcenmenge v_i zu. Grundsätzlich wird v_i so gewählt, daß die Nebenbedingungen

$$\sum_{i=1}^{n} \underline{v}_i \leq \underline{r} \quad \text{und} \quad \sum_{i=1}^{n} \underline{z}_i (\underline{v}_i) \leq \underline{y}$$

nicht verletzt werden.
Für die zuzuteilenden Mengen von v_i liegen i.d.R. - sofern es sich nicht um eine gänzlich neue Organisation handelt - Vergangenheitswerte vor, an denen sich die Zentrale orientieren kann, was die Dauer des Lösungsprozesses verkürzt. Untereinheit i löst nun, nachdem sie $\underline{v}_1$ kennt, Problem

---

1 Vgl. J.R. FREELAND: a.a.O., S. 45.

2 Vgl. Informationsflußdiagramm.

$R_{i_I}(v)$. Die Lösung dieses Problems mit dem Wert $\underline{x}_i$ stellt die potentielle Zielerreichung von $f_i(\underline{x}_i^I)$ für die Organisation dar.

Die Unterorganisationen teilen nach Abschluß ihrer Problemlösung der Zentrale ihren Beitrag zur Zielerreichung mit und eine summarische Information darüber, wie sich ihr Zielerreichungsbeitrag bei einer Variation in den Komponenten von $\underline{v}_i$ verändern würde.

Mit Hilfe dieser Informationen berechnet die Zentrale, ob eine geänderte Verteilung der Ressourcen, die aber die zentralen Nebenbedingungen (3.2) und (3.3) nicht verletzt, die Gesamtzielerreichung vergrößern kann. Ist dies der Fall, so teilt sie den Untereinheiten neue $\underline{v}_i$ zu, mit denen diese erneut Problem $R_i(v_i)$ lösen und wiederum der Zentrale ihren Anteil der Zielerreichung und deren mögliche Änderung bei Variationen von $\underline{v}_i$ mitteilen. Dieser iterative Prozeß wird solange fortgesetzt, bis die Zentrale durch keine Variation von v_i mehr eine Erhöhung des Erreichungsgrades ihrer Zielfunktion ermitteln kann.

3.3.2 Existenzbedingungen für mengengesteuerte Verfahren

Während die Möglichkeit, mit Hilfe von preisgesteuerten Verfahren dezentral eine optimale Faktorallokation zu erreichen, relativ restriktiven Nebenbedingungen unterworfen ist, existieren bei mengengesteuerten Verfahren solche einschränkenden Voraussetzungen nicht.[1]

---

[1] Vgl. J.R. FREELAND: a.a.O., S. 83 ff.;
A.M. GEOFFRION: Primal Resource-Directive Approaches for Optimizing Nonlinear Decomposable Systems, in: Operations Research, Vol. 18 (1970) S. 380; G.J. SILVERMAN: Primal Decomposition of Mathematical Programs by Resource Allocation, in: Operations Research, Vol. 20 (1972), S. 61.

Existiert eine optimale Lösung $\underline{x}_i^{opt}$ (i = 1, ..., n) für Problem (R),

so ist $\underline{v}_i^{opt} = \underline{h}_i(\underline{x}_i^{opt})$ zu setzen und das Problem $R_i(\underline{v}_i^{opt})$ zu lösen, um $\underline{\overline{x}}_i$ zu erhalten.

Es gilt dann: $f_i(\underline{\overline{x}}_i) \geq f_i(\underline{x}_i)$ für alle $\underline{x}_i \in X_i$ und $\sum_{i=1}^{n} f_i(\underline{\overline{x}}_i) \geq \sum_{i=1}^{n} f_i(\underline{x}_i)$.

Sofern x_i^{opt} wirklich optimal ist, muß gelten, daß

$$\sum_{i=1}^{n} f_i(\underline{\overline{x}}_i) = \sum_{i=1}^{n} f_i(\underline{x}_i^{opt}).[1]$$

Eine optimale Lösung $\underline{x}_i^{opt}$ (i = 1, ..., n) für Problem R ((3.1) - (3.5)) führt also zu einem entsprechenden optimalen Satz von $\underline{v}_i^{opt}$ (i = 1,..., n), der, wenn er der das Problem $R_i(v_i)$ ((3.6) - (3.8)) lösenden Untereinheit $_i$ vorgegeben wird, eine optimale Lösung für Problem R erzeugt.[2] Es gilt also: Mengengesteuerte Verfahren "can work under any circumstances".[3]

Ökonomisch relevant ist besonders, daß diese Verfahren i.d.R. nicht nur bei decreasing returns to scale eine optimale Faktorallokation ermöglichen.

Das Problem bei mengengesteuerten Verfahren liegt allerdings darin, daß der iterative Prozeß der Ermittlung optimaler v_i's nicht unter allen Bedingungen funktioniert.

---

[1] Vgl. J.R. FREELAND: a.a.O., S. 84, und G.M. HEAL: a.a.O., S. 155.
[2] Vgl. J.R. FREELAND: a.a.O., S. 84
[3] Vgl. ebenda.

Diese Schwierigkeiten hängen mit den Schattenpreisen, die die Untereinheiten als "duale Information" der Zentrale zusenden müssen, zusammen.[1]

Dieser Problemkreis wird im folgenden bei der Darstellung konkreter Lösungsverfahren behandelt werden.

3.3.3 Mengengesteuerte Dekompositionsalgorithmen

In diesem Kapitel werden mengengesteuerte Algorithmen dargestellt und analysiert. Um die Fülle von speziellen Algorithmen[2] einordnen und über ihre Eigenschaften Klarheit gewinnen zu können, werden drei grundsätzliche Lösungsstrategien beschrieben, denen sich alle konkreten mengengesteuerten Lösungsverfahren zuordnen lassen. Als Grundlage für die Darstellung dient der Übersichtsartikel von A.M. Geoffrion.[3] Diese strukturelle Darstellung, die zuerst für die RAND-Corporation verfaßt wurde,[4] ist mathematisch kompliziert.

Da es sich bei der hier vorzunehmenden Analyse nicht um eine mathematische Abhandlung, sondern um eine Grundlagendarstellung des Instrumentariums der Mehrebenenplanung handelt, soll die mathematische Darstellung, soweit es möglich ist, reduziert werden[5] und die ökonomische Interpretation, der bei den meisten Darstellungen wenig oder gar kein Platz eingeräumt wird, herausgearbeitet werden. Die detailliertere mathematische Ableitung, die besonders

---

[1] Vgl. J.R. FREELAND: a.a.O., S. 84.

[2] Vgl. ebenda, S. 107

[3] Vgl. A.M. GEOFFRION: Primal Resource - Directive Approaches for Optimizing Nonlinear Decomposable Systems, in: Operations Research, Vol. 18 (1970) (im folgenden zitiert als Primal Resource), S. 375 ff.

[4] Vgl. RAND-Report No. RM 5829-PR, 1968.

[5] Vgl. J.R. FREELAND: a.a.O., S. 88 ff; sowie
L.P. JENNERGREN: a.a.O., S. 43 ff.

für die Aufstellung von Rechnerprogrammen interessant ist, läßt sich aus dem oben erwähnten Artikel von Geoffrion und der dort angegebenen Literatur entnehmen.[1]

Das im vorigen Kapitel dargestellte Problem (R) läßt sich mit Hilfe des Verfahrens der Projektion[2] ("projection", auch "partitioning" oder "parameterization" genannt), das die zeitweise Wertinvariabilität bestimmter Variablen zur Vereinfachung von komplexen Problemen benutzt, in Problem R' umwandeln:[3]

Problem (R'):

Maximiere $\sum_{i=1}^{n} w_i (\underline{v}_i)$ (4.1)

unter Bed. $\sum_{i=1}^{n} \underline{v}_i \leq \underline{r}$ (4.2)

$\sum_{i=1}^{n} \underline{z}_i (\underline{v}_i) \leq \underline{y}$ (4.3)

$\underline{v}_i \in T_i = \{\underline{v}_i \in E^m \mid \underline{k}_i (\underline{x}_i) \leq \underline{v}_i$ für einige $\underline{x}_i \in X_i\}$ $(i = 1, \ldots, n)$ (4.4),

wobei $w_i (\underline{v}_i)$ $(i=1, \ldots, n)$ der maximale Wert des Problems $R_i (v_i)$ der Untereinheiten ist:

---

[1] Vgl. auch L.S. LASDON: Optimization Theory for Large Systems, New York 1970, S. 464 ff.
[2] Vgl. A.M. GEOFFRION: Elements of, a.a.O., S. 657 f.
[3] Vgl. J.R. FREELAND: a.a.O. S. 88 ff.

Problem R_i (v_i):
___

Maximiere $\quad f_i(\underline{x}_i)$ (4.5)

unter Bed. $\quad \underline{h}_i(\underline{x}_i) \leq \underline{v}_i$ (4.6)

$\qquad\quad \underline{x}_i \in X_i$ (4.7)

Wenn f_i, $\underline{h}_i$ und z_i konvexe Funktionen auf der konvexen Menge X_i sind, dann kann sichergestellt werden, daß Problem (R') ein konkaves Programm und T_i eine konvexe Menge ist.[1] Aus diesem Grund kann das Koordinierungsproblem der Zentraleinheit durch Problem (R') und das Entscheidungsproblem der Untereinheiten durch Problem (R_i (v_i)) dargestellt werden. Der iterative Optimierungsprozeß zwischen Zentraleinheit und den Untereinheiten im 2-Ebenen-Modell läuft deshalb genau wie in Kapitel 3.3.1 beschrieben ab. Die Ressourcenumverteilung durch die Zentrale im iterativen Prozeß erfolgt nach einer relativ einfachen Regel.[2]

Die Zentrale kennt aufgrund der aufwärtsfließenden Informationen der Untereinheiten deren jeweiligen Beitrag zur Zielerreichung und deren potentielle Zielbeitragsveränderung bei einer Veränderung der zugewiesenen Ressourcen. Bei der hier unterstellten additiv zusammengesetzten Globalzielfunktion kann die Zentraleinheit die Rate der Veränderung der Gesamtzielfunktion (Z') in Abhängigkeit von den den Untereinheiten zugewiesenen Ressourcen berechnen. Eine Erhöhung des Gesamtzielwertes ist also dadurch möglich, daß der Untereinheit mit dem höheren (Z') eine höhere Ressourcenmenge auf Kosten der Untereinheit(en) mit niedrigerem (Z') bei Wahrung der zentralen Nebenbedingungen zuge-

___

[1] Vgl. A.M. GEOFFRION: Primal Resource, a.a.O., S. 380
[2] Vgl. G.M. HEAL: a.a.O. S. 156 f.

wiesen wird. Die Optimallösung ist für die Gesamtorganisation offensichtlich dann erreicht, wenn durch keine weitere marginale Ressourcenumverteilung ein höherer Wert der globalen Zielfunktion erreicht werden kann bzw. wenn die Raten der Veränderung der Gesamtzielfunktion bei allen Untereinheiten gleich sind.[1] Diese Optimalitätsregel, so klar sie auch wirken mag, impliziert jedoch für den iterativen Optimierungsprozeß erhebliche Probleme.

Die erste Schwierigkeit besteht darin, daß w_i ($\underline{v}_i$), d.h. die Kennzeichnung der optimalen Antwort von Untereinheit i als Funktion des Ressourcenbestandes nicht explizit bekannt ist.[2] Selbst wenn dies der Fall ist, ist nicht sicher, daß w_i ($\underline{v}_i$) überall differenzierbar ist.[3,4]

Aus diesem Grunde sind Gradientenverfahren[5] nur bedingt zu verwenden. Dieser Einwand gilt auch für das von Heal entwickelte mengengesteuerte Planungsverfahren.[6] Es soll deshalb nicht weiter dargestellt werden, obwohl gerade dieser Ansatz speziell für ökonomische Probleme entwickelt wurde und zahlreiche aufschlußreiche Ausführungen enthält.

Die dargestellten Schwierigkeiten können durch drei grundsätzliche Lösungsverfahren, denen sich fast alle spezifischen mengengesteuerten Algorithmen zuordnen lassen, überwunden werden. Diese drei Grundtypen mengengesteuerter Dekompositionsalgorithmen sind der "Large-step subgradient

---

1 Vgl. L.P. JENNERGREN: a.a.O., S. 44.
2 Vgl. J.R. FREELAND: a.a.O., S. 89.
3 Vgl. ebenda.
4 Vgl. zu diesem Problemkreis H. KÖRTH u.a.: a.a.O., S. 266 und L.P.JENNERGREN: a.a.O., S. 45
5 Vgl. K.J. ARROW, L. HURWICZ: a.a.O.
6 Vgl. G.M. HEAL: a.a.O., S. 155 ff.

approach", die "Stückweise Annäherung" und die "Tangentiale Approximation". Da mengengesteuerte Dekompositionsalgorithmen in den im nächsten Teil folgenden Fallbeispielen nicht angewendet werden, wird ihre genaue mathematische Analyse in Anhang II vorgenommen.

Die drei im Anhang untersuchten mengengesteuerten Dekomposititonsalgorithmen weisen eine gemeinsame Lösungsstruktur auf. Ein einziges großes Optimierungsproblem wird in ein Zentralproblem und in ein oder mehrere Unterprobleme aufgespalten.[1] In allen drei Lösungsverfahren setzt die Zentrale, indem sie ihr Optimierungsproblem löst, tentative Ressourcenbudgets, die den zentralen Nebenbedingungen genügen, und teilt sie den Untereinheiten mit. Diese wiederum lösen aufgrund der abwärtsfließenden Mengeninformationen ihre Optimierungsprobleme. Wesentliche Unterschiede bestehen zwischen den Informationen, die die Untereinheiten an die Zentrale zurückmelden.[2]

Beim Verfahren des "Large-step subgradient approach" melden die Untereinheiten den Gradient ihrer Ziefunktionen und die Gradienten aller Nebenbedingungsfunktionen einschließlich der sektorspezifischen. Diese Informationen lassen sich kaum ökonomisch sinnvoll interpretieren, so daß dieses Verfahren i.d.R. auf rein mathematische Probleme beschränkt bleibt.

Bei der "Stückweisen Annäherung" teilen die Untereinheiten der Zentrale Schattenpreise und eine Information darüber mit, in welchen Bereichen des Ressourcenbudgets die von den Untereinheiten ermittelten Produktionsaktivitäten unverändert bleiben.

---

1 Dieser grundsätzliche Zusammenhang gilt natürlich auch - wie dargestellt - für preisgesteuerte Dekompositionsalgorithmen.
2 Vgl. J.R. FREELAND: a.a.O., S. 108.

Die "Tangentiale Annäherung" verlangt die geringsten aufwärtsfließenden Informationen. Hier müssen die Peripherieeinheiten nur ihre Zielfunktionswerte und den Schattenpreisvektor $\underline{p}_i$ mitteilen. $\underline{p}_i$ gibt die Änderung des Zielfunktionswertes in Abhängigkeit von den Änderungen des Ressourcenbudgets an. Die aufwärtsfließenden Informationen bei der "Stückweisen Annäherung" und der "Tangentialen Approximation" sind also ökonomisch sinnvoll zu interpretieren.

Aufgrund ihrer Lösungsstruktur weisen beide Verfahren bestimmte Möglichkeiten (und Grenzen) auf, die sie für konkrete Probleme unterschiedlich anwendbar erscheinen lassen.[1] Die rechentechnische Effizienz der drei dargestellten mengengesteuerten Verfahren ist bis heute nicht erschöpfend untersucht worden. Nach Geoffrion[2] scheint die "Tangentiale Approximation" das effizienteste Verfahren zu sein, sofern die Restriktionen relativ einfach strukturiert sind.

Alle mengengesteuerten Dekompositionsalgorithmen sind primal anwendbar. Auf die Bedeutung dieser Eigenschaft für den konkreten Einsatz wurde in den vorigen Kapiteln hingewiesen. Sie weisen damit gegenüber preisgesteuerten Verfahren (mit Ausnahme des Algorithmus von Dantzig/Wolfe) einen bedeutsamen Vorteil auf.

---

1 Vgl. J.R. FREELAND: a.a.O., S. 108 f. und dort angegebene Literatur.
2 Vgl. A.M. GEOFFRION: Primal Resource, a.a.O., S. 400.

3.4 Die Berücksichtigung von Zielkonflikten

3.4.1 Vorbemerkungen

Die in diesem Teil dargestellten mathematischen Dekompositionsalgorithmen unterstellen - ebenso wie die auf ihnen basierenden Fallbeispiele der Mehrebenenplanung - Zielsymbiose.

Es wird also eine umfassende gesellschaftliche Zielfunktion angenommen, die von allen auf den verschiedenen Ebenen agierenden Entscheidungsträgern akzeptiert wird. Diese auf dem Prinzip der uneingeschränkten Rationalität (unbounded rationality)[1] basierende rigorose Annahme wird vor allem gesetzt, um die schwierigen mathematischen Lösungstechniken nicht noch zusätzlich zu verkomplizieren. Während für rein mathematische Probleme die Annahme der Zielsymbiose i.d.R. keine Probleme aufwirft, hat ihre Verwendung in Modellen, die reale soziale Organisationen abbilden und analysieren wollen, erhebliche Erklärungseinschränkungen zur Folge.

Auf die Problematik einer einzigen von allen Entscheidungsträgern der verschiedenen Ebenen akzeptierten Zielfunktion kann in Anlehnung an Weiss[2] hingewiesen werden, der davon ausgeht, daß komplexe politische Kräftefelder "notwendigerweise mehrdimensionale, konfliktgeladene Zielfelder zur Folge (haben), die die ungelösten und im bestehenden politischen Kräftefeld oft unlösbaren Interessengegensätze widerspiegeln".

---

1 Vgl. H.A. SIMON: On the Concept of Organizational Goal, in: Administrative Science Quarterly, Vol. 9 (1964).
2 Vgl. D. WEISS: Evaluierung von Entwicklungsprojekten. - Ein kritischer Vergleich des neuen Weltbank-Ansatzes mit dem UNIDO- und dem revidierten OECD-Ansatz, Berlin (DIE) 1976, S. 4

Organisationen, in denen Zielkonflikte herrschen, können als nicht-zielsymbiotisch definiert werden; in ihnen besteht nicht nur ein Konflikt in bezug auf knappe Ressourcen, um die jede Untereinheit mit den anderen konkurriert, sondern darüber hinaus ein Zielkonflikt zwischen den einzelnen Modellebenen.

Es läßt sich analytisch nachweisen,[1] daß die im Grundlagenteil dargestellten preis- oder mengengesteuerten Dekompositionsalgorithmen nicht in der Lage sind, die Optimierung in nicht-zielsymbiotischen Organisationen zu leisten, da in beiden Verfahren bei korrektem iterativen Ablauf die verschiedenen Ebenen ein Problem optimieren, das nicht dem Ausgangsproblem entspricht.

In jüngerer Zeit sind von Autoren, deren Interesse vor allem den Abläufen in realen Organisationen gilt, mathematische Verfahren entwickelt worden, die die Unzulänglichkeiten der "klassischen" Dekompositionsalgorithmen bei der Optimierung in nicht-zielsymbiotischen Organisationen auszuschalten versuchen. Diese Verfahren, die als Verhandlungsmethoden (negotiation methods)[2] bezeichnet werden, gehen davon aus, daß bei Vorliegen unterschiedlicher Zielfunktionen die Entscheidungen durch einen bargaining-Prozeß zustande kommen, in dem die Zentraleinheit und die Peripherieeinheiten sich in ihrem Verhalten wechselseitig beeinflussen.[3]

---

1 Vgl. J.R. FREELAND: a.a.O., S. 117 ff.
2 Dieser Begriff ist aus der Spieltheorie entnommen; vgl. R.D. LUCE, H. RAIFFA: Games and Decisions, New York 1966, S. 188.
3 Vgl. J. MARCH, H. SIMON: Organizations, New York 1958, S. 156.

Eine umfassende Darstellung und Analyse der auf diesen Erkenntnissen beruhenden komplizierten mathematischen Verfahren des "goal partitioning" würde über den Rahmen dieser Arbeit hinausgehen. Im folgenden soll versucht werden, die Grundzüge dieser Verfahren darzustellen, um so Ansatzpunkte für eine weitere praxisorientierte Fortentwicklung der Mehrebenenplanung zu skizzieren.

3.4.2 Lösungsverfahren für Organisationen mit Zielkonflikten

Einen der ersten Ansätze zur Optimierung in nicht-zielsymbiotischen Organisationen findet man bei Ruefli.[1] In dem von ihm entwickelten Dreiebenenmodell teilt die Zentrale den Untereinheiten nicht nur Ressourcen, sondern auch Ausführungsziele zu.
Die Untereinheiten sind bestrebt, dasjenige Projektniveau zu bestimmen, das die gewichteten Abweichungen von den Zielen minimiert, die ihnen von der Zentrale gesetzt wurden.

Der iterative Informationsaustausch entspricht dem umgekehrten Dekompositionsprinzip von Dantzig/Wolfe,[2] d.h. daß das zentrale Problem bei Dantzig und Wolfe zum Problem der Untereinheiten bei Ruefli wird et vice versa.

---

[1] T. RUEFLI: "Planning in Decentralized Organizations", unveröffentlichte Dissertation, Carnegie-Mellon University, Mai 1969, hier zitiert nach J.R. FREELAND: a.a.O., S. 143 ff.

[2] Vgl. Die Darstellung des Verfahrens in Kapitel I/3.2.5.1.
Vgl. J.R. FREELAND: a.a.O., S. 152.
LASDON weist nach, daß das Verfahren von BENDERS, das die Grundlage für alle in diesem Teil dargestellten Zielaufteilungsverfahren bildet, für lineare Probleme das Dual zum Algorithmus von DANTZIG/WOLFE ist; vgl. L.S. LASDON: a.a.O., S. 381.

Ruefli zeigt, daß die Lösung des Ressourcenallokationsproblems nicht unwesentlich von der Struktur der Organisation abhängt und kommt damit den Entscheidungsvorgängen in der Realität nahe.

Das Hauptproblem in dieser interessanten Pionierarbeit liegt darin begründet, daß das Optimierungsproblem mit Hilfe des Verfahrens des "generalized linear programming" gelöst werden soll.[1] Aus dieser Prozedur resultiert jedoch, daß die Untereinheiten ihre Allokationsprogramme nicht unabhängig voneinander lösen können. Eine Untereinheit kann ihr eigenes Problem nur lösen, wenn sie die Allokationsprobleme der übrigen Untereinheiten berücksichtigt.[2] Dieser Nachteil, der zusammen mit einigen anderen Schwierigkeiten die Effektivität dieses Ansatzes begrenzt, führte zur Entwicklung anderer Lösungsansätze für nicht-zielsymbiotische Organisationen.

Das von Freeland entwickelte Verfahren[3] geht von einem Zweiebenenmodell aus. Als Lösungsalgorithmus für die Optimierung in nicht-zielsymbiotischen Organisationen verwendet er anstelle des generalized linear programming eine Zielaufteilungsprozedur (goal partitioning procedure), die auf den Theorien von Kelley, Benders, Dantzig, Zangwill und Geoffrion basiert.[4] Jede Untereinheit weist zwei Arten von Zielen auf. Die erste betrifft jene Ressourcenbudgets

---

[1] Vgl. T. RUEFLI: A Generalized Goal Decomposition Model, in: Management Science, Vol. 17 (1971), S. 509.
[2] Vgl. J.R. FREELAND: a.a.O., S. 145.
[3] Vgl. ebenda, S. 155 ff.
[4] Vgl. ebenda, und dort angegebene Literatur

und Ausführungsanordnungen, die ihr von der Zentraleinheit in Form von abwärtsfließenden Informationen übermittelt werden. Zusätzlich weisen die Untereinheiten Ziele auf, die sie sich selbst gesetzt haben.[1]

Die von den jeweiligen Untereinheiten an die Zentraleinheit aufwärtsfließenden Informationen drücken aus, wie unzufrieden die Untereinheiten mit den ihnen von außen auferlegten Zielen sind und wie sich diese Diskrepanzunzufriedenheit bei Variation der gesetzten Ziele ändern würde.[2] Es wird von der Annahme ausgegangen, daß die von den Untereinheiten sich selbst gesetzten Ziele während des iterativen Lösungsprozesses konstant bleiben. Die Ziele der Zentraleinheit hingegen werden auf der Grundlage der von den Sektormodellen aufwärtsfließenden Informationen schrittweise verändert. Das Ziel der Gesamtorganisation ist die Minimierung der Summe der Diskrepanzunzufriedenheit aller Untereinheiten.[3]

Der iterative Lösungsprozeß beginnt, indem die Zentraleinheit eine Menge von Zielen, die ihren Nebenbedingungen genügen,[4] den Untereinheiten mitteilt.[5] Sie befragt damit die Untereinheiten, wie diese auf die zugewiesenen Ressourcenmengen und Ausführungsziele reagieren. Die Untereinheiten lösen ihr jeweiliges Optimierungsproblem bei gegebenen

---

1 Vgl. J.R. FREELAND: a.a.O., S. 156.
2 Vgl. ebenda, S. 160;
   diese Informationen ergeben sich aus den Dualvariablen, die den Nebenbedingungen entsprechen; vgl. ebenda, S. 162.
3 Vgl. ebenda, S. 166.
4 Diese zentralen Nebenbedingungen können eine Vielzahl von Anforderungen enthalten, z.B. begrenzte Ressourcenangebote, gewünschte Gewinnhöhen, Bedingungen bezüglich der Ressourcenbudgets oder Ausführungsniveaus zwischen den einzelnen Untereinheiten usw.; vgl. ebenda, S. 158.
5 Vgl. ebenda, S. 160 ff.

Zielen der Zentrale und unter Berücksichtigung ihrer eigenen Ziele, ermitteln ihre Diskrepanzunzufriedenheit, die das Spannungsverhältnis zwischen eigenen und äußeren Zielen widerspiegelt, und melden diese an die Zentrale. Mittels dieser Informationen nimmt die Zentraleinheit eine erneute Optimierung ihres Problems vor, errechnet damit einen neuen Satz von Zielen und sendet sie an die Untereinheiten zurück. Dieser Prozeß wird bis zur Ermittlung der Optimallösung forgeführt.

Genügt die Menge von Zielen den zentralen Nebenbedingungen, ist dieses Verfahren primal durchführbar, d.h. es führt zu unmittelbar realisierbaren Lösungen auch vor Erreichung des Optimalergebnisses.[1] Sofern die von der Zentraleinheit gewählte Menge von Zielen geschlossen und gebunden ist,[2] konvergiert der beschriebene iterative Prozeß in einer endlichen Zahl von Schrittten.

In dem beschriebenen Lösungsprozeß setzt die Zentraleinheit die Globalziele[3] und die Untereinheiten versuchen entsprechend diesen Zielen Projektaktivitätsniveaus zu finden, die einerseits die sektorspezifischen technologischen Begrenzungen nicht überschreiten und andererseits die gewichteten Abweichungen von den Zielen der Zentraleinheit und den eigenen Zielen minimieren.

Die gewichteten Abweichungen können nun unterschiedlich interpretiert werden. In dieser Darstellung werden sie als die Diskrepanzunzufriedenheit aufgefaßt, wobei der Ter-

---

1 Vgl. J.R. FREELAND: a.a.O., S. 165 und die Ausführungen in Kap. I/3. dieser Arbeit.

2 Vgl. ebenda, S. 163 und die Ausführungen in Kap. I/3. dieser Arbeit.

3 Vgl. ebenda, S. 176.

minus Diskrepanz deutlich machen soll, daß die Unzufriedenheit aus dem Auseinanderklaffen zwischen den äußeren sowie inneren Zielen und den technologisch realisierbaren Möglichkeiten resultiert.[1] Offensichtlich sind die Gewichte, die den Abweichungen zugeordnet werden, von großer Bedeutung für das Ausmaß der Diskrepanzunzufriedenheit.

Freeland geht davon aus, daß diese Gewichte von den Untereinheiten selbst bestimmt werden. Daher ist es bei diesem Algorithmus möglich, daß, obwohl die Zentraleinheit die finale Setzung der Zielniveaus für die Ressourcen und die Durchführung vornimmt, die endgültigen von den Untereinheiten gewählten Lösungen die Gesamtziele in der Zentraleinheit nicht vollständig erfüllen.[2] Die durch dieses Verfahren ermittelte Lösung weicht also von der Lösung ab, die die Zentraleinheit und die Untereinheiten gefunden hätten, wenn sie voneinander unabhängig die Optimierung vorgenommen hätten.

Werden die Gewichte in den Zielfunktionen der Untereinheiten völlig autonom von den Untereinheiten bestimmt, handelt es sich bei dem Lösungsverfahren um eine nebenbedingungsbeeinflussende Methode, da die von der Zentraleinheit nach unten gemeldeten Zielvektoren in die rechte Seite der Nebenbedingungsfunktionen der Untereinheiten eingehen. Beeinflußt die Zentraleinheit direkt oder indirekt die Gewichte der Untereinheiten, handelt es sich um eine zielintervenierende Methode.

---

1 Vgl. J.R. FREELAND: a.a.O. S. 171.
2 Vgl. ebenda, S. 177;
formal resultiert das daraus, daß die Stop- bzw. Optimumentscheidung nicht - wie bei Dantzig/Wolfe - bei der Zentral-, sondern bei den Untereinheiten liegt.

Im ersten Fall sind die Lösungsalgorithmen mengengesteuert, im zweiten Fall preisgesteuert; Verfahren des goal partitioning zur Lösung von Allokationsproblemen in nicht-zielsymbiotischen Organisationen können also grundsätzlich beiden im Grundlagenteil dargestellten Hauptklassen von Lösungsverfahren zugeordnet werden.[1]

Reale Organisations- und Machtstrukturen sind mit Hilfe von Verhandlungsmodellen konkret abbildbar. Die Autorität der Zentraleinheit ist offenbar umso größer, je stärker sie in der Lage ist, auf die Gewichte in den Zielfunktionen der Untereinheiten einzuwirken. Vom Lösungsverfahren her ist es möglich, Ziele zu berücksichtigen, denen gegenüber die Zentraleinheit nicht kompromißbereit ist.[2] In bezug auf konkrete Organisationen setzt das allerdings voraus, daß die Zentraleinheit über entsprechende Durchsetzungskompetenzen verfügt. Es zeigt sich hier, daß Optimierungsmodelle, die mathematisch nach dem Prinzip der Verhandlung konzipiert sind, Erkenntnisse des Ablaufmodells aufnehmen können.

Anstelle des Ziels, die Summe der Unzufriedenheit der Untereinheiten zu minimieren, kann die Zentraleinheit die Zielvorstellung haben, die Unzufriedenheit jeder Untereinheit so gering wie möglich zu halten. Ein Verhandlungsproblem auf dieser Grundlage läßt sich mathematisch ebenfalls mit der Zielzuteilungsmethode lösen.[3] Bei Linearität des Oberproblems kann das Zuteilungsverfahren von Benders angewendet werden; der iterative Lösungsprozeß konvergiert in einer endlichen Zahl von Schritten.[4] Die Frage, welche

---

1 Vgl. J.R. FREELAND: a.a.O. S. 177.
2 Unter der Bedingung, daß die Nebenbedingungen nicht verletzt werden, d.h. daß diese Ziele technologisch realisierbar sind, vgl. ebenda.
3 Vgl. ebenda, S. 185 ff.
4 Vgl. ebenda, S. 187.

der Zielformulierungen - Minimierung der totalen Unzufriedenheit oder Minimierung der Unzufriedenheit jeder Untereinheit - sinnvoller ist, kann nicht eindeutig beantwortet werden. Letztlich fehlen hierzu empirische Studien, die die Zielstruktur in komplexen nicht-zielsymbiotischen Organisationen zum Gegenstand haben.[1] Allgemein läßt sich feststellen: die Minimierung der Unzufriedenheit jeder Untereinheit stellt eine vorsichtigere Zielstrategie dar, weil durch sie eher vermieden werden kann, daß eine faktisch machtvolle Untereinheit wegen zu großer Unzufriedenheit versucht, den Organisationsverbund zu lockern oder ganz aufzuheben.

Eine weitere Zielvariante in nicht-zielsymbiotischen Organisationen besteht darin, daß die Unzufriedenheit sowohl der Untereinheiten als auch der Zentraleinheit berücksichtigt wird.[2]

In zwei neueren Arbeiten ist diese Zielvorstellung berücksichtigt, indem eine Lösung für die Organisation gesucht wird, die die gewichteten Abweichungen der Unterorganisationen von ihren Zielen und die gewichteten Abweichungen der Zentraleinheit von ihren Zielen minimiert.[3] Im Modell von Collomb wird die Summe der Unzufriedenheiten beider Ebenen minimiert, wobei die Abweichungen gleich gewichtet sind. Das Hauptproblem dieses Ansatzes liegt

---

1 COLLOMB geht davon aus, daß die Minimierung der Summe der Sektorunzufriedenheiten am ehesten für staatliche Organisationen zutrifft, ohne daß diese Annahme präzise begründet wird;
vgl. B.P. COLLOMB: Goal Interval Approaches to Intertemporal Analysis and Decentralization in Management, Diss. Univ. of Texas, Austin, 1971, S. 121.

2 Vgl. B.P. COLLOMB, ebenda und T. RUEFLI: Linked Multi-Criteria Decision Models, in: J.L. COCHRANE, M. ZELENY (ed.): Multiple Criteria Decision Making, Columbia 1973, S. 406 ff.

3 Vgl. J.R. FREELAND: a.a.O., S. 180 ff.

darin, daß die Methode des "generalized linear programming" als Lösungsalgorithmus gewählt wird. Ruefli geht davon aus, daß die Zentraleinheit die Gewichtung der Zielabweichung sowohl für sich selbst als auch für die Untereinheiten vornimmt.[1] Die Machtposition der Zentrale ist in diesem Verfahren relativ ausgeprägt, die mathematische Struktur dieser Formulierung läßt trade offs zwischen der zentralen und der sektoralen Unzufriedenheit zu, was eine realistische Abbildung konkreter Abstimmungsvorgänge in komplexen sozialen Organisationen ermöglicht. Obowhl die Zielformulierung bei Ruefli einige mathematische Probleme des Verfahrens von Collomb vermeidet, bleibt auch bei ihm die gravierende Schwierigkeit konvexer Kombinationen bei der iterativen Problemlösung bestehen.

Die folgende Tabelle gibt eine Zusammenfassung der wichtigsten Dekompositionsalgorithmen; aus ihr wird deutlich, daß nur die zwei zuletzt aufgeführten Verfahren von Ruefli und Freeland die Möglichkeit von Zielkonflikten berücksichtigen.

Nachdem in diesem Teil die Grundlagen der Mehrebenenplanung erarbeitet wurden, sollen im folgenden zwei Fallbeispiele dargestellt und analysiert werden.

---

1 Zur mathematischen Darstellung vgl. J.R.FREELAND: a.a.O., S. 191 f.

Tabelle 1: **Übersicht über Dekompositionsverfahren**[1]

Autoren	Erscheinungsdatum	Name des Verfahrens	Preisgesteuert	Mengengesteuert	Besonderheiten
Dantzig, Wolfe	1960/61	decomposition method			
Benders	1962	partitioning procedure			
Abadie, Williams	1963	dual decomposition method			
Rosen	1964	primal partitioning programming			zusätzliche sektorale Information: Nicht-Basis Aktivitäten
Balas	1966	infeasibility-pricing decomposition method			
Jennergren	1967	price schedules approach			benutzt price schedules für jede Untereinheit anstelle eines einzigen Preises
Heinemann	1970	general decomposition method			
Kornai, Lipták	1962/65	two-level planning			
Zschau	1967	primal decomposition algorithm			
Geoffrion	1970	primal resource-directive approach			
ten Kate	1970	direct distribution method			
Weitzmann	1970	multi-level planning with production targets			zusätzliche Sektorinformation: modifizierte Ziele
Silverman	1972	primal decomposition by resource allocation			
Atkins	1974	managerial decentralization and decomposition	preis- und mengengesteuert		
Maier, Van der Weide	1976	capital budgeting			
Ruefli	1969	planning in decentralized organizations		negotiation models	berücksichtigen a) Abweichungen von Zielharmonie zwischen Zentrum und Peripherie b) organisatorische Struktur
Freeland	1973	goal decomposition method			

---

[1] In dieser Tabelle werden nur Verfahren berücksichtigt, die primär ökonomische Relevanz haben.

ZWEITER TEIL

FALLSTUDIEN
ZUR ANWENDUNG DER MEHREBENENPLANUNG
IN ENTWICKLUNGSLÄNDERN

A. Die Studie über Mexiko

1. Die Grundzüge der Studie

1.1 Einführung

Die Mexikostudie der Weltbank ist das zuerst realisierte, methodologisch kohärente Beispiel einer Mehrebenenplanung, die in bezug auf umfassende Problemstellungen in einem Entwicklungsland angewandt wurde. Dieses Modell wurde über mehrere Jahre in enger Zusammenarbeit zwischen zahlreichen Mitarbeitern des Development Research Center der Weltbank und Entwicklungsexperten der mexikanischen Regierung unter ständiger Beratung renommierter Entwicklungsökonomen erarbeitet, um die strukturellen Entwicklungsprobleme Mexikos (bis zum Jahre 2000) zu lösen.

Da diese umfangreiche Studie[1] einen guten Einblick in den theoretischen Aufbau der Mehrebenenplanung gibt und ihre konkrete Anwendungsmöglichkeit in der Entwicklungsländerökonomie aufzeigt, soll sie im folgenden ausführlicher dargestellt werden.

---

1 Die veröffentlichte Buchfassung umfaßt ohne die mathematischen Anhänge 556 Seiten.

1.2 Die Aggregationsebenen

Entsprechend der grundsätzlichen Modellkonzeption der Mehrebenenplanung umfaßt die Weltbankstudie über Mexiko drei Aggregationsebenen:
Das Zentralmodell DINAMICO stellt als dynamisches Mehrsektorenmodell die makroökonomischen Zusammenhänge dar. Die sektorale Ebene umfaßt zwei Sektorenmodelle. Entsprechend dem Hauptziel der mexikanischen Entwicklungspolitik, nämlich dem Ausbau der Energieproduktion und -verteilung und der Entwicklung der Landwirtschaft, ist das eine Sektormodell das Energiemodell ENERGETICOS, das die wirtschaftlichen Aktivitäten im Bereich Ölförderung, Elektrizitätsgewinnung und Stahlproduktion umfaßt; das andere ist das Sektormodell für die Agrarwirtschaft CHAC. Der Sektorebene sind die zwei Distriktmodelle INTERCON und BAJIO untergeordnet. INTERCON umfaßt einzelne Elektrizitätswerke und deren Interkonnektionen in einem Distrikt, der acht Regionen enthält. BAJIO bildet eines von 20 in CHAC enthaltenen landwirtschaftlichen Produktionsgebieten ab. BAJIO ist stärker disaggregiert als CHAC und erbringt so detailliertere Ergebnisse.

Der Zusammenhang dieser 3 Ebenen läßt sich wie auf der folgenden Seite darstellen:

Tabelle 2: Zusammenhang der Ebenen in der Mexikostudie[1]

ZENTRALEBENE: DINAMICO

Zentrales makroökonomisches Modell
15 Sektoren, 5 Qualifikationsgruppen
für Arbeit
6 Perioden (1968-1986)

SEKTOREBENE: ENERGETICOS   CHAC

Sektormodell für Energiewirtschaft   Sektormodell für die Landwirt-
Petroleum, Elektrizität, Stahl   schaft
7 Ein-Jahres-Perioden (1974-1980)   33 kurzzyklige landwirtschaft-
                                       liche Produkte
                                       20 Distrikte, 1 Sieben-Jahres-
                                       Periode (1968-1974)

                INTERCON   BAJIO

Elektrizitätsgewinnung und Lei-   Landwirtschaftlicher Distrikt
tungsnetz
8 Regionen, 2 Bezugsperioden   1 Periode (1974)
(1977 und 1980)

DISTRIKTEBENE:

---

[1] Vgl. L.M. GOREUX, A.S. MANNE (ed.): a.a.O., S. 2.

1.3 Vergleichende Strukturanalyse der Programmierungsmodelle

Neben den bereits skizzierten fünf verbundenen Modellen, die die Makro-, Sektor- und Distriktebene abbilden, wurden für die Fallstudie der Mehrebenenplanung in Mexiko zwei weitere Modelle entwickelt:
EXPORTA ist wie DINAMICO ein Makromodell, mit der speziellen Aufgabe, effiziente Strategien für die Verbesserung der mexikanischen Außenhandelsbilanz zu liefern, während PACIFICO ein regionales Modell der Agrarwirtschaft ist, mit dessen Hilfe experimentell Kenntnisse über Dekompositionsverfahren gewonnen werden sollen. Das erstere Modell wurde also unter dem Aspekt spezieller wirtschaftspolitischer Entscheidungen, das zweite für mathematisch-modelltechnische Fragestellungen formuliert.

Alle verwendeten Modelle sind Optimierungsmodelle, wobei DINAMICO und ENERGETICOS dynamisch - d.h. über einen Zeitraum - optimiert werden, INTERCON ein rekursives Optimierungsmodell ist, während sich bei den restlichen vier Modellen die Optimierung auf ein einzelnes Zieljahr bezieht.[1] Die Unterschiede in den Elementen der verschiedenen Modelle werden in der folgenden Tabelle dargestellt, wobei vor allem die in der untersten Zeile angeführten Zielfunktionen der einzelnen Modelle für die weitere Darstellung wichtig sind.

---

[1] Vgl. L.M. GOREUX, A.S. MANNE (ed.): a.a.O., S. 15.

Tabelle 3: Charakteristika der sieben Programmierungsmodelle[1]

	Makroebene		Energie			Agrarwirtschaft		
Modellname	DINAMICO	EXPORTA	ENERGETICOS	INTERCON		CHAC	BAJIO	PACIFICO
Dimension				1977	1980			
Anzahl der Zeilen	316	322	213	517	557	1500	380	187
Anzahl der Spalten	421	273	350	603	642	3400	800	382
Größe Sektorgröße	15 input-output Sektoren	Makromodelle 45 input-output Sektoren	Ölförderung und -raffinierung, Stromproduktion, Stahlproduktion	Stromproduktion und Leitungsnetz		ganzes Land	kurzzyklische Produkte 1 Distrikt	Pazifik Nordwest
Räuml. Disaggregation	keine	keine	keine	8 Regionen, 12 Leitungsverbindg.		20 Distrikte (11 bewässert, 6 trocken, 3 tropisch)	4 Farmtypen (bewässert/trocken; groß/klein)	5 bewässerte Distrikte
Zeitliche Dimension	1968-71-74-77-80-83-86	1970-76	1974-75-76-77-78-79-80 und 1985-90-95 für Elektrizität allein	1974-77-80			1968 - 74	1968
Zielfunktion	Dyn. Maximierung des Konsums unter Berücksichtigung eines graduellen Pfades mit einer Zielwachstumsrate von 7 %	Statische Maximierung entweder des Bruttosozialprodukts oder der Nettoexporte	Dyn. Minimierung[2] der diskontierten Kosten (abz. Exporteinnahmen), um fixe Nachfrage zu befriedigen	Rekursive Kostenminimierung, um fixe Nachfrage in 1977 und 1980 zu befriedigen		Statische Maximierung der Summe des Produzenten- und Konsumentensurplus in 1968 und 1974	Statische Maximierung des Produzentensurplus 1974	Statische Maximierung der Summe des Produzenten- und Konsumentensurplus in 1968

1 Vgl. L.M. GORÉUX, A.S. MANNE (ed.): a.a.O., S. 15.
2 Die in der Tabelle aufgeführte Maximierung dürfte ein Schreibfehler sein.

1.4 Angebots- und Nachfragebestimmung

1.4.1 Produktion

Die Produktionsaktivitäten von DINAMICO und EXPORTA werden in der traditionellen Weise mit Hilfe von Matrizen der Input-Output-Koeffizienten und Kapitalkoeffizienten beschrieben.[1] Dabei sind technologische Alternativen - mit Ausnahme des Agrarsektors in DINAMICO - ausgeschlossen. Die anderen fünf Modelle, in denen die Prozeßanalyse verwendet wird, ermöglichen in weitem Umfang Substitutionsprozesse. Der Agrar- und der Energiesektor sind deshalb besonders für die Prozeßanalyse geeignet, weil sich ihre Outputs in einer begrenzten Anzahl homogener Produkte beschreiben lassen.[2] Produktonsänderungen in den Untermodellen werden durch abwärtsfließende Informationen aus dem Zentralmodell ausgelöst. Die produktionstheoretischen Modellelemente werden bei der Behandlung der einzelnen Modelle ausführlicher dargestellt.

1.4.2 Inländische Nachfrage

In DINAMICO ändert sich die Endnachfrage nach den Outputs in jedem Sektor in fixer Proportionalität, wobei sowohl die Konsumausgaben der privaten Haushalte und des Staates als auch die Konsumausgaben der Touristen auf der Grundlage des finalen Nachfragevektors der 1968er Transaktionsmatrix ermittelt werden.[3] Zeittrends werden in einer speziellen technologischen Änderungsrate (pi) berücksichtigt, so daß

---

1 Vgl. H. DE HAEN u.a.: a.a.O., S. 130.
2 Vgl. L.M. GOREUX, A.S. MANNE (ed.): a.a.O., S 19.
3 Vgl. ebenda, S. 97.

sich nach Meinung der Autoren relativ realistische Werte ergeben, auch wenn Bevölkerungswachstum, Einkommensverteilung und Bevölkerungsverteilung auf Stadt und Land nicht explizit integriert werden.[1]

Ein wesentlicher Nachteil von DINAMICO ist, wie bei allen Input-Output-Modellen, daß Substitionseffekte in Abhängigkeit von der Güterpreisentwicklung nicht berücksichtigt werden können. Substitutionseffekte können jedoch in CHAC ermittelt werden, indem Substitutionsvorgänge innerhalb von Gütergruppen - z.B. innerhalb der Gütergruppe Getreide von Weizen zu Mais - möglich sind. Substitution eines Produkts in einer Gütergruppe (z.B. Getreide) durch ein Produkt einer anderen Gütergruppe (z.B. Gemüse) sind ausgeschlossen.

Bei von DINAMICO vorgegebenen Preis-Mengen-Nachfragekurven werden in CHAC 33 Güterpreise endogen, bei PACIFICO 16 Früchtepreise endogen ermittelt; BAJIO geht von einer unendlich elastischen Nachfragekurve bei von CHAC gegebenen Preisen aus.[2]

1.5 Berücksichtigung des Außenhandels in den verschiedenen Modellen

In beiden gesamtwirtschaftlichen Modellen DINAMICO und EXPORTA werden Importe als nicht substituierbar angenommen; Importsubstitutionsstrategien sind mit ihnen also nicht zu berechnen. Beide Modelle lassen jedoch Wahlmöglichkeiten in bezug auf die Exportzusammensetzung zu. Da DINAMICO von der Marktpreisstruktur des Jahres 1960 ausgeht,[3] die einen

---

[1] Vgl. L.M. GOREUX, A.S. MANNE (ed.): a.a.O., S. 99.
[2] Vgl. Tabelle 2 ebenda, S. 20 f.
[3] Auf die in den Modellen verwendeten Preise wird später ausführlicher eingegangen.

Zollschutz von 20 - 30 % für industriell gefertigte Waren impliziert, und EXPORTA um diese Komponente korrigiert wurde, kommen beide Modelle zu unterschiedlichen Ergebnissen bezüglich der komparativen Exportvorteile verschiedener Sektoren. Während DINAMICO einen komparativen Vorteil für den Export von Industriegütern ermittelt, weist EXPORTA eben diesen Vorteil für landwirtschaftliche Güter aus.

Die Ergebnisse von EXPORTA wurden in eine revidierte Fassung von DINAMICO integriert.[1] Die Berücksichtigung der "nominalen impliziten Protektion" aus EXPORTA und die Einführung der Kapital-Arbeit-Substitutionsrate aus dem Sektormodell CHAC führte zu einem komparativen Vorteil des Landwirtschaftssektors in DINAMICO, der mit den Ergebnissen von EXPORTA konsistent war.[2]

Mit der Einführung von "opportunity-cost-Preisen" wird ein für ein gesamtwirtschaftliches Modell gravierender Mangel, nämlich die Verwendung von Marktpreisen in der ursprünglichen Form von DINAMICO beseitigt. Diese interne Modellmodifizierung ist signifikant und aufschlußreich für die Mehrebenenplanung. Die horizontalen Informationsrückflüsse eines detaillierten Parallelmodells und die vertikalen Informationsflüsse des Sektormodells werden zur Verbesserung des ursprünglichen, aufgrund des zu Beginn vorhandenen Datenmaterials gröberen Ausgangsmodells benutzt. Die zwei Modelle für den Agrar- und Energiesektor lassen Änderungen sowohl in der Exportgüter- als auch Importgüterzusammensetzung zu. Dabei wird davon ausgegangen, daß bei "tradeable commodities" der Importpreis immer über dem Exportpreis liegt. Die Differenz erklärt sich aus den internationalen

---

1 Vgl. L.M. GOREUX, A.S. MANNE (ed.): a.a.O., S. 194.
2 Vgl. ebenda, S. 22.

Transportkosten, bei einigen Gütern jedoch auch aus Selbstversorgungsansprüchen der politischen Entscheidungsträger.[1]

1.6 Zusammenfassende Darstellung des Inlandsmarktes, des Außenhandels und der Zielfunktionen in den verschiedenen Modellen

In der folgenden Tabelle werden die den verschiedenen Modellen zugrundeliegenden Annahmen in bezug auf die einheimische Nachfrage, Exporte und Importe zusammengefaßt. Darüber hinaus werden die in den einzelnen Modellen verwendeten Zielfunktionen herausgearbeitet. Die diesen Zielfunktionen zugrundeliegenden Annahmen der Sektor- bzw. Distriktmodelle werden dargestellt und kritisch analysiert. So wird ein vergleichender Gesamtüberblick der Modellstrukturen möglich. Die dargestellten Sektor- bzw. Distriktmodelle sind Untermodelle des Makromodells DINAMICO. Die Zielfunktion dieses Modells beinhaltet die Maximierung des Konsumstroms während des Planungszeitraums. Unter Berücksichtigung des Ausgangsniveaus des Konsums und des Sparens, wobei von einer maximalen Grenzfähigkeit des Sparens von 30 % ausgegangen wird, ergibt sich eine konstante Zielwachstumsrate des Konsums von 7 % p.a. während der gesamten Planungsperiode.[2]

Fall 1 beinhaltet die Grundannahmen der Modelle INTERCON und ENERGETICOS. Das zu produzierende Gut ist Elektrizität, das nach den Modellannahmen ein nationales Gut ist, d.h. weder exportiert noch importiert wird. Die Nachfrage, die auf der Zentralebene in Abhängigkeit von der gesamtwirtschaftlichen Entwicklung berechnet wird, ist für die Sektormodelle exogen vorgegeben; die Nachfrage nach Elektrizität

---

1 Vgl. L.M. GOREUX, A.S. MANNE (ed.): a.a.O., S. 22.
2 Zur Kritik an dieser Zielfunktion vgl. Kapitel 4 dieses Teils.

Tabelle 4: <u>Vergleich der Grundannahmen in bezug auf inländische Nachfrage, Exporte/Importe und Zielfunktion</u>[1]

Fall	Heimische Nachfrage	Exporte/ Importe	Zielfunktion
1. ENERGETICOS und INTERCON	$\eta_D = 0$	weder ex- noch importierbar	Minimierung der Kosten
2. BAJIO Little/ Mirrlees	fixe heimische Preise $\eta_D = \infty$	fixe internationale Preise $\overline{P}_m = \overline{P}_x$; $\eta_m = \eta_x = \infty$	Maximiere Produzentensurplus bei fixen heimischen oder internationalen Preisen
3. CHAC nationale Güter	$-\infty < \eta_D < 0$	ohne Außenhandel	Maximiere Summe aus Konsumenten- und Produzentensurplus
4. CHAC internationale Güter	$-\infty < \eta_D < 0$	$\overline{P}_m > \overline{P}_x$[2]	dito
5. Modell optimaler Exportsteuer	keine	$-\infty < \eta_x < 0$	Maximiere nationale Einkünfte

1 Vgl. L.M. GOREUX, A.S. MANNE (ed.): a.a.O., S. 23.
2 Das in der Originaltabelle verwendete <-Zeichen ist ein Druckfehler.

wird als vollständig preisunelastisch angenommen.[1] Zielfunktion ist dementsprechend die Minimierung der Kosten.

Fall 2 betrifft das landwirtschaftliche Distriktmodell in seiner nicht-integrierten Form. In diesem Fall werden die Preise für den Distrikt als unveränderliche Daten exogen vorgegeben. In bezug auf die isolierte Distriktebene können alle in BAJIO produzierten Güter auch aus anderen landwirtschaftlichen Distrikten importiert oder in diese exportiert werden, wobei die interregionalen Transportkosten vernachlässigt werden. Unter diesen Annahmen wird die Nachfragekurve irrelevant. Die Fix-Preis-Annahme führt damit zur Zielfunktion der Maximierung des Produzentensurplus.[2] Die gleichen Grundannahmen finden sich im "small country"-Ansatz von Little/Mirrlees (1968)[3] in der Variation, daß die fixen Preise exogen vom Weltmarkt vorgegeben werden.

Fall 3 und 4 stellen den gleichen Modelltyp bei unterschiedlichen Nachfragebedingungen dar. Fall 3 bezieht sich auf nationale landwirtschaftliche Güter, die wegen ihrer leichten Verderblichkeit kaum transportfähig sind oder wegen stark differierender Konsumentenpräferenzen (Geschmack) nicht international absetzbar sind. Fall 4 hingegen bezieht sich auf international handelbare Güter.[4] Beiden Modellvarianten liegt die Zielfunktion der Maximierung der Summe von Konsumenten- und Produzentensurplus zugrunde.[5]

---

1 Diese Annahme erscheint in bezug auf die private Nachfrage unter Berücksichtigung der Erstverwendung von Elektrizität vor allem zu Beleuchtungszwecken als recht rigoros.
2 Vgl. L.M. GOREUX, A.S. MANNE: a.a.O., S. 405.
3 Vgl. ebenda, S. 24.
4 Vgl. ebenda Teil IV, S. 291 - 475.
5 Vgl. zur Struktur des Modells A.C. HARBERGER: Three basic postulates for applied welfare economies: an interpretative essay, in: Journal of Economic Literature, Vol. 9 (1971), sowie Multi-level Programming and Development Policy, World Bank Staff Working Paper No. 258, (ohne Angabe der Autoren), Washington D.C., 1977, S. 13.

In CHAC wird die Verteilung des Surplus auf die Produzenten und die Konsumenten explizit ermittelt. So lassen sich Verteilungswirkungen des Einsatzes inländischer Angebotsbeschränkungen aufzeigen. Den politischen Entscheidungsträgern wird dadurch eine rationale Grundlage für die Wahl und Bewertung bestimmter verteilungswirksamer Angebotsbeschränkungen im Landwirtschaftssektor gegeben.

Fall 5 geht von der Modellannahme aus, daß Mexiko ein Produkt vollständig exportiert. Zielfunktion des Modells ist die Maximierung der nationalen Einkünfte.[1] Dieses Modell, das nicht in das Mehrebenenkonzept integriert ist, dient der experimentellen Ermittlung der optimalen Exportsteuer.

1.7 Realkapital[2]

Die zwei makroökonomischen Modelle DINAMICO und EXPORTA gehen von der Grundannahme aus, daß die Realkapitalkapazität im Basisjahr voll ausgeschöpft ist. Die ursprüngliche Kapitalausstattung wird in DINAMICO in bezug auf 15 Sektoren dargestellt, in EXPORTA bezüglich 45 Sektoren spezifiziert; in ENERGETICOS und INTERCON werden die Ausgangskapazitäten in Form von Prozeßkapazitäten ausgedrückt. In den landwirtschaftlichen Modellen CHAC, BAJIO und PACIFICO wird von den Anfangsquantitäten von Land und Wasser pro Monat, jeweils spezifiziert entweder nach Distrikt oder (in BAJIO) nach Farmtyp, ausgegangen. Die Erhöhung der Realkapitalausstattung in den landwirtschaftlichen Modellen ist durch neue Fruchtsorten, Wasserpumpen oder Bewässerungskanäle möglich. Der Schattenpreis des Kapitals wird den Sektoren vom Zen-

---

1 Dabei werden die interenen Verteilungseffekte nicht differenziert analysiert.
2 Vgl. L.M. GOREUX, A.S. MANNE (ed.): a.a.O., S. 25 ff.

tralmodell vorgegeben und die Kapitalnachfrage bei gegebenem Schattenpreis für Kapital ist nicht limitiert. Dementsprechend ist es in den Modellen CHAC und BAJIO solange sinnvoll zu investieren, wie die jährlichen Kosten der Investitionsaktivitäten unter den investitionsinduzierten Ertragssteigerungen liegen.[1]

1.8 Humankapital

Das Problem des Humankapitals hat in der Mexikostudie der Weltbank einen hohen Stellenwert. Die Autoren mußten bei der Modellbildung der speziellen Arbeitsmarktsituation Mexikos - die allerdings in Entwicklungsländern nicht selten zu beobachten ist - Rechnung tragen, daß gleichzeitig ein großer Überschuß unausgebildeter Arbeitskräfte und Knappheit bestimmter Kategorien qualifizierter Arbeitskräfte - besonders in technischen Berufen - existieren.[2]

Deshalb wird in allen Modellen, außer in den Energiemodellen ENERGETICOS und INTERCON, bei denen dieses Problem wegen des fast ausschließlichen Bedarfs hochqualifizierter Arbeitskräfte nicht relevant ist, der Produktionsfaktor Arbeit in mehrere Qualifikationsstufen aufgespalten. In DINAMICO werden fünf Qualifikationsstufen[3] und in EXPORTA zwei Qualifikationsstufen (moderne und traditionelle Arbeit) unterschieden. In beiden Modellen - bei exogen gegebenen Qualifikationsstufen - ist der Schattenlohn einer bestimmten Qualifikationsstufe nur dann positiv, wenn alle verfügbaren Arbeitskräfte der betreffenden Qualifikation beschäftigt werden; entsprechend ist der Schattenlohn einer be-

---

[1] Vgl. L.M. GOREUX, A.S. MANNE (ed.): a.a.O., S. 27 f.
[2] Vgl. H. DE HAEN u.a.: a.a.O., S. 123.
[3] Zur Definition der Qualifikationsstufen vgl. L.M. GOREUX, A.S. MANNE (ed.): a.a.O., S. 59.

stimmten Qualifikationsgruppe Null, wenn nicht Vollbeschäftigung herrscht.[1] Im Modell kann also gleichzeitig ein Schattenlohn von Null und ein sehr hoher Schattenlohn in verschiedenen Qualifikationsstufen auftreten.

Das Landwirtschaftsmodell CHAC, das den Arbeitskräftebedarf detailliert - monatlich entsprechend jeder Anbautätigkeit - aufspaltet, geht hingegen von der Annahme eines bestimmten Mindestlohnes - "reservation price" - aus. Unterhalb dessen sind weder Kleinbauern noch landlose Landarbeiter bereit, ihre Arbeitskraft zur Verfügung zu stellen, wobei der Mindestlohn bei ersteren geringer ist als bei letzteren.[2] Entsprechend dieser "reservation prices" läßt sich das monatliche Arbeitsangebot in Form einer Stufenfunktion darstellen.[3] Diese Stufenfunktion wird zu einer kontinuierlichen Kurve umgeformt, die das Arbeitsangebot im landwirtschaftlichen Sektor darstellt. CHAC geht also von einer anderen Arbeitsmarktkonzeption aus als DINAMICO.
Resultat dieser Konzeption ist, daß selbst bei einer versteckten Arbeitslosigkeit von mehr als 50 %[4] im Landwirtschaftssektor im Basisjahr (1968) das Landwirtschaftsmodell CHAC mit positiven Schattenlöhnen arbeitet.

Interessant ist, daß im gesamtwirtschaftlichen Modell DINAMICO Ausbildungsaktivitäten zur Verbesserung der Arbeitsqualität als endogene Größen eingeführt werden. Ausbildungsaktivitäten im Sekundarstufenbereich (postprimary education) werden strikt als Investition aufgefaßt, wobei zur Modellberechnung direkte Konsumvorteile der Ausbildung außer acht

---

1 Vgl. L.M. GOREUX, A.S. MANNE (ed.): a.a.O., S. 29.
2 Vgl. ebenda, S. 31 f. und Fig. 2 C.
3 Einer bestimmten Lohnhöhe entspricht also ein bestimmtes Arbeitsangebot, das aus der Mindestlohnvorstellung der verschiedenen Gruppen von Arkräften resultiert.
4 Vgl. H. DE HAEN u.a.: a.a.O., S. 131.

gelassen werden.[1] Durch die Endogenisierung von Ausbildungsaktivitäten wird die gesamtwirtschaftliche Konkurrenz zwischen Human- und Sachkapitalinvestitionen um knappe Ressourcen berücksichtigt und somit den Ansprüchen eines dynamischen Mehrperiodenmodells Rechnung getragen. Die volkswirtschaftlichen Kosten dieser Humankapitalinvestition werden aus den verlorengegangenen Alternativeinkommen der Auszubildenden und den Personalkosten der Ausbildenden berechnet; die Kosten physischer Inputs wie z.B. für den Schulbau werden vernachlässigt.[2] Diese recht grobe Berücksichtigung volkswirtschaftlicher Kosten der Ausbildung wäre natürlich auf der Projektebene unzureichend; im volkswirtschaftlichen Rahmenmodell mag ihre Genauigkeit als hinreichend hingenommen werden.

Es werden drei Arten von Ausbildungsaktivitäten unterschieden:

- "higher technical education", die in sechs Jahren aus Angehörigen der Qualifikationsstufe 3 unter Input von Arbeitskräften der Qualifikationsgruppen 1 und 2 (Lehrpersonal) Arbeitskräfte der Qualifikationsstufe 1 und (als Abbrecher) Arbeitskräfte der Stufe 2 hervorbringt;

- "other professional education", die in drei Jahren aus den Mitgliedern der gleichen Ausgangsqualifikation unter gleichem Humankapitaleinsatz Arbeitskräfte der Qualifikationsstufe 2 produziert;

- "secondary education", die in drei Jahren Angehörige der 4. Qualifikationsstufe (unausgebildete städtische Arbeitskräfte mit Primarstufenausbildung) bei Einsatz von Arbeitskräften der Stufe 2 und 3 für die Qualifikationsstufe

---

1 Vgl. L.M. GOREUX, A.S. MANNE (ed.): a.a.O., S. 30.
2 Vgl. ebenda, S. 68.

3 ausbildet. "Learning by doing"-Effekte werden nicht berücksichtigt.

Aus den Ausführungen zur Berücksichtigung des Humankapitals geht hervor, daß die Autoren um eine umfassende und detaillierte Analyse des Produktionsfaktors Arbeit und dessen Integration in die verschiedenen Modelle bemüht waren. In den zugrundeliegenden Annahmen der verschiedenen Modelle liegen unseres Erachtens jedoch erhebliche Probleme begründet. Während nämlich - wie ausgeführt - das Zentralmodell DINAMICO bei Unterbeschäftigung einen Schattenlohn von Null in der jeweiligen Qualifikationsgruppe zuläßt, geht das Landwirtschaftsmodell CHAC von einem bestimmten "reservation price" für Arbeit aus.

Auf die grundsätzliche Problematik des Schattenpreises für - vor allem ungelernte - Arbeit soll an dieser Stelle nicht weiter eingegangen werden.[1] Wichtig erscheint, daß bei der Mehrebenenplanung, deren explizites Ziel ja gerade die Verzahnung verschiedener Modelle auf unterschiedlichen Ebenen ist, die elementaren Modellannahmen für alle Modelle identisch sind. Andernfalls sind Friktionen nicht auszuschliessen, die die Steuerungsfunktionen des übergeordneten Modells via abwärtsfließende Informationen - in diesem preisgesteuerten Verfahren also über die Schattenpreise - gefährden.

Im konkreten Fall der Mexikostudie ist eine solche Modellfriktion nur deshalb nicht eingetreten, weil die Autoren, da sie sich nicht in der Lage sahen, die ländliche und städtische Arbeitslosigkeit zu quantifizieren, von der extremen Annahme der Vollbeschäftigung in DINAMICO ausgingen

---

[1] Vgl. die Beiträge von W. HAMMEL, H.-R. HEMMER; H. DEMMLER und H.-R. HEMMER in: R. MEIMBERG (Hrsg.): Voraussetzung einer globalen Entwicklungspolitik und Beiträge zur Kosten- und Nutzenanalyse. Schriften des Vereins für Socialpolitik, N.F. Band 59, Berlin 1971, S. 93 ff.

und damit ein Schattenlohn der Arbeit von Null ausgeschlossen war. Das angeführte Problem deckt die Notwendigkeit der "Kernidentität der Annahmen" über alle Modellstufen hinweg bei der Mehrebenenplanung auf. Auf diesen Punkt wird bei der abschließenden Würdigung der Mexikostudie ausführlicher zurückzukommen sein.

1.9 Verbindung der Modelle der verschiedenen Ebenen

In den vorigen Kapiteln wurden die Charakteristika der in der Mexikostudie verwendeten Modelle analysiert, ihre jeweilige Ebenenzugehörigkeit wurde grafisch dargestellt. Sowohl das makroökonomische Zentralmodell DINAMICO als auch die zwei Sektormodelle ENERGETICOS und CHAC enthalten Produktionsaktivitäten; sie können deshalb prinzipiell unabhängig von den Modellen der jeweils subordinierten Ebene gelöst werden.[1] Dabei ist allerdings zu berücksichtigen, daß die Produktionsaktivitäten der jeweiligen Modelle auf grundsätzlich unterschiedlichen Informationen beruhen. Wie bereits ausgeführt, basieren die Produktionsaktivitäten in DINAMICO auf einem aggregierten Input-Output-Tableau, während die Produktionsaktivitäten in den zwei Sektormodellen aus detaillierten ingenieurwissenschaftlichen bzw. landwirtschaftlichen Untersuchungen resultieren.[2] Betrachtet man das Gesamtsystem der drei Modelle, so wird klar, daß Redundanzen, also Mehrfachinformationen vorliegen, die erst die Selbständigkeit der einzelnen Modelle ermöglichen. Da diese Mehrfachinformationen jedoch aus unterschiedlichen Quellen resultieren, sind ihr Präzisionsgrad und die Realitätsnähe ihres Abbildungsvermögens - entsprechend ihrer Ebene oder ihres Informationshorizonts - verschieden. Es

---

1 Vgl. L.M. GOREUX, A.S. MANNE (ed.): a.a.O., S. 45 f.
2 Vgl. ebenda, S. 46.

ergibt sich die Frage, ob die Lösungen der unabhängigen Modelle signifikant dadurch verbessert werden können, daß man die einzelnen Modelle verkoppelt. Diese Frage trifft den Kern der Mehrebenenplanung. Zu analysieren ist allerdings auch, inwieweit die durch die unterschiedlichen Informationsquellen bedingten Dateninkonsistenzen (und eventuell auch Modellannahmeinkonsistenzen) eine solche Koppelung erschweren.

Abb. 6: <u>Verbindung der einzelnen Modelle in der Mexikostudie</u>[1]

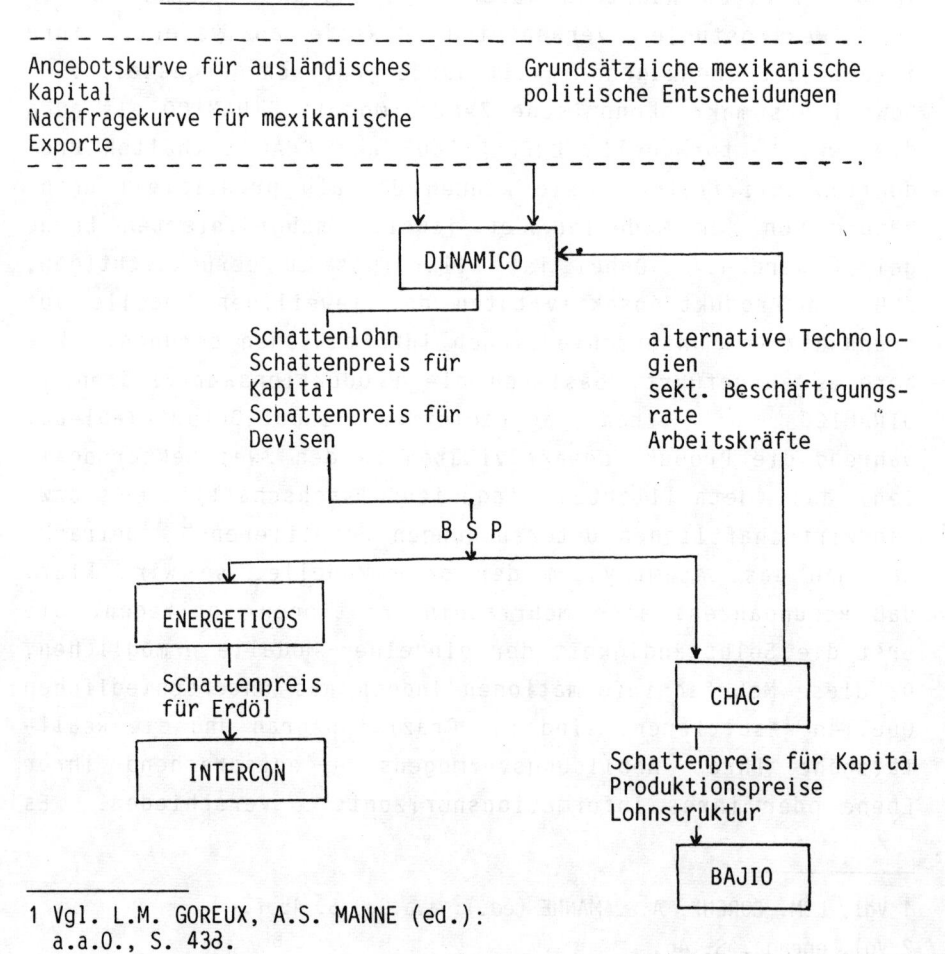

```
------------------------------------------------
Angebotskurve für ausländisches     Grundsätzliche mexikanische
Kapital                             politische Entscheidungen
Nachfragekurve für mexikanische
Exporte
------------------------------------------------
                 │          │                       │
                 ▼          ▼                       │
              ┌─────────────┐◄──────────────────────┤
              │  DINAMICO   │                       │
              └─────────────┘                       │
                 │                    │             │
                 ▼                    ▼             │
          Schattenlohn         alternative Technolo-│
          Schattenpreis für    gien                 │
          Kapital              sekt. Beschäftigungs-│
          Schattenpreis für    rate                 │
          Devisen              Arbeitskräfte        │
                 │                                  │
                 │       B S P                      │
                 ▼                                  │
         ┌──────────────┐                           │
         │ ENERGETICOS  │                           │
         └──────────────┘                           │
                 │                                  │
          Schattenpreis                             ▼
          für Erdöl                          ┌──────────┐
                 ▼                           │   CHAC   │
         ┌──────────────┐                    └──────────┘
         │  INTERCON    │                         │
         └──────────────┘                  Schattenpreis für Kapital
                                           Produktionspreise
                                           Lohnstruktur
                                                  ▼
                                            ┌──────────┐
                                            │  BAJIO   │
                                            └──────────┘
```

---
[1] Vgl. L.M. GOREUX, A.S. MANNE (ed.): a.a.O., S. 438.

DINAMICO ist als lineares Programmierungsmodell formuliert. Es enthält Produktionsaktivitäten für 15 Produktionssektoren unter Berücksichtigung unterschiedlicher Qualifikationsgruppen des Faktors Arbeit, verschiedener Formen der Kapitalbildung und Investition und der Möglichkeiten des Außenhandels und des Kapitaltransfers. Ebenso enthält DINAMICO die Beschränkungen der zentralen Ressourcen, die zu befriedigende inländische Nachfrage nach verschiedenen Konsumgütern und die Exportmöglichkeiten für die Güter der verschiedenen Sektoren.

Aus dem linearen Programmierungsmodell DINAMICO lassen sich
- wie im theoretischen Teil dargestellt - die Primal- und Dualvariablen ermitteln. Als kurze Zusammenfassung der Ausführungen im ersten Teil läßt sich festhalten:
Die Primalvariablen geben das Mengengerüst der Modellaktivitäten für die verschiedenen Zeitperioden an, d.h. unter anderem die sektorale Produktion, den sektoralen Arbeitseinsatz einschließlich der Arbeitsmobilität und quantitativen Qualifikationsgruppenveränderungen, Kapitalbildung und Kapitalimporte usw. Die Dualvariablen repräsentieren erstens die Schattenpreise der eingesetzten Produktionsfaktoren, die angeben, um wieviel sich der Zielfunktionswert bei Veränderung des Faktors um eine Einheit ändert, und zweitens die Schattenpreise der produzierten Güter, die den Grenzkosten ihrer Erzeugung entsprechen, wenn die für die Produktion eingesetzten Produktionsfaktoren mit ihren jeweiligen Schattenpreisen bewertet werden.[1]

Wie aus der Abbildung 6 zu entnehmen ist, sind die wichtigsten zur Verbindung von DINAMICO und den Sektormodellen verwendeten abwärtsfließenden Informationen die aus den dualen Modellösungen entnommenen Schattenpreise für Kapital,

---

[1] H. DE HAEN u.a.: a.a.O., S. 124 f.

Devisen und Arbeit sowie die (primalen) Größen des Bruttosozialprodukts für die jeweiligen Zeitperioden des Modells. Die abwärtsfließenden Informationsströme sind hauptsächlich Preise; bei dem in der Mexiko-Studie verwendeten Dekompositionsalgorithmus handelt es sich also um ein preisgesteuertes Verfahren. Die Einbeziehung einer abwärtsfließenden Mengeninformation (BSP) stellt eine Abweichung vom klassischen preisgesteuerten Dekompositionsverfahren dar;[1] sie erklärt sich daraus, daß die zu befriedigende Stromnachfrage in ENERGETICOS durch die Entwicklung des BSP bedingt wird und diese Angaben auch zur Ermittlung der Angebots- und Nachfragekurven in CHAC benötigt werden.

---

[1] Vgl. die preisgesteuerten Verfahren im Grundlagenteil, Kap. I/3.2.4 und I/3.2.5.

2. Das landwirtschaftliche Sektormodell

2.1 Die Verbindung des landwirtschaftlichen Sektormodells CHAC mit dem gesamtwirtschaftlichen Modell DINAMICO

Das landwirtschaftliche Sektormodell CHAC ist wie das gesamtwirtschaftliche Modell DINAMICO als lineares Programmierungsmodell konzipiert. Während jedoch DINAMICO als mehrperiodiges dynamisches Modell formuliert ist, handelt es sich bei CHAC um ein statisches Modell - Bezugsjahr 1974 bzw. als ex-post Referenzjahr 1968 -, mit dessen Hilfe die zeitpunktbezogene optimale Faktorallokation und die entsprechenden Sektor-Schattenpreise ermittelt werden sollen. Die Bedeutung des Landwirtschaftssektors im Rahmen der Mexikostudie kann als typisch für Planungsprobleme in Entwicklungsländern angesehen werden: im Agrarsektor sind etwa 50 % der gesamten mexikanischen Arbeitskräfte beschäftigt, und ungefähr die Hälfte der mexikanischen Exporte wird in diesem Sektor produziert. Diesem Sektor kommt also eine zentrale Bedeutung zu, die grosso modo für die meisten Entwicklungsländer relevant ist.

Die entwicklungstheoretische und -politische Funktion des Agrarmodells liegt im Rahmen des Konzepts der Mehrebenenplanung in folgenden Funktionen, die einerseits aus der formalen Verkettung der Modellebenen, andererseits aus der dezentralisierten - und i.d.R. hierarchisierten - Struktur der konkreten Entscheidungsfindung resultieren:[1]

---

1 Vgl. L.M. GOREUX, A.S. MANNE (ed.): a.a.O., S. 436.

a) Das Sektormodell bildet die Grundlage sektorspezifischer entwicklungspolitischer Entscheidungen - auch im Sinne parametrischer Variationen bezüglich Beschäftigungsprogrammen, Investitionspolitik, Preis- und Handelspolitik etc..

b) Die Koppelung von CHAC an DINAMICO ermöglicht eine Analyse der Wirkungen makrökonomischer Entwicklungsstrategien auf den Agrarbereich und umgekehrt die Wirkungsanalyse sektoraler Entscheidungen in bezug auf den gesamtwirtschaftlichen Ablauf und damit die Veränderung der gesamtwirtschaftlichen Zielfunktionswerte.

c) Die Sektorergebnisse als Modellergebnisse der mittleren Ebene wirken als Rahmendaten auf die Distriktebene und auf punktuelle landwirtschaftliche Entwicklungsprojekte ein.

Die Unterschiede der Modellvariablen zwischen DINAMICO und CHAC wurden bereits in den Vergleichskapiteln herausgearbeitet, ebenso wurde ihre Problematik für die Konsistenz des Gesamtsystems kritisch beleuchtet,[1] so daß sich eine weitere Behandlung dieses Themas erübrigt. Alle Unterschiede der zwei Modelle, die sich im Prinzip aus den unterschiedlichen Aggregationsgraden erklären, konnten nach Meinung der Autoren ausgeglichen werden.[2]

In diesem Kapitel soll ausführlicher die Frage untersucht werden, ob und inwieweit die Verbindung der zwei auf verschiedenen Ebenen angesiedelten - und in der konkreten Modellkonstruktion weitgehend unabhängig voneinander entwikkelten - Modelle, also der bereits dargestellte vertikale Informationsaustausch zu einer Veränderung der Modeller-

---

1 Vgl. Kapitel A.1.3 und A.1.6 des Teils III.
2. Vgl. L.M. GOREUX, A.S. MANNE (ed.): a.a.O., S. 440 f.

gebnisse führt. Von besonderem Interesse für die Autoren der Mexikostudie waren dabei die von CHAC zu DINAMICO aufwärtsfließenden Informationen in Form von Mengenangaben. Die asymmetrische Berücksichtigung der vertikalen Informationen ergibt sich nach Meinung der Autoren daraus, daß Sektorplanung relativ unabhängig von der gesamtwirtschaftlichen Ebene vollzogen werden kann, sofern die Schattenpreise für Kapital und Devisen und die Wachstumsraten des BSP bekannt sind.[1] Insofern kann CHAC unter mehrmaligem Computerdurchlauf für alternative Schattenpreise isoliert berechnet werden. Die Anworten des Sektormodells jedoch, vor allem die alternative Nachfrage nach Produktionsgütern und das Ausmaß nicht beschäftigter Arbeitskräfte, sind a priori bedeutend schwieriger einzuschätzen. Aus diesem Grunde werden die Einwirkungen der aufwärtsfließenden Informationen, also Veränderungen des Makromodells durch Verbindung mit dem Sektormodell, schwerpunktmäßig analysiert.

Die Hauptinformationen von CHAC an DINAMICO sind - wie bereits grafisch dargestellt - die in Abhängigkeit von den jeweiligen Schattenpreisen im Sektormodell ermittelten verschiedenen Technologien und die Zahl der beschäftigten Arbeitskräfte. Eine direkte Berücksichtigung dieser Effekte im Makromodell DINAMICO war wegen der unterschiedlichen Modellstruktur nicht möglich. Während nämlich in DINAMICO als einem auf einem "klassischen" Input-Output-Tableau beruhenden Mehrsektorenmodell die Produktnachfrage preisunelastisch ist, trifft dies auf die Nachfrage in CHAC nicht zu. CHAC ermittelt also auf der Grundlage gegebener Faktorausstattung und Faktorpreise unter Berücksichtigung des Volkseinkommens mehrere Marktgleichgewichte für Produzenten und Konsumenten und meldet sie an DINAMICO.[2]

---

[1] Diese Vorstellung ist identisch mit dem Grundgedanken volkswirtschaftlicher Evaluierungsmethoden, die ohne konkret formuliertes Makromodell von "außen kommende" Schattenpreise verwenden.

[2] Vgl. L.M. GOREUX, A.S. MANNE (ed.): a.a.O., S. 442.

Ein wesentlicher Unterschied zwischen beiden Modellen liegt in der Annahme über die Substitution von Kapital und Arbeit. Die aus anderen - und realistischeren - Substitutionsannahmen des Sektormodells resultierenden Ergebnisse werden in das Makromodell integriert und führen zu einer Modifikation von DINAMICO; dieses modifizierte Modell trägt den Namen DINAMICHAC.[1] Vergleicht man diese zwei Modelle, so stellt man fest, daß in DINAMICO von einer unbegrenzten Kapital-Arbeit-Substitution bei einer konstanten Substitutionsrate von 15.000 Pesos pro Mann-Jahr ausgegangen wird, während die 24 DINAMICHAC-Vektoren eine marginale Substitutionsrate aufweisen, die von 5.000 bis 10.000 Pesos pro Mann-Jahr variiert.[2]

Ein zweiter Unterschied zwischen DINAMICO und CHAC liegt in den zugrundegelegten Zahlen für landwirtschaftliche Arbeitskräfte im Basisjahr und in der Beschäftigungsrate.[3] Während DINAMICO die Zahlen des globalen Zehnjahresbevölkerungszensus (Census de población) übernimmt, der 100.000 unbezahlt mithelfende Familienangehörige in der Landwirtschaft ermittelt,[4] verwendet CHAC die nach vorausgehenden Untersuchungen als realistischer erscheinenden Arbeitskräftezahlen des Landwirtschaftszensus (Censo agricola ganadero), der die Zahl von 1.500.000 mitarbeitenden Familienangehörigen ermittelte.

Insgesamt divergieren die Zahlen für erwachsenenäquivalente Arbeitskräfte[5] erheblich; sie betragen 7.024.000 in DINAMI-

---

1 Zur mathematischen Ermittlung der DINAMICHAC-Vektoren vgl. L.M. GOREUX, A.S. MANNE (ed.): a.a.O. S. 445, Fußnote a.
2 Ein Vergleich der Technologievektoren von DINAMICO und DINAMICHAC findet sich in Tabelle 2, ebenda. Der offizielle Wechselkurs betrug zum Zeitpunkt der Untersuchung 12,5 Pesos = 1 US$.
3 Vgl. ebenda, S. 448.
4 Vgl. ebenda, S. 362.
5 Kinder und Frauen werden auf eine Einheitsgröße umgerechnet.

CO und 8.625.000 in CHAC. Diese Unterschiede werfen ein kennzeichnendes Licht auf den informationspolitischen Aspekt der Mehrebenenplanung. Während die Konstrukteure des Makromodells die als generell genauer geltenden Zahlen des Gesamtzensus verwendeten, kamen die mit den landwirtschaftlichen Bedingungen vertrauteren Autoren des Sektormodells zu dem Ergebnis, daß die Arbeitskräftezahlen des als allgemein ungenauer geltenden Landwirtschaftszensus präziser sind und verwendeten diese in dem von ihnen zu bildenden Modell.

Entsprechend den unterschiedlichen Informationen des Makromodells und des Sektormodells ergeben sich dann für das die aufwärtsfließenden Informationen integrierende Modell DINAMICHAC folgende alternative Lösungsfälle, wobei Fall 1 den Ausgangsfall von DINAMICO angibt:[1]

Tabelle 5: <u>Lösungsfälle von DINAMICHAC</u>

Lösungs-fall	Technologie	Arbeits-kräfte	Arbeitsko-effizient	Technologie[2]	Arbeits-kräfte in 1966 in Mill.	Beschäfti-gungsrate in 1966
1.	DINAMICO	DINAMICO	DINAMICO	konst. GRS	7,024	100 %
2.	CHAC	DINAMICO	DINAMICO	var. GRS	7,024	100 %
3.	DINAMICO	CHAC	CHAC	konst. GRS	8,625	68 %
4.	CHAC	CHAC	CHAC	var. GRS	8,625	68 %

---

1 Vgl. L.M. GOREUX, A.S. MANNE (ed.): a.a.O., S. 449.
2 GRS = Grenzrate der Substitution von Arbeit durch Kapital.

Der Einfluß der unterschiedlichen Modellgrößen auf die makroökonomischen Werte von DINAMICHAC ist in folgender Tabelle wiedergegeben:[1]

Tabelle 6: Einfluß der Modellgrößen in DINAMICHAC

Fälle vgl. vor. Tabelle	Periode	Konsum 1974	1980	Ersparnisse 1974	1980	Investitionen 1974	1980	B S P 1974	1980	jährl. Wachstumsrate des BSP (1968-80)
1)	GRS konst. 7.024 100 %	303,6	445,8	81,9	136,8	81,9	128,2	385,5	582,7	6,92 %
2)	GRS variabel 7.024 100 %	300,2	437,3	71,1	124,6	68,2	118,8	371,3	561,9	6,60 %
3)	GRS konst. 8.625 68 %	309,9	461,6	84,3	143,3	84,3	134,7	394,2	604,9	7,26 %
4)	GRS variabel 8.625 68 %	310,4	463,0	85,2	142,3	85,2	128,8	395,7	605,3	7,27 %

Aus dieser Tabelle wird deutlich, daß eine entscheidende Veränderung der Modellwerte durch die Einführung des Arbeitskräfteüberschusses eintritt (vgl. einerseits Fälle 1 und 2 und andererseits Fälle 3 und 4). Der Arbeitskräfteeffekt dominiert den Technologieeffekt, wie die Werte von Fall 3 und 4 zeigen, die einerseits konstante, andererseits variable GRS verwenden. Die Berücksichtigung der aufwärtsfließenden Informationen des Sektormodells CHAC beseitigt damit eines der größten Probleme in DINAMICO, nämlich den im Zentralmodell aufgrund der verwendeten Statistiken prognostizierten Arbeitskräftemangel. Durch die Berücksichtigung der Informationen über den Arbeitskräftebestand aus CHAC entsteht auch in DINAMICHAC ein Überschuß dieses Pro-

---

[1] Vgl. L.M. GOREUX, A.S. MANNE (ed.): a.a.O., S. 451; die Werte sind gerundet.

duktionsfaktors, der bedeutend niedrigere landwirtschaftliche Schattenlöhne, z.T. in Höhe von Null, zur Folge hat. In bezug auf den Außenhandel weisen die DINAMICHAC-Werte im Gegensatz zu den ursprünglichen DINAMICO-Werten einen signifikant höheren Anteil des Exports von landwirtschaftlichen Produkten auf, während der Exportanteil industriell gefertigter Güter eindeutig zurückgeht.[1]

Dieses Ergebnis ist auf die niedrigeren Schattenlöhne in DINAMICHAC zurückzuführen, die in einigen Perioden bis auf Null für die Qualifikationsgruppe 5 sinken. Da die Schattenlöhne der höheren Qualifikationsgruppen sich aus dem Basisschattenlohn für die Gruppe 5 und den Qualifikationskosten zusammensetzen, verschiebt sich das gesamte Schattenlohngefüge nach unten mit dem Resultat komparativer Vorteile für die arbeitsintensiveren Produkte des Landwirtschaftssektors.

So positiv sich die Berücksichtigung der Sektorinformationen im Makromodell auswirkt - und dies zeigt sich grundsätzlich in realistischeren Faktorverwendungen im Landwirtschaftssektor[2] -, wirft doch die Verbindung beider Modellebenen ein neues Problem auf. Dieses Problem entsteht dadurch, daß DINAMICO entsprechend dem Grenzproduktivitätsprinzip einen Schattenlohn von Null zuläßt, während CHAC mit einem - ex definitione positiven - Mindestlohn auch für die Qualifikationsstufe 5 arbeitet. Deshalb führt die Übernahme des Arbeitskräfteüberschusses aus CHAC zu unterschiedlichen Schattenlohnkonsequenzen in DINAMICO und damit zu Modellinkonsistenzen.
Auf diese strukturelle Unstimmigkeit im Mehrebenenkonzept der Mexikostudie wurde im Rahmen dieser Arbeit mehrmals

---

1 Vgl. L.M. GOREUX, A.S. MANNE (ed.): a.a.O., S. 453 und Tabelle 5.
2 Vgl. ebenda, S. 457, Tabelle 7.

hingewiesen, ebenso auf die Notwendigkeit der Harmonisierung der grundsätzlichen Modellelemente zwischen den verschiedenen Modellebenen.

Eine mögliche Modifikation bestünde in der Berücksichtigung eines positiven Mindestlohns auch in DINAMICO, was einen direkten Informationsfluß über die Schattenlöhne entsprechend der jeweiligen Technologievektoren vom Sektor- zum Zentralmodell erlaubte.[1] Ein weiteres durch die Verbindung der zwei Modelle zutagegetretenes Problem liegt in der nicht völligen Konvergenz der Faktorpreise und der BSP-Grössen nach Ablauf der Iterationen.[2] Dies ist z.T. durch die unterschiedlichen Zielfunktionen in CHAC und DINAMICO begründet, also durch die Inkonsistenzen in strukturellen Modellelementen, auf die schon mehrmals hingewiesen wurde. Die Inkonvergenz einzelner Werte ist jedoch nicht so gravierend, daß sie die positiven Wirkungen der Modellebenenverbindung konterkariert.

2.2 Die Verbindung des Sektormodells mit dem Distriktmodell

Die informationsverarbeitende Wirkungsweise der Mehrebenenplanung soll nun anhand der Bezüge zwischen der Sektor- und Distriktebene aufgezeigt und analysiert werden. Die Sektorebene wird durch das Modell PACIFICO repräsentiert, das eine aus rechentechnischen Gründen bedingte vereinfachte Variante des landwirtschaftlichen Sektormodells CHAC darstellt.[3] Bei Beibehaltung aller Kernelemente des Landwirt-

---

1 Aufwärtsfließende Preisinformationen widersprechen zwar der "reinen" Theorie preisgesteuerter Dekompositionsverfahren; sie können allerdings zu einer Erhöhung der Konvergenzgeschwindigkeit beitragen.
2 Vgl. L.M. GOREUX, A.S. MANNE (ed.): a.a.O., S. 458 und S. 460.
3 Vgl. ebenda, S. 3.

schaftsmodells stellt PACIFICO eine räumliche Spezifizierung des Sektormodells dar, das die fünf Distrikte Rio Yaqui, Rio Colorado, Culmaya, El Fuerte und das restliche nordwestliche Gebiet umfaßt. Zielfunktion dieses Modells ist die Maximierung der Summe aus Konsumenten- und Produzentensurplus, die zur Gleichheit von Grenzkosten und Produktpreisen führt. PACIFICO ist wie CHAC ein lineares Programmierungsmodell mit ähnlichen Nachfrageannahmen. Sein mathematischer Aufbau ist blockdiagonal,[2] so daß es sich für einen Dekompositionsalgorithmus eignet.[3]

Jedes der fünf Distriktmodelle von PACIFICO enthält 162 landwirtschaftliche Produktionsaktivitäten, mit denen 16 landwirtschaftliche Güter produziert werden, wobei jeder Distrikt über spezifische Ressourcen wie Menge und Art des bebaubaren Bodens und Wasser verfügt. Distriktexterne Ressourcen wie z.B. Düngemittel und Dieseltreibstoff für Traktoren können zu fixen Preisen ohne Mengenbegrenzung von der nächsthöheren Modellebene gekauft werden.

Die Notwendigkeit der Verbindung der einzelnen Distriktmodelle mit dem übergeordneten Modell PACIFICO ergibt sich aus der Tatsache, daß ein Großteil der in ihnen produzierten landwirtschaftlichen Güter "non traded goods"[4] sind, deren

---

1 Vgl. L.M. GOREUX, A.S. MANNE (ed.): a.a.O., S. 3.
2 Vgl. ebenda, S. 509 f. und Tabelle 5.
3 Vgl. ebenda, S. 500 f.
4 Die Definition von "non traded" umfaßt im weiteren Sinne auch Güter, die grundsätzlich international handelbar sind, aber aufgrund ihrer begrenzten Haltbarkeit und/oder relativ hohen Transportkosten nur in begrenzte internationale Räume exportiert werden können, in denen von Seiten der Importländer Einfuhrrestriktionen bestehen. Dies ist z.B. bei Tomaten der Fall, die hauptsächlich in die USA exportiert werden, wobei die U.S.-Regierung zum Schutz der eigenen Landwirtschaft restriktive Importquoten erlassen hat. Insofern ist für diese Güter eine Bewertung zu Weltmarktpreisen z.B. entsprechend dem Verfahren von Little/Mirrlees nicht direkt, sondern nur über relativ aufwendige Ermittlungen möglich.

Preise vom Gesamtoutput aller fünf Distrikte abhängen. Das Marktgleichgewicht wird in dem über die gesammelten Informationen verfügenden Regionalmodell PACIFICO ermittelt. Dieses sendet die entsprechenden Güterpreise als abwärtsfliessende Informationen an die verschiedenen Distrikte, die wiederum die entsprechenden Produktionsmengen an das übergeordnete Modell melden.

Der preisgesteuerte Dekompositionsalgorithmus wurde in zwei Varianten getestet, die sich wie folgt darstellen lassen:

Abb. 7a: Erste Variante des Informationsflusses
            zwischen Region und Distrikten

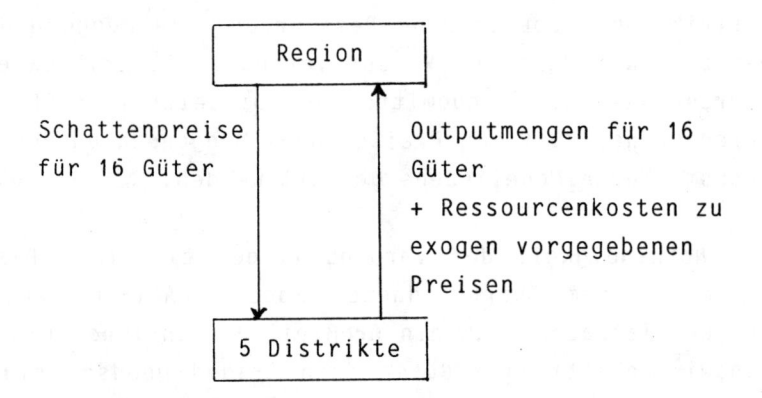

```
                         ┌─────────────┐
                         │   Region    │
                         └─────────────┘
                           │        ▲
       Schattenpreise      │        │    Outputmengen für 16
       für 16 Güter        │        │    Güter
                           │        │    + Ressourcenkosten zu
                           │        │    exogen vorgegebenen
                           ▼        │    Preisen
                         ┌─────────────┐
                         │ 5 Distrikte │
                         └─────────────┘
```

In der ersten Variante sendet das Regionalmodell jedem der fünf Distriktmodelle für jedes der 16 landwirtschaftlichen Güter einen Preis. Aufgrund dieser Preisinformation führt jedes Distriktmodell eine Optimierung entsprechend seinen Produktionsbedingungen durch und meldet einen Produktionsvorschlag, ausgedrückt in den Mengen der 16 Güter und den jeweiligen Produktionskosten, an das Obermodell zurück. Das Regionmodell kombiniert die Produktionsvorschläge der fünf Sektoren, berechnet die entsprechenden Güterpreise der 16 Güter und meldet diese an die fünf Distriktmodelle zurück. Diese beginnen auf der Grundlage der neuen Güterprei-

se eine neue Optimierung. Es ergibt sich also eine weitere Iteration in der oben beschriebenen Form, wobei das Sektormodell die im jeweils vorigen Zyklus erhaltenen Informationen kumuliert und unter Berücksichtigung der jeweils sektorspezifischen Nebenbedingungen, d.h. der sektoreigenen Ressourcenmengen neue Güterschattenpreise berechnet und mitteilt.[1]
Der Dekompositionsalgorithmus entspricht also im Prinzip dem preisgesteuerten Verfahren von Dantzig-Wolfe,[2] wobei das Verfahren im Obermodell einen Gedächtnisspeicher voraussetzt.[3]

Der ausgeführte Iterationsprozeß zeigt, daß der Wert der Zielfunktion während der ersten drei Iterationen langsam, von Iteration 4 bis 7 schnell steigt. Nach der siebten Iteration wird bereits ein Maximalwert erreicht, der nur 2,5 % vom Optimalwert entfernt ist. Das Optimum wird nach 18 Iterationen erreicht.[4] Die in den ersten Zyklen zu beobachtenden starken Schattenpreisschwankungen erklären sich aus den Besonderheiten der Modellannahmen, vor allem der modellspezifischen Begrenzung der Nachfragesubstitution.[5]

Die zweite Variante der Informationsverbindung des Regionalmodells mit den Distriktmodellen besteht darin, während der ersten Iteration nur die relevanten Preise zu verändern und sie in der Form zweier Extrempreise zu übermitteln. Der Prozeß der Informationskonzentration ist für den rechentechnischen Ablauf zukünftiger Mehrebenenmodelle nicht uninteressant; er soll deshalb kurz beschrieben werden.

---

1 Vgl. L.M. GOREUX, A.S. MANNE (ed.): a.a.O., S. 39.
2 Vgl. ebenda, S. 502 ff.
3 Vgl. E. MALINVAUD: a.a.O., S. 197 ff.
4 Vgl. L.M. GOREUX, A.S. MANNE (ed.): a.a.O., S. 514 f.
5 Vgl. ebenda, S. 516.

Entsprechend den Modellannahmen in PACIFICO sind die Nachfragefunktionen vollständig elastisch bei Preisen über den Werten 1,5 x Basispreis und unter den Werten 0,67 x Basispreis der jeweiligen 16 Güter;[1] Ober- und Untergrenzen für die Berechnung sind damit unmittelbar vorgegeben. Wollte man nun zur Verkürzung des iterativen Prozesses für jedes Produkt zwei Extrempreise den Distriktmodellen mitteilen, ergäben sich 2^{16} Preiskombinationen, eine Größenordnung, die für eine schnelle Berechnung nicht mehr handhabbar ist. Die Zahl der Preiskombinationen kann nun aufgrund ökonomischer Überlegungen reduziert werden:
Der Gesamtoutput setzt sich aus vier Gütern zusammen, die einzeln nachgefragt werden. Von diesen vier Gütern können drei (Baumwollfasern, Zuckerrohstoff und Tomaten) exportiert werden. Die übrigen Güter sind in vier Nachfragegruppen zusammengefaßt, die durch konstante Substitutionsraten der einzelnen Gruppengüter innerhalb gewisser Grenzen gekennzeichnet sind.
Aufgrund dieser Annahmen kann man davon ausgehen, daß die Preisrelationen innerhalb der Nachfragegruppen konstant bleiben, die Preise jeder Gruppe also zusammen variiert werden können. Bei den "traded goods" wird davon ausgegangengen, daß ihre Weltmarktpreise (FOB) Optimalpreise sind; sie können also aus den Iterationen ausgeklammert werden.

Übermittelt man dementsprechend nur noch die zwei Extrempreise der vier Nachfragegruppen und des einen "non traded" Einzelgutes (grüne Chilis), so ergeben sich 2^5 = 32 Preisinformationen, die in der ersten Iteration vom Regionalmodell zu den Distriktmodellen fließen.[2] Diese 32 Preiskombinationen werden in den Distriktmodellen zur Produktionsoptimierung benutzt, die entsprechenden 32 Produktionsvorschläge

---

1 Vgl. L.M. GOREUX, A.S. MANNE (ed.): a.a.O., S. 510.
2 Vgl. ebenda, S. 518.

an das Obermodell zurückgemeldet, das für die nächste Iteration unter Berücksichtigung der Nebenbedingungen seine Zielfunktion maximiert und die daraus resultierenden Dualvariablen (Schattenpreise) wieder an die Distriktmodelle meldet.[1] Grafisch läßt sich der Informationsfluß wie folgt darstellen:

Abb. 7b: <u>Zweite Variante des Informationsflusses zwischen Region und Distrikten</u>

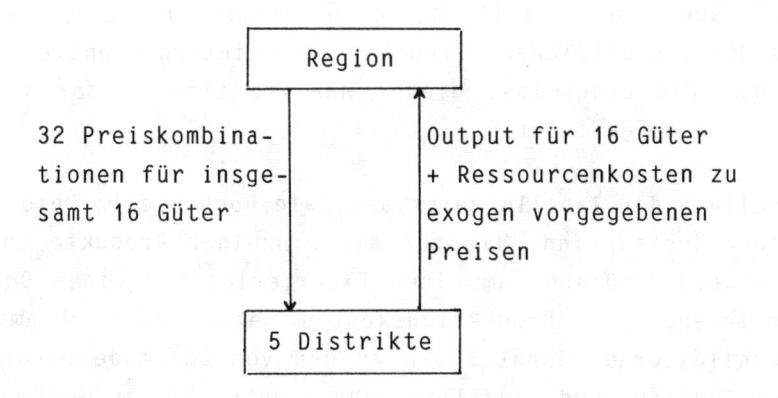

```
                        ┌─────────────┐
                        │   Region    │
                        └─────────────┘
  32 Preiskombina-       │      ▲        Output für 16 Güter
  tionen für insge-      │      │        + Ressourcenkosten zu
  samt 16 Güter          ▼      │        exogen vorgegebenen
                                         Preisen
                        ┌─────────────┐
                        │ 5 Distrikte │
                        └─────────────┘
```

Mit dieser Methode der Informationsselektion und -erweiterung wurde bereits nach der zweiten Iteration ein Maximandwert erreicht, der nur 2 % vom Optimalwert entfernt war. Das beschriebene Verfahren reduziert also in erheblichem Ausmaß die Zeilenbildung im mathematischen Programm des Obermodells[2] und verringert damit signifikant nicht nur die Rechenzeit, sondern vor allem die Anzahl der Iterationen, die für die Anwendung der Mehrebenenplanung bei konkreten Planungsproblemen eine kritische Größe darstellt. Auf die Informationsbedeutung von Weltmarktpreisen wird später ausführlicher zurückzukommen sein.

---

1 Vgl. L.M. GOREUX, A.S. MANNE (ed.): a.a.O., S. 32.
2 Vgl. ebenda, S. 39.

2.3 Die Ergebnisse des Landwirtschaftsmodells[1]

2.3.1 Produktion

Das sowohl mit der Makroebene als auch mit der Distriktebene verzahnte Sektormodell CHAC ist nun in der Lage, wesentliche strukturelle Entwicklungsmöglichkeiten der mexikanischen Landwirtschaft aufzuzeigen, die im folgenden in ihren wichtigsten Aspekten aufgeführt werden. Wesentlichen Raum innerhalb der Analyse nimmt die Auswertung der dualen Modellösung zur Ermittlung komparativer Vorteile einzelner landwirtschaftlicher Produkte im internationalen Handel ein. Die Ergebnisse dieser Analyse sind in der folgenden Tabelle aufgelistet.

Spalte 5 der Tabelle weist aus, wie hoch die in Pesos gemessenen Kosten sind, die für die einzelnen Produkte aufgewendet werden müssen, um einen Exporterlös von einem Dollar zu erzielen. Die Produktionskosten setzen sich zusammen aus modellexternen Inputs, die zu den vom Obermodell vorgegebenen Preisen, und modellinternen Inputs, die zu den modellendogen bestimmten Preisen bewertet werden.[2]

Die aus dem Verhältnis von marginalen Produktionskosten (in Pesos) und dem Exportpreis (in Dollars) ermittelten Austauschwerte sind für Mexiko umso günstiger, je niedriger sie sind, zeigen also in ihrer Rangfolge von oben (niedrigster Wert) nach unten (höchste Werte) die Kostenvorteile der einzelnen Agrargüter in bezug auf den Export auf. Bei dem offiziellen Wechselkurs von 12,5 Pesos pro Dollar im Basisjahr ist eine horizontale Linie durch die Tabelle

---

[1] Vgl. L.M. GOREUX, A.S. MANNE (ed.): a.a.O., S. 373 ff. sowie H. DE HAEN u.a.: a.a.O., S. 131 ff.
[2] Vgl. L.M. GOREUX, A.S. MANNE (ed.): a.a.O., S. 385.

Tabelle 7: **Komparative Vorteile verschiedener landwirtschaftlicher Produkte**[1]

(1) Rank	(2) Crop	(3) Actual value exported in 1967–68 (millions of pesos)	(4) Actual percentage of production exported in 1967–69	(5)[a] Exchange cost of crop
1	Onions	21.8	12	0.97
2	Garlic	25.2	14	2.36
3	Tomatoes	45.6	34	3.13
4	Cantaloupe	90.0	17	3.64
5	Tobacco	81.0	8	3.98
6	Watermelon	47.5	13	4.35
7	Strawberries	62.4	16	4.89
8	Potatoes	0.03	–	5.31
9	Sesame	35.0	4	5.59
10	Cucumbers	24.3	44	5.89
11	Chickpeas	3.9	1	6.09
12	Peanuts	10.4	5	6.14
13	Pineapple	3.8	3	8.13
14	Sugar cane	545.0	28	8.82
15	Squash	–	–	9.74
16	Dry chile	7.2	8	9.96
17	Green chile	12.5	9	10.33
18	Cotton-fiber	1840.0	64	11.05
19	Beans	122.5	6	11.82 [b]
20	Grain sorghum	1.2	–	13.50
21	Safflower	11.3	3	15.56
22	Oats	–	–	17.18
23	Cottonseed	–	–	17.31
24	Flaxseed	–	–	18.30
25	Rice	0.1	–	21.93
26	Wheat	92.0	7	22.08
27	Corn	610.0	10	22.13
28	Soybeans	–	–	22.97
29	Dry alfalfa	–	–	25.63
30	Grain barley	–	–	30.32
31	Lima beans	–	–	34.54

[1] Vgl. L.M. GOREUX, A.S. MANNE (ed.): a.a.O., S. 385.

gezogen, die die gewinnbringenden von den verlustbringenden Exportgütern abgrenzt. Der Durchschnitt der Austauschkosten (exchange costs), gewichtet mit dem Wertanteil der Exporte 1967-69 für alle exportierten landwirtschaftlichen Produkte, weist einen Wert von 12,01 Pesos pro Dollar auf; er liegt um 4 % niedriger als der offizielle Wechselkurs, was einen leichten komparativen Vorteil der Agrarexporte gegenüber dem Industriegüterexport impliziert.[1] Dabei muß allerdings berücksichtigt werden, daß Managementkosten im Modell grundsätzlich vernachlässigt werden,[2] da deren Einbeziehung nach Ansicht der Autoren den Durchschnittswert nicht über 12,5 ansteigen läßt

Aus dem Vergleich der komparativen Vorteile lassen sich nun unmittelbar exportpolitische Ansatzstellen erkennen. Signifikant sind z.B. die komparativen Exportnachteile bei Weizen und Mais. Würde der Export dieser zwei Güter durch andere Güter mit durchschnittlichen Austauschkosten von 12,5 ersetzt, ergäbe sich ein Gesamtdurchschnitt der Austauschkosten aller Exportgüter von 10,18, also eine wesentliche Exportgewinnverbesserung für Mexiko.[3]

Die vorstehende Tabelle allein gibt allerdings nur notwendige, nicht jedoch auch hinreichende Hinweise auf eine alternative Exportstrategie. Grundsätzlich wäre es anzustreben, Güter, die relativ unten in der Rangskala eingestuft sind, durch solche zu ersetzen bzw. deren Anteil relativ zu erhöhen, die weiter oben stehen, also günstigere Austauschkosten aufweisen. Dem steht allerdings oftmals die Enge internationaler Märkte gegenüber, die sich nicht nur aus

---

1 Vgl. L.M. GOREUX, A.S. MANNE (ed.): a.a.O., S. 384.
2 Vgl. ebenda, S. 382.
3 Im Modell wird allerdings nicht untersucht, inwieweit sich Exporte von Weizen und Mais in Abhängigkeit von der Ernteentwicklung als "vent-for surplus" ergeben.

der "theoretischen" Absorptionsfähigkeit der Importländer, sondern auch aus deren Protektionismus erklären.[1] Insofern müssen auch gründliche Exportmarktanalysen in Betracht gezogen werden, die in diesem Fall Sorghum als alternatives Exportprodukt ausweisen, weil für dieses Produkt eine steigende internationale Nachfrage festzustellen ist und diese Feldpflanze produktionstechnisch Mais auf nicht bewässerten Flächen substituieren kann.

Der Export von Sorghum anstelle von Mais und Weizen würde den Durchschnittswert der Austauschkosten für alle landwirtschaftlichen Exportgüter von 12,1 auf 10,39 sinken lassen, also zu einem wesentlichen Wohlfahrtsgewinn für Mexiko führen.[2]

2.3.2 Beschäftigung

Auf die Menge der in der mexikanischen Landwirtschaft verfügbaren Arbeitskräfte, wie sie im Sektormodell CHAC und im Makromodell DINAMICO veranschlagt werden, wurde bereits oben eingegangen, die daraus resultierenden Probleme skizziert und deren Überwindung im Rahmen der Mehrebenenplanung dargestellt. Hier sollen nur noch einige interessante Aspekte bezüglich Einkommen und Beschäftigung aus den Modellberechnungen erwähnt werden.

Im Sektormodell werden, gestützt auf die detaillierten Kenntnisse der räumlichen Produktionsbedingungen (entsprechend den betreffenden Betriebstypen), genaue Kenntnisse über Ausmaß saisonaler Arbeitslosigkeit in der mexikanischen Landwirtschaft gewonnen.[3]

---

1 Vgl. dazu L.M. GOREUX, A.S. MANNE (ed.): a.a.O., S. 382, Fußnote 11.
2 Vgl. ebenda, S. 386. Dies gilt in dem erforderlichen Umfang, sofern die Hauptimporteure keine Restriktionen erlassen.
3 In bezug auf Feldfrüchte mit kurzem Wachstumszyklus, die die Basis der Produktionsaktivitäten in CHAC bilden.

Auf der Grundlage der existierenden landwirtschaftlichen Löhne und bei Unterstellung von 250 Jahresarbeitstagen ergibt sich in CHAC, daß 49 % der tatsächlich vorhandenen Arbeitskräfte ausgereicht hätten, um die Agrarproduktion des Basisjahres zu erstellen.[1]

Abb. 8: CHAC Ergebnisse zur saisonalen Beschäftigung beim Anbau kurzzyklischer Feldfrüchte (1968); (verfügbares Gesamtarbeitskräftepotential = 5.182.000)[2]

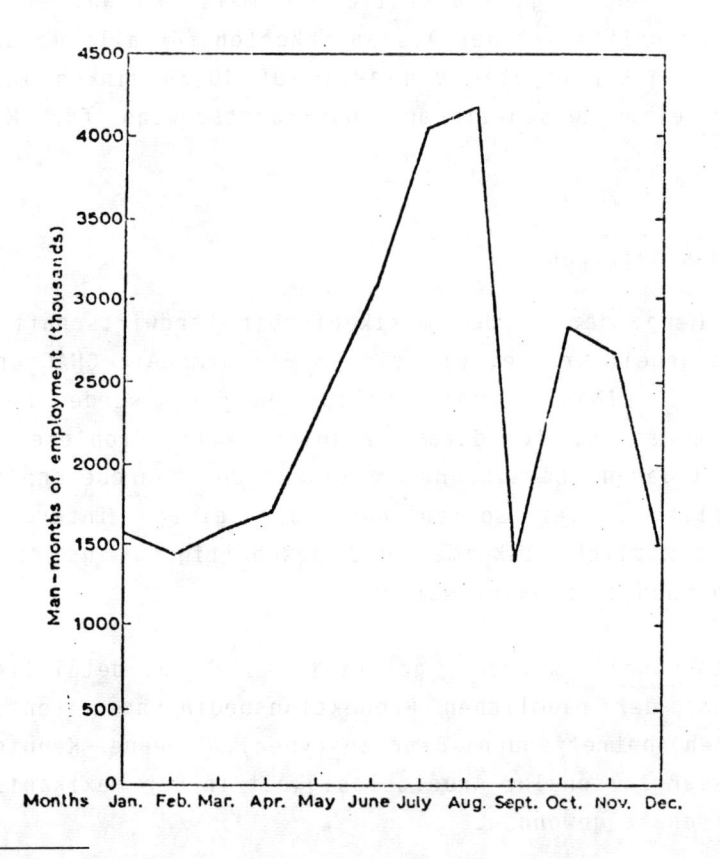

---

[1] Diese Zahl liegt sehr nahe den Werten, die THORBECKE und STOUTJESDIJK 1971 in Peru (49 %) und Guatemala (57 %) ermittelten; vgl. L.M. GOREUX, A.S. MANNE (ed.): a.a.O., S. 380.

[2] Vgl. ebenda, S. 378.

Wichtig für die Beschäftigungsperspektiven in der mexikanischen Landwirtschaft sind auch die folgenden Modellrechnungen aus CHAC.

Die statische Modellversion für 1968, die außer Maschinenstundenerweiterungen keine anderen Investitionsaktivitäten beinhaltet, zeigt eine Preiselastizität der Nachfrage nach Arbeitskräften von nur 10.191.[1] Dieser extrem unelastische Wert impliziert, daß selbst bei einer Reduktion aller Löhne um 50 % die landwirtschaftliche Beschäftigung nur um 13,9 % bei einem Outputwachstum von 2,5 % steigt; bei konstantem Output wächst die Beschäftigung nur um ungefähr 11 %.[2] Aus diesen Zahlen läßt sich schlußfolgern, daß selbst eine drastische Senkung der Löhne nur relativ begrenzte Beschäftigungseffekte auslöst.

Die Modellergebnisse reagieren - wie Sensitivtätstests erbrachten - relativ unsensibel auf Änderungen des "reservation wage".[3] Insofern wird die Problematik dieses sicherlich willkürlichen Modellelements entschärft. Bei der Interpretation der Modellergebnisse muß allerdings beachtet werden, daß CHAC nur Einzyklus-Feldfrüchte berücksichtigt und damit nicht das gesamte Spektrum landwirtschaftlicher Produktionsaktivitäten abdeckt.[4]

2.3.3 Auswirkungen wirtschaftspolitischer Maßnahmen

Das landwirtschaftliche Sektormodell wird auch benutzt, um die Wirkungen wirtschaftspolitischer Maßnahmen zu ermitteln. Die Wirkungen einzelner oder kombinierter wirtschaftspoliti-

---

1 Absoluter Wert im Mittelpunkt des Bogens.
2 Vgl. L.M. GOREUX, A.S. MANNE (ed.): a.a.O., S. 378. Die Berechnung dieser Werte erfolgte auf der Grundlage der statischen Modellversion für 1968.
3 Vgl. ebenda, S. 381.
4 Vgl. ebenda, S. 379.

scher Instrumente werden in einer komparativ-statischen Analyse untersucht, indem man die quantitative Änderung der Zielvariablen in Abhängigkeit vom Instrumenteneinsatz mißt. Die folgenden zwei Tabellen geben die prozentuale und die in Pesos gemessene Wirkung einzelner wirtschaftspolitischer Maßnahmen wieder, wobei alle Veränderungen in bezug auf die Modellergebnisse ohne wirtschaftspolitische Eingriffe für das Jahr 1973 ermittelt wurden.[1]

Die einzelnen wirtschaftspolitischen Instrumente sind in der Kopfzeile, die beeinflußten Variablen in der Außenspalte der Tabellen angeführt. Die erste Spalte des Tabelleninnenfeldes gibt so z.B. an, wie sich bei Einführung einer Außenhandelsprämie (etwa in Form von Schutzzöllen und Exportsubventionen) die Zielvariablen verändern: so erhöhen sich z.B. die Nettoexporte um 17,9 %, die landwirtschaftlichen Einkommen um 12,2 %, während die Veränderungen bei der Produktion (0,9 %) und Beschäftigung (0,6 %) relativ gering sind und der Konsumentensurplus um 1,4 % zurückgeht.

Tabelle 8a: Quantitative Wirkung wirtschaftspolitischer Maßnahmen

	Foreign exchange premium		Higher interest rate		Higher wage rate		Water surcharge	Fertilizer subsidy of 30%	Supply controls			Higher interest rate (18%) and 22% higher wage
	15%	30%	18%	24% per year	increased by 22% 44%				I	II	III	
Maximand[2]	0.9	2.1	-0.7	-1.4	-1.4	-2.8	-1.5	1.9	-0.1	-0.1	-0.1	-2.2
Farmers' profit	18.6	42.6	10.2	17.3	6.9	-1.7	-2.8	1.9	10.0	30.0	50.0	8.2
Farmers' income	12.2	29.2	7.8	20.3	7.7	8.7	-1.9	1.9	6.3	19.3	32.2	12.6
Day laborers' income	5.8	1.9	2.9	-1.0	-9.7	2.9	-4.0	-11.5	0.9	-2.0	-1.0	-4.9
Consumers' surplus	-1.4	-3.3	-2.3	-3.9	-2.1	-2.9	-1.3	1.9	-1.5	-4.3	-7.3	-3.5
Production	0.9	1.8	-1.6	-2.9	-2.4	-3.3	-2.1	1.9	-0.3	-0.6	-0.9	-2.9
Net exports	17.9	34.0	-3.0	-5.7	-2.8	-5.7	-4.3	5.0	7.3	42.7	77.1	-3.1
Employment	0.6	1.2	0.8	1.7	-6.9	-12.0	-0.3	-3.7	-0.4	-1.0	-1.1	-2.2

---

1 Vgl. L.M. GOREUX, A.S. MANNE (ed.): a.a.O., S. 391.
2 Der Maximand ist die Summe des Produzenten- und Konsumentensurplus; vgl. auch Kap. II.A.1.3 dieser Arbeit.

Eine Erhöhung der Löhne um 44 % führt zu einem Beschäftigungsrückgang von 12,0 % gemessen an CHAC ohne wirtschaftspolitische Eingriffe, was eine gesamtwirtschaftliche Beschäftigungswachstumsrate von weniger als 1 % pro Jahr im Zeitraum 1968-74 bewirkt.[1]

Bei der Beurteilung der wirtschaftlichen Instrumente sind die jeweiligen Budgeteffekte, die erfahrungsgemäß eine wesentliche Größe für politische Entscheidungsträger (nicht nur in Entwicklungsländern) darstellen, aus der Tabelle zu entnehmen und zu berücksichtigen.
Die errechneten Budgetwirkungen erfassen dabei nur die direkten budgetrelevanten Ausgaben bzw. Einnahmen; administrative Kosten, die bei der Implementierung verschiedener wirtschaftspolitischer Instrumente unterschiedlich hoch sein können, werden nicht berücksichtigt.[2] Die Auswirkungen der Angebotskontrollinstrumente beziehen sich auf eine Erhöhung der Farmergewinne um 10 % (I), 30 % (II) und 50 % (III) relativ zur Basislösung.

Auf die Verteilungsproblematik, die aus der naiven Verwendung des Aggregats "Konsumenten" resultiert, wurde bereits früher hingewiesen. Die Auswirkungen einer solchen Politik sollten zumindest detaillierter (z.B. in bezug auf arbeitslose städtische Konsumenten) erfaßt werden.

Bezüglich der Realisierung der Angebotskontrollpolitik ist allerdings größte Skepsis notwendig, da solche Maßnahmen faktisch nur schwer durchzusetzen sind,[3] auf jeden Fall aber einen großen administrativen Apparat erfordern, dessen negative Budgetwirkungen erheblich sein können.

---

1 Vgl. L.M. GOREUX, A.S. MANNE (ed.): a.a.O., S. 391.
2 Vgl. ebenda, S. 396.
3 Vgl. ebenda, S. 377.

Die wichtigsten Ziel-Mittel-Relationen der Modellergebnisse sind in der folgenden Tabelle qualitativ zusammengefaßt. Selbst wenn die Autoren den Umrechnungsmodus von quantitativen in qualitative Größen nicht beschreiben, ist zu beachten, daß der qualitativen Darstellung ein geschlossenes Modell mit interpersonell nachvollziehbaren quantitativen Größen zugrundeliegt; insofern unterscheidet sie sich von üblichen Zielwertmatrizen (z.B. des BMZ).[1]
Die dargestellten Zielwirkungen resultieren aus der Einführung einer Außenhandelsprämie in Höhe von 15 %, der Erhöhung der Zinsrate von 12 % auf 18 %, einer Lohnerhöhung von 22 % und aus Angebotskontrollmaßnahmen, die die Gewinne der Farmer um 30 % erhöhen.

---

1 Vgl. auch H. DE HAEN u.a.: a.a.O. S. 134 f.

Tabelle 8b: <u>Qualitative Wirkung wirtschaftspolitischer Maßnahmen</u>

Instrumente Zielvar.	Außen- handels- prämie	Änderung der Zinsrate	Änderung der Löhne	Subvention für Chemikalien	Wasser- steuer	Angebots- kontrolle
Produzenteneinkommen	++	++	++	+	-	++
Konsumentensurplus	-	=	=	++	-	=
Beschäftigung	+	+	=	=	-	-
Exporte	++	-	-	+	-	++
Budgeteffekte	-	n.a.	n.a.	-	+	n.a.[1]
Produktion	++	=	=	++	=	-

++ sehr positiv
+ positiv
= stark negativ
- negativ
n.a. nicht anwendbar

---

[1] Problematisch, da tendenziell negativ

3. Das Energie-Sektormodell

3.1. Die Struktur von ENERGETICOS

Wie in der grafischen Darstellung der Mehrebenenplanung der Mexikostudie bereits gezeigt, schließt sich an das Makromodell DINAMICO eine weitere Modellkette an, die den Energiesektor betrifft. Es sind dies das Sektormodell ENERGETICOS und ein spezielles Energieverbundmodell INTERCON.

Die Komplexität von ENERGETICOS ergibt sich daraus, daß Mexiko Ölproduzent ist. Die Frage der optimalen Energiepolitik Mexikos ist daher auf dem Hintergrund der durch den Weltmarkt bedingten Besonderheiten dieses Gutes zu sehen.[1] Die vom Makromodell in das Energiemodell einfließenden Informationen betreffen die zwei Schattenpreise für Kapital und Devisen und die in DINAMICO ermittelten Wachstumsraten des BSP. Auf der Grundlage der letzten Information[2] wird mit Hilfe von Trendextrapolationsmethoden der Energiebedarf Mexikos ermittelt, der als exogene Endnachfrage in ENERGETICOS eingeht.

ENERGETICOS umfaßt über die energieproduzierenden Bereiche Erdöl, Gas und Elektrizität hinaus die wichtigsten energieverbrauchenden Aktivitäten der Eisen- und Stahlindustrie. Die Koeffizienten dieser Bereiche lassen sich in blockdiagonaler Form darstellen,[3] wobei vereinfachend davon ausge-

---

[1] Vgl. L.M. GOREUX, A.S. MANNE (ed.): a.a.O., S. 47.

[2] Die zukünftige Wachstumsrate des BSP wird in der Höhe von 6,5 % - 7 % ermittelt, vgl. ebenda, S. 234.

[3] Zur grafischen Darstellung der Struktur des Programmierungsmodells, vgl. ebenda, S. 237.

gangen wird, daß die Erdölindustrie Produzent von Öl, aber unbedeutender Konsument von Elektrizität ist, während der Elektrizitätssektor nur Schwerölverbraucher ist und der Stahlsektor sowohl Schweröl als auch Elektrizität verbraucht.[1]

ENERGETICOS muß den Besonderheiten der Energieproduktion Rechnung tragen, die sich aus den erheblichen zeitlichen Unterschieden der Stromnachfrage ergeben. Diese Konstellation kann grafisch wie folgt wiedergegeben werden:

Abb. 9: Grundannahmen des Energiemodells

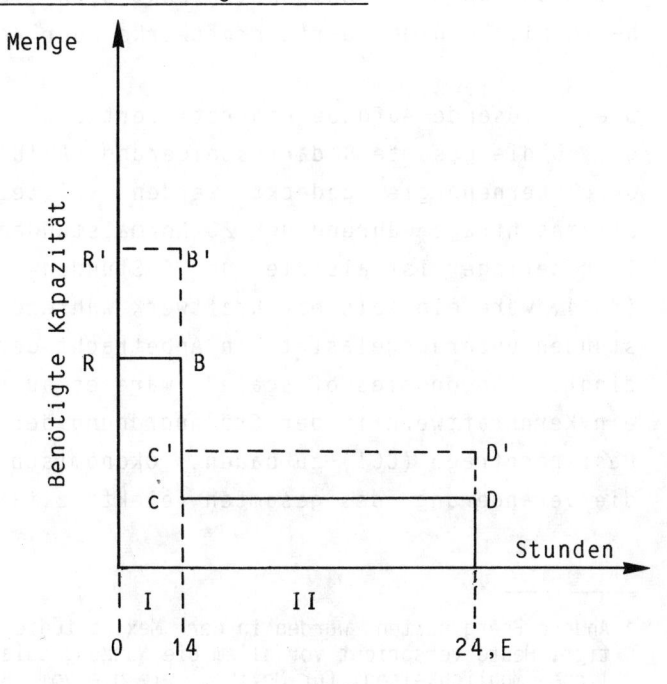

I = 4 Stunden Spitzenbelastung; II = 20 Stunden Normalbelastung.

---
1 Vgl. L.M. GOREUX, A.S. MANNE (ed.): a.a.O., S. 238.

Aus der Abbildung wird unmittelbar deutlich, daß die Basisbelastung während 20 Stunden (ED) erheblich geringer ist als die Stromnachfrage während der 4 Stunden Spitzenbelastung. Die Gesamtnachfrage nach Strom bzw. deren Veränderung wird durch die Belastungskurven OABCDE und OA'B'C'D'E wiedergegeben. Die Planungsaufgabe besteht nun darin, die optimale Prozeßkombination zur Produktion der prognostizierten Bedarfsänderungen zu finden. Geht man davon aus, daß Diesel- und Kohlekraftwerke ebenso wie hydroelektrische und geothermale Anlagen zwar zur Stromerzeugung Mexikos beitragen, ihr Anteil jedoch nicht wesentlich ausgebaut werden kann,[1] beschränkt sich die Prozeßwahl auf herkömmliche ölgefeuerte Kraftwerke oder Kernkraftwerke.[2]

Die zu lösende Aufgabe konkretisiert sich dann in der Frage, ob die gesamte Bedarfssteigerung (AA'B'B und CC'D'D) durch Kernenergie gedeckt werden sollte. Da jedoch die Stromnachfrage während der 20 Normalstunden (CC') erheblich geringer ist als die der 4 Stunden Spitzenbelastung (AA'), wäre ein solches Kraftwerk während der 20 Normalstunden unterausgelastet. In Anbetracht der technisch bedingten "economies of scale" wäre es auch unökonomisch, ein Kernkraftwerk in der Größenordnung der Steigerung der Basisnachfrage (CC') zu bauen. Ökonomisch sinnvoll[3] ist die Veränderung des gesamten elektrizitätsproduzierenden

---

[1] Andere Energiearten wurden in der Mexikostudie nicht berücksichtigt. Heute verspricht vor allem die Nutzung solarer Energie erhebliche Möglichkeiten für Mexiko, wie die vom BMZ finanzierten und von Dornier gebauten Pilotprojekte in Mexiko zeigen. Dies ist ein Beispiel für die Schwierigkeit von Langzeitplanung (ENERGETICOS erstreckt sich bis 1995) selbst bei gründlicher wissenschaftlicher Erarbeitung eines Modells.
[2] Vgl. L.M. GOREUX, A.S. MANNE (ed).: a.a.O., S. 246 f.
[3] Diese Berechnung gilt auf der Basis der damals gültigen Weltmarktpreise.

Sektors, indem ein großes Atomkraftwerk zur Deckung der Basisnachfrage und ein Teil der bestehenden Ölkraftwerke zur Befriedigung des Spitzenbedarfs kombiniert werden. Zur optimalen Bestimmung der Prozeßmischung und der alternativen Betriebszeiten ist also die Minimierung des Gegenwartswerts der diskontierten Kosten des Gesamtelektrizitätssektors über den Planungshorizont unter Berücksichtigung von Unteilbarkeiten und "economies of scale" nötig.[1] Dieses komplexe Problem wird noch dadurch erschwert, daß die Wahl zwischen Atom- und Ölkraftwerken Einfluß auf den ölproduzierenden Sektor hat. Dieses Interdependenzproblem für das ölproduzierende Land Mexiko läßt sich mit einer vereinfachenden Grafik erläutern:[2]

Abb. 10: <u>Interdependenzen bei der Energieproduktion</u>

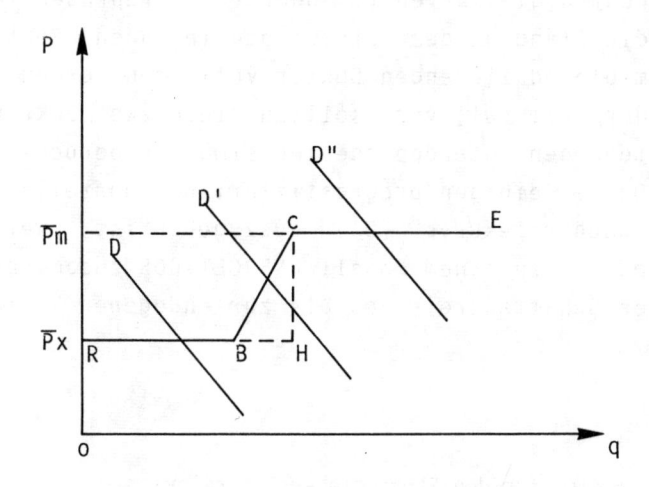

---

1 Vgl. L.M. GOREUX, A.S. MANNE (ed.): a.a.O., S. 41.
2 Vgl. ebenda, S. 42.

Für Mexiko als Nettoimporteur werden die "opportunity costs" des Öls durch den cif-Importpreis bestimmt, während für Mexiko als Nettoexporteur die "opportunity costs" des Öls durch Px (fob) determiniert werden.[1] Der Preisunterschied zwischen Export- und Importpreisen beträgt für Mexiko 36 %.[2]

Bei steigenden Grenzkosten stellt die Kurve ABCE die Angebotskurve des ölproduzierenden Sektors dar, während D, D', D'' die alternativen Nachfragekurven des stromproduzierenden Sektors repräsentieren. Für einige Werte der Diskontierungsrate und der Außenhandelsprämie reagiert die Nachfrage des Elektrizitätssektors sensibel auf den Ölpreis. So weisen die Berechnungen aus, daß beim Preis Pm der Bau von Atomkraftwerken, beim Preis Px der Bau von Ölkraftwerken optimal ist.[3] Sofern die Nachfrage des Elektrizitätssektors entweder durch die Kurven (D) oder (D'') repräsentiert wird, kann die Planung des stromproduzierenden Sektors unabhängig vom ölproduzierenden Sektor vollzogen werden.
Liegt jedoch der Fall (D') vor, sollten diese zwei Sektoren wegen der bestehenden Interdependenzen simultan berücksichtigt werden. Da bei einigen prognostizierten Konstellationen von einer Nachfragekurve (D') auszugehen ist, werden die zwei Submodelle zu einem Modell ENERGETICOS zusammengefaßt, indem der Schattenpreis des Öls zur endogenen Variablen wird.[4]

---

1 Diese zwei Werte sind für den Strategiebereich relevant.
2 Vgl. L.M. GOREUX, A.S. MANNE (ed.): a.a.O., S. 262f., wobei dieser Unterschied neben Transport- und Marketingkosten auch eine Protektionsrate von 15 % enthält, die bei Energiestudien der Weltbank üblicherweise verwandt wird.
3 Vgl. ebenda, S. 42.
4 Vgl. ebenda.

3.2 Interdependenzen im Energiesektor

Die größten Interdependenzen im Energiesektor entstehen aus der Tatsache, daß viele Investitionen groß sind und oft "increasing returns to scale" aufweisen.

"Economies of scale" sind in Entwicklungsländern schwierig zu realisieren, weil in ihnen - im Gegensatz zu Industrieländern - die Marktgröße oft kleiner ist als die Produktionsgröße, bei der "increasing returns" innerhalb einer einzigen Produktionsstätte voll genutzt werden können.[1]
Diese Konstellation und die daraus resultierenden Probleme der Insuffizienz von Preissignalen waren Anlaß zahlreicher Theorien und Erklärungsversuche. Beispielhaft seien genannt die Theorie des "Big Push" von Rosenstein-Rhodan (1943, 1961), die Theorien des "Balanced Growth" von Lewis (1955) und Nurkse (1953,1961), die Theorie des "Unbalanced Growth" von Hirschmann (1958) und Leibensteins Ansatz des "Critical Minimum Effort".[2]

Seit Mitte der 60er Jahre wurden "economies of scale" in empirischen Untersuchungen gründlich - auch unter Einbeziehung ingenieurwissenschaftlicher Methoden - analysiert.[3]
"Economies of scale" können durch Unteilbarkeiten entstehen, die zu Kostenelementen führen, die weitgehend unabhängig von der Produktionsmenge sind. Typische Beispiele dieser Kategorie sind "first copy"-Kosten sowie Forschungs-

---

1 Vgl. L.E. WESTPHAL: Planning with Economies of Scale, in: Ch.R. BLITZER, P.B. CLARK, L. TAYLOR, a.a.O., S. 257.

2 Eine ausführliche Darstellung und kritische Wertung dieser verschiedenen Konzepte findet sich bei H.-R. HEMMER: Wirtschaftsprobleme, a.a.O., S. 259 ff.

3 Vgl. z.B. C. PRATTEN, R.M. DEAN: The Economies of Large-Scale Production in British Industry, Occasional Papers no. 3, Department of Applied Economies, Cambridge (University Press), 1965.

und Entwicklungskosten bei der Einführung neuer Produkte.[1] Der größte Unteilbarkeitseffekt realisiert sich in der Kapitalausstattung, die sich in der Minimalkapazität von Prozeßelementen niederschlägt. Dieser Effekt tritt häufig bei Industrieanlagen auf, die Entwicklungsländer aus Industrieländern beziehen. Sie können einerseits durch physikalisch-technische Bedingungen unveränderbar determiniert sein, andererseits daraus resultieren, daß Industrieanlagen aus ökonomisch entwickelten Ländern auf die dort geltenden Produktions- und Nachfragebedingungen zugeschnitten sind und für Entwicklungsländerbedingungen adäquate Betriebsanlagen nicht (oder nicht mehr) auf dem internationalen Markt angeboten werden.

"Economies of scale" können ebenfalls durch Spezialisierungseffekte sowohl beim Faktor Kapital als auch beim Faktor Arbeit in Abhängigkeit von der Outputmenge auftreten. Wesentlich können die Durchschnittskosten durch den Effekt der erhöhten Dimension gesenkt werden. Dieser Effekt resultiert - besonders häufig bei modernen Industrieanlagen - daraus, daß bei gleichbleibender Technik die Kapitalausstattung unterproportional zur Kapazität wächst. Diese Wirkung entsteht rein technisch daraus, daß die Produktionskapazität vom Volumen determiniert wird, die Kosten jedoch proportional zur Fläche wachsen. Dies trifft bei allen Produktionsanlagen zu, die wesentliche Aggregate in Form von Zylindern, Röhren usw. benötigen. So führt z.B. bei chemischen Fabriken die kostenbestimmende Verdoppelung der Oberfläche fast zu einer Verdreifachung des outputdeterminierenden Volumens, d.h. das Verhältnis von Investitionskosten zu Kapazität beträgt ungefähr 0,6. Empirische Untersuchungen in der chemisch-petrochemischen Industrie,

---

1 Vgl. L.E. WESTPHAL: a.a.O., S. 260 f.

der Öl-, Stahl-, Maschinen- und Zementindustrie ermittelten Investitionskosten / Kapazitäts-Relationen in der Größenordnung von 0,6 bis 0,8.

Um den "economies of scale" im Energiemodell Rechnung tragen zu können, wurde in ENERGETICOS eine große Palette technisch möglicher Produktionsprozesse in den interdependenten Submodellen Öl, Elektrizität und dem Hauptabnahmebereich Stahlproduktion ingenieurwissenschaftlich analysiert. Dann wurden alternative Investitionspakete als Sets von Produktionsstätten bestimmter Größe und bestimmter Investitionszeitpunkte auf der Grundlage der analysierten Prozessvarianten definiert.[1] Das Sektormodell weist sechs solcher Investitionspakete für den Stahlbereich, neun für die Ölindustrie und zwölf für die Stromindustrie auf.[2] Die Planungsaufgabe besteht also darin, aus der großen Zahl (6 x 9 x 12 = 648) theoretisch möglicher Investitionen die volkswirtschaftlich optimale Alternative zu bestimmen.

Für solche komplexen Planungsprobleme mit "economies of scale" existieren drei hauptsächliche Lösungsverfahren: dynamische Programmierung, Simulation und "mixed integer programming".[3] Die Autoren der Mexiko-Studie entschieden sich für das letztere Lösungsverfahren.

"Mixed integer programming" ist in seiner ökonomischen Anwendungsmöglichkeit bis heute relativ wenig bekannt. Das in der Mexikostudie verwendete Lösungsverfahren soll deshalb kurz skizziert werden, ohne daß allerdings alle mathemati-

---

1 Vgl. L.M. GOREUX, A.S. MANNE (ed.): a.a.O., S. 240 ff.
2 Vgl. ebenda, S. 42 f.
3 Vgl. L.E. WESTPHAL: a.a.O., S. 296.

schen Aspekte detailliert dargestellt werden können.[1] Das Wesen des "mixed integer programming" als Lösungsalgorithmus für komplexe Investitionsentscheidungsprobleme besteht darin, daß alle Projektentscheidungsvariablen nur die Werte 0 oder 1 annehmen (integre Variablen), während alle verbleibenden Variablen beliebige nicht-negative Werte aufweisen können.[2] Damit werden aus den linearen Programmierungsproblemen "mixed integer programming"-Probleme. Die Hauptschwierigkeit bei solchen Lösungsproblemen liegt in der großen Zahl von möglichen Kombinationen der 0/1-Variablen (Projektkombinationen). Wenn n die Anzahl möglicher Projekte oder Projektvarianten bezeichnet, so beträgt die Gesamtzahl der möglichen Projektkombinationen 2^n.[3]

Um den rechen- und zeitaufwendigen Prozeß der expliziten Auszählung aller denkbaren Kombinationen abzukürzen, verwendet man häufig die Methode des "branch and bound". Diese Methode nutzt das Faktum, daß i.d.R. nicht alle möglichen Projektkombinationen evaluiert werden müssen, um das kostenminimale Projektset zu ermitteln.[4] Dazu werden

---

[1] Vgl. L.E. WESTPHAL: a.a.O., S. 287 ff.; zur genauen Darstellung der mathematischen Aspekte vgl. J.F. BENDERS: Partioning procedures for solving mixed variables programming problems, in: Numerische Mathematik Band 4 (1962); M.L. BALINSKI: Integer programming: methods, uses, computation, in: Management Science, Vol. 11 (1965) und den ausführlichen Übersichtsartikel von A. GEOFFRION, R. MARSTEN: Integer Programming Algorithms; A Framework and State of the Art Survey, in: A. GEOFFRION (ed.): Perspectives on Optimization, Reading, Mass., 1972.

[2] Vgl. D.A. KENDRICK, A.J. STOUTJESDIJK: The Planning of Industrial Investment Programs - A Methodology, Baltimore/London, 1978, S. 104.

[3] Vgl. ebenda, S. 104

[4] Eine genaue Darstellung der "branch and bound"-Methode findet sich ebenda, S. 105 ff.

grundsätzlich die Schattenpreise benutzt, d.h. die Kosteninformationen, die in der linearen Programmierungslösung bei jedem logischen Entscheidungsknoten entsprechend der 0/1-Variablen enthalten sind.

Die von den Autoren des Energiesektormodells verwendete Lösungsmethode, der IPE-Algorithmus,[1] der ähnlich wie das "branch and bound"-Verfahren sukzessiv lineare Programmierungsprobleme mit Hilfe von "bounds" löst, unterscheidet sich von letzterem vor allem in der Art der Nutzung der Schattenpreise zur Abkürzung des Auszählungsverfahrens.[2]
Die Zahl der Iterationen bis zum Erreichen der Optimalität hängt wesentlich von der Marge zwischen den "upper" und "lower bounds" und von der Sensitivität der Schattenpreise in bezug auf verschiedene Strategien ab. Insofern ist die Anzahl der Iterationen ein Indikator für den Grad der Systeminterdependenz, wobei allerdings der Ausgangspunkt Einfluß auf die Iterationenzahl hat. Wie die Modellberechnungen zeigen,[2] ist er jedoch nicht erheblich.

Für das Energiesektormodell ENERGETICOS wurde eine optimale Investitionsstrategie nach elf Iterationen unter Annahme einer 60 %igen Außenhandelsprämie und nach 26 Iterationen ohne Prämie erreicht. Die höhere Konvergenzgeschwindigkeit im Falle einer Außenhandelsprämie erklärt sich daraus, daß bei dieser Annahme alle Strategien, die Atomkraftwerke enthalten, während der ersten Iteration eliminiert werden. Daraus wiederum resultiert die Stabilisierung des sensitiv auf die Wahl zwischen Kern- und Ölkraftwerken reagierenden Schattenpreises für Öl, so daß die geringeren Schatten-

---

1 Abkürzung für "Mixed Integer Algorithm for Project Evaluation".
2 Vgl. L.M. GOREUX, A.S. MANNE (ed.): a.a.O., S. 477 f.
3 Vgl. ebenda, Tabelle 5, S. 493.

preisschwankungen schneller zu einem Optimum führen.[1]

Hier wird deutlich, inwieweit Modellannahmen wie z.B. eine Außenhandelsprämie Einfluß auf den Aufbau und den Ablauf eines Modells haben.[2] Es ist wichtig, solche Annahmen zu explizieren, sie zu begründen und ihre Auswirkungen auf die Modellergebnisse detailliert darzustellen.

3.3 Ergebnisse des Energiemodells

Mit Hilfe des beschriebenen Verfahrens des "mixed integer programming" wurde aus den 648 theoretisch möglichen Investitionsprojekten die entsprechend der Zielfunktion von ENERGETICOS optimale Projektkombination ermittelt. Die Computerberechnungen wurden für die alternativen Fälle einer Außenhandelsprämie von 0 % bzw. 60 % durchgeführt. Diese Prämie (p) bewirkt, da die Autoren entsprechend dem üblichen Weltbankansatz von "conventional prices" ausgehen, bei einer Höhe von 0 % einen Schattenpreiswechselkurs, der dem offiziellen Wechselkurs entspricht (12,5 Pesos = 1 U.S. Dollar), während eine Außenhandelsprämie von 60 % einen Schattenwechselkurs von 20,0 Pesos = 1 U.S. Dollar impliziert.[3]

Berücksichtigt man, daß die Autoren - wie bereits erwähnt -

---

1 Vgl. L.M. GOREUX, A.S. MANNE (ed.): a.a.O., S 45.
2 Die Auswirkungen alternativer Annahmen bezüglich der Außenhandelsprämien werden im nächsten Kapitel dargestellt.
3 Vgl. ebenda, S. 267. Die Berechnungen der Dualvariablen im Makromodell DINAMICO ermitteln für p einen Wert zwischen 15 % und 35 %; vgl. L.M. GOREUX, A.S. MANNE (ed.): a.a.O., S. 158, Tabelle 5.

entsprechend den internen Weltbankregelungen eine 15 %ige Protektionsrate für einheimische Produkte verwenden,[1] so ergeben sich die Kosten der Projekte in Periode t folgendermaßen:

Kosten zu "conventional prices" + 0,15 (Importkosten) + p (Importkosten - Exporteinnahmen),[2] also:

$$K = LK_{p_{n(t)}} + 0,15 \,(MK_{(t)}) + p\,(MK_{(t)} - XE_{(t)})$$

Als jährliche Diskontierungsrate werden 10 % angesetzt, die den Autoren der Studie entsprechend der Finanzsituation Mexikos angemessen erschienen. Danach sind die Kapitalkosten für die Öl-, Elektrizitäts- und Stahlindustrie niedriger als für andere Industriebereiche wie z.B. Autoindustrie, kommerzielle Landwirtschaft usw. Auf der Grundlage von DI-NAMICO, das von der gesamtwirtschaftlichen Situation Mexikos ausgeht, war eine für alle Sektoren geltende Diskontierungsrate ermittelt worden, die tendenziell eher bei 15 % als bei 10 % lag.[3] Die zwei alternativen Computerberechnungen können in ihren Ergebnissen wie folgt zusammengefaßt werden:[4]

---

[1] Vgl. L.M. GOREUX, A.S. MANNE (ed.): a.a.O., S. 262 f. und zur Wirkung dieser Protektionsrate S. 266.
[2] Vgl. ebenda.
[3] Vgl. ebenda, S. 241.
[4] Vgl. ebenda, S. 274

Tabelle 9: **Einfluß der Außenhandelsprämie auf die Modellergebnisse**

Fall	1	2
Außenhandelsprämie (p)	60 %	0 %
optimale Projektkombination	6, 5, 1	6, 4, 7
totale diskontierte Kosten + (p) + 15 % Protektionsrate auf Importe (in Milliarden Pesos)	139,67	127,65
Zahl der Iterationen des IPE-Algorithmus	11	26

Die Zahlen der Projektkombinationen geben für die erste Ziffer die Projektnummer im Stahlsektor, für die zweite die Projektnummer im Ölsektor, für die dritte Ziffer die Projektnummer im Elektrizitätssektor an. In beiden Fällen, d.h. mit und ohne Außenhandelsprämie wird im Stahlsektor das Projekt 6 als optimal ermittelt. Hierbei handelt es sich um ein Stahlwerk mit einer Kapazität von 3.000.000 jato, das in Periode 0 installiert wird. Die durch die Größe des Projekts bedingte Unterauslastung zu Beginn der Projektdauer wird durch die "economies of scale"-Effekte späterer Jahre überkompensiert. Da die Projektempfehlung für beide Fälle die gleiche ist, bestätigt sich die in der Sensivitätsanalyse bereits ermittelte Insensibilität der Stahlindustrieprojekte in bezug auf die Außenhandelsprämie.[1]

---

[1] Vgl. L.M. GOREUX, A.S. MANNE (ed.): a.a.O., S. 274 und 268, Tabelle 13.

Bei dem optimalen Ölprojekt handelt es sich um ein 50.000.000 barrel Werk, das nach dem visbreaking-Prinzip arbeitet. Die Außenhandelsprämie hat keine betriebswirtschaftlichen und technischen Änderungen zur Folge. Lediglich der Investitionszeitpunkt ist um eine Periode verschoben. Insofern ist die Wirkung der Außenhandelsprämie im Ölsektor gering. Relativ sensibel reagiert die Elektrizitätsindustrie auf die Außenhandelsprämie. Im Fall einer 60 %igen Prämie, die einen Schattenwechselkurs von 20,0 Pesos = 1 $ bewirkt, erweist sich Projekt 1 als optimal, d.h. vor Periode 6 (1980) ist der Bau von Kernkraftwerken nichtoptimal. Liegt hingegen keine Außenhandelsprämie vor, erscheint der Bau mindestens eines Kernkraftwerks pro Jahr aufgrund der Modellannahmen als optimal. Im Fall eins wurde die Optimallösung nach elf Iterationen, im Fall zwei nach 26 Iterationen erreicht.[1] In beiden Fällen stellt die Anzahl der benötigten Iterationen nur einen kleinen Bruchteil der theoretisch möglichen Gesamtzahl dar. Da die Anzahl der Iterationen von der Schattenpreisschwankung innerhalb der Algorithmusschritte abhängig ist, die Schattenpreisschwankungen wiederum durch die Interdependenz der Einzelprojekte bedingt werden,[2] kann von einer relativen Unabhängigkeit der Einzelprojekte ausgegangen werden.[3]

---

[1] Die unterschiedliche Konvergenzgeschwindigkeit ergibt sich im Fall eins (p = 60 %) aus der Optimalität von Projektvariante eins, die Atomkraftwerke in den ersten Perioden ausschließt und damit - wie bereits erwähnt - zu einer konvergenzerhöhenden Stabilisierung des Schattenpreises für Öl führt.

[2] Im Fall völliger Interdependenz käme es zu keinerlei Schattenpreisschwankungen.

[3] Vgl. L.M. GOREUX, A.S. MANNE (ed.): a.a.O., S. 275.

3.4. Die Verbindung des Energiesektormodells ENERGETICOS mit dem gesamtwirtschaftlichen Modell DINAMICO

Wie bereits ausführlich dargestellt, sind Mehrebenenmodelle idealtypisch durch einen wohlgeordneten vertikalen wechselseitigen Datenfluß gekennzeichnet. Durch die Integration der auf jeder Ebene unterschiedlichen Informationen wird ein optimaler Zielerreichungsgrad intendiert.[1]

Die Besonderheit des Energiesektormodells ENERGETICOS liegt darin, daß es aufgrund bereits vorliegender Studien des mexikanischen Energiesektors schneller zu bilden war als das gesamtwirtschaftliche Modell. Da die Schattenpreise für Kapital und Devisen als Dualvariable von DINAMICO und die genauen Zahlen des BSP noch nicht vorlagen, griffen die Autoren des Energiemodells auf modellexterne Größen zurück, die sie, um mögliche alternative Entwicklungen ermitteln zu können, in unterschiedlicher Höhe (als Ober- und Untergrenzen) in das Modell eingaben.[2] Im strengen theoretischen Sinne der Mehrebenenplanung kann also von modelladäquatem Abwärtsfluß der Informationen nicht geredet werden, da die Schattenpreise zwar extern für das Sektormodell waren, aber nicht intern im Zentralmodell entstanden.

Die Berücksichtigung parametrischer Variationen der extern geschätzten Schattenpreise erbrachte eine Unsensibilität der Projekte im Stahlsektor, d.h. daß abwärtsfließende Preisinformationen (im Makromodell intern errechnete Schattenpreise) für die Prozeßwahl in diesem Sektor nicht rele-

---

1 Vgl. die Ausführungen im Basisteil und die Darstellung des Informationsflusses zwischen DINAMICO und CHAC.
2 Vgl. L.M. GOREUX, A.S. MANNE (ed.): a.a.O., S. 47.

vant sind.[1] Der Öl- und Energiesektor reagiert hingegen auf Schattenpreisvariationen sensibel in seiner Prozeßwahl.[2] Aus dem Makromodell abwärtsfließende Preisinformationen hätten hier zu genaueren Berechnungen im Sektormodell führen können als parametrische Variationen der geschätzten Schattenpreise.

War ein abwärtsfließender Informationsstrom aufgrund der frühen Erstellung des Sektormodells zeitlich nicht realisierbar, so wären aufwärtsfließende Informationen in Form von Mengenangaben und deren Berücksichtigung im Makromodell unter diesem Aspekt nicht unmöglich gewesen. Hier zeigt sich jedoch ein anderes Problem, das die Verknüpfung der zwei Ebenen erheblich erschwert. Das Makro- und das Sektormodell wurden soweit unabhängig voneinander entwickelt, daß wesentliche Strukturunterschiede - bedingt durch Art und Umfang der verwendeten Informationen - festzustellen sind.[3] Während in ENERGETICOS Elektrizität in "peak power" und "electrical energy" disaggregiert ist und beide Größen in physischen Einheiten gemessen werden, wird sie in DINAMICO undifferenziert als "Elektrizität" berücksichtigt und in monetären Einheiten 1960er Pesos bewertet.[4]
Die Disaggregation der Inputzusammensetzung des Energiesektors ist im Zentralmodell größer als im Sektormodell. Während nämlich in ENERGETICOS der Faktor Arbeit undifferenziert ermittelt und in Pesos gemessen zu allen übrigen laufenden Kosten addiert wird, wird der Input Arbeit in DINAMICO in fünf Qualifikationsstufen aufgespalten und in Mann-

---

1 Vgl. L.M. GOREUX, A.S. MANNE (ed.): a.a.O., S. 245.
2 Vgl. ebenda, S. 274.
3 Diese strukturellen Unterschiede hätten auch - unabhängig vom zeitlichen Aspekt - grundsätzlich die Verarbeitung abwärtsfließender Informationen erschwert.
4 Vgl. ebenda, S. 278.

Jahren ausgedrückt.[1] Es liegt also eine Unterschiedlichkeit zwischen den Disaggregationsniveaus der zwei unabhängig voneinander konstruierten Modelle vor. Es ergibt sich die Frage, ob die Angleichung des Disaggregationsgrades beider Modelle zu verbesserten Ergebnissen führen würde.

Diese Frage versuchen die Autoren des Energiemodells zu beantworten.[2] Da die wechselseitige Modellanpassung mit erheblichen Kosten der Datenbeschaffung verbunden gewesen wäre, wurde zunächst ein Test durchgeführt, der ermitteln sollte, ob der Energiesektor einen so kleinen Teil der Gesamtwirtschaft darstellt, daß Prozeßsubstitution in diesem einen Sektor keine signifikanten "feedback"-Effekte auf Input-Kosten und Output-Mengen hat und damit die formale Verknüpfung der Modellebenen zu unbedeutenden Ergebnisänderungen führt.[3] In einem ersten Experiment[4] wurden sechs verschiedene Kombinationen für die Zinsrate und die Außenhandelsprämie ausgewählt und auf ihre Wirkung untersucht. Obwohl die den sechs Kombinationen entsprechenden Energiestrategien relativ unterschiedlich waren, betrug die Differenz zwischen der kostenhöchsten und kostenniedrigsten Alternative nicht mehr als 4 % der Kosten.[5] Es wurde dann unterstellt, durch eine bessere Technologiewahl könnten 20 % der im Energiesektor eingesetzten Ressourcen eingespart werden. Es ergab sich bei dieser Annahme ein Anstieg des BSP und der Elektrizitätsnachfrage von weniger als 1 %.

---

1 Vgl. L.M. GOREUX, A.S. MANNE (ed.): a.a.O., S. 278.

2 Vgl. ebenda.

3 Vgl. ebenda, S. 273 f.; die Autoren zeigen hier ein Kosten-Nutzen-Bewußtsein auch in bezug auf ihre eigene Analyse; eine solche Einstellung wird von erfahrenen Kosten-Nutzen-Analytikern immer wieder gefordert.

4 Vgl. ebenda, S. 282 ff.

5 Vgl. ebenda, S. 52.

In einem zweiten Experiment[1] wurde angenommen, das Makromodell könne den Kapital- und Devisenbedarf der kostenhöchsten Energiestrategie durch den Kapital- und Devisenbedarf der kostengünstigsten Alternative ersetzen. Ziel dieser Alternativberechnung war, die Obergrenze der Ersparnisse zu ermitteln, die aus der Substitutionalität von heimischem Kapital und Devisen resultieren könnte.[2] Die Berechnungen ergaben, daß die Schattenpreise der Investitionsgüter und Devisen sich nur unwesentlich verändern[3] und auch der positive Effekt für den aggregierten Konsum minimal ist.[4] Ebenso sind die Produktionseffekte gering und liegen in der Marge möglicher rechnerischer Rundungsfehler. Aus diesem Test läßt sich schließen, daß der Energiesektor in bezug auf Kapital und Devisen als "price-taker" und bezüglich des BSP als "quantity-taker" behandelt werden kann.

Die Testergebnisse lassen sich folgendermaßen zusammenfassen: "Under those conditions, to make decisions in the energy sector, nothing would be learned from an upward linkage with DINAMICO."[5] Die nach den idealtypischen Kriterien der Dekompositionstheorie unzureichende Verknüpfung des Energiesektormodells mit dem gesamtwirtschaftlichen Modell, die auch von den Autoren des Sektormodells als Mangel empfunden wurde, führte zu einem Wirkungstest, der für die gesamte Theorie der Mehrebenenplanung aufschlußreich ist.

---

1 Vgl. L.M. Goreux, A.S. MANNE (ed.): a.a.O., S. 285 ff.
2 Vgl. ebenda, S. 52.
3 Vgl. ebenda, Tabelle 2, S. 287.
4 Vgl. ebenda, S. 288.
5 L.M. GOREUX, A.S. MANNE (ed.): a.a.O., S. 52

Die Testergebnisse legen nämlich den Schluß nahe, daß unterschiedliche technologische Prozeßentscheidungen zwar die Optimalmengen und Schattenpreise spezifischer intrasektoraler Größen beeinflussen, jedoch nur geringe Auswirkungen auf die Gesamtwirtschaft haben.[1] Dieses Resultat ist vor allem auf die technologisch bedingte relativ geringe Größe und Elastizität der Substitution von Kapital und Arbeit im Energiesektor zurückzuführen. Die daraus resultierende Schlußfolgerung, daß u.U. in Entwicklungsländern die formale Verbindung des Zentralmodells mit einem hochtechnisierten Sektormodell weniger aufschlußreich ist als die Verbindung von Zentralmodell und landwirtschaftlichem Sektormodell, kann eine große Bedeutung für die zukünftige Anwendung der Mehrebenenplanung in Entwicklungsländern haben. Diesbezügliche Verallgemeinerungen erscheinen jedoch in Anbetracht der bisher geringen empirischen Kenntnisse zum gegenwärtigen Zeitpunkt als verfrüht.

3.5 Das Regionalmodell INTERCON

An das Energiesektormodell schließt sich das spezielle Modell INTERCON an.[2] Ziel dieses Modells ist es, die optimale zeitliche und räumliche Struktur der Elektrizitätserzeugung und -verteilung zu ermitteln. Aus diesem Grunde ist INTERCON zeitlich und räumlich disaggregiert.[3]

Ausgehend von der gegebenen räumlichen Verteilung der Stromnachfrage, die aus den Ergebnissen von ENERGETICOS ab-

---

1 Vgl. L.M. GOREUX, A.S. MANNE (ed.): a.a.O., S. 289.
2 Vgl. ebenda, S. 197 ff.
3 Vgl. ebenda, S. 200.

geleitet werden, minimiert dieses Modell die Kosten der Bedarfsbefriedigung. Zur Berechnung der optimalen Kombination, Dimensionierung und räumlichen Verteilung von Elektrizitätswerken unter Berücksichtigung der Kosten der Elektrizitätsübertragung wird das Verfahren "mixed integer programming" eingesetzt. Diese in ihren Grundzügen bereits dargestellte Lösungstechnik ist wegen technologisch bedingter Unteilbarkeiten nötig.[1] Diese Unteilbarkeiten, die die Anwendung der linearen Programmierung unmöglich machen, sind logisch unmittelbar einzusehen: Um zwei Orte durch eine Starkstromleitung miteinander zu verbinden, gibt es nur zwei Möglichkeiten: entweder eine neue Leitung mit technisch festgelegter Leistungsuntergrenze zu installieren oder ganz auf sie zu verzichten. "Indivisibilities" treten ebenfalls bei den als Strategiealternative zu berücksichtigten Atomkraftwerken auf. Da die technisch bedingte Mindestkapazität bei 600 MW liegt, besteht unterhalb dieser Grenze keine Möglichkeit, nukleare Kraftwerke als Alternative zu ölgefeuerten Anlagen zu bauen.

Das relativ komplexe Modell INTERCON soll hier nicht detaillierter dargestellt werden, da es bestenfalls für Spezialisten der Energieplanung interessant ist. Im Zusammenhang dieser Arbeit ist relevant, inwieweit aufwärtsfließende Informationen aus dem verfeinerten Modell INTERCON, das eine Disaggregation in acht Regionen vornimmt, Veränderungen im nicht regional differenzierten Energiemodell ENERGETICOS auslösen würden.

Die Optimallösung von INTERCON ergibt, daß die Spitzenbelastung für ganz Mexiko nur um 0,7 % die untere Grenze

---

1 Vgl. L.M. GOREUX, A.S. MANNE (ed.): a.a.O., S. 215 ff.

überschreitet, die aus ENERGETICOS, das die regionalen Probleme vernachlässigt, zu ermitteln ist. Insofern könnte das Sektormodell aus der formalen Verknüpfung mit dem Regionenmodell nur wenig an wesentlichen Informationen gewinnen.[1] Die Analyse der Energiemodelle läßt die Schlußfolgerung zu, daß die Berücksichtigung detaillierter Kenntnisse aus den Untermodellen und deren informative Integration im Obermodell relativ wenig aufschlußreich ist. Erheblich detailliertere Kenntnisse sind hingegen aus dem verwendeten Lösungsverfahren zu gewinnen. So führt die Berücksichtigung von Unteilbarkeiten durch das Verfahren des "mixed integer programming" zu Investitionsentscheidungen, die von denen stark differieren, die aus der Unterstellung von Teilbarkeit resultieren. Es ist zwar problematisch, Ergebnisse aus der Untersuchung eines Landes undifferenziert auf andere Länder zu übertragen. Dennoch sollte für die Evaluierung ähnlicher technologisch komplexer Investitionsstrategien die Bedeutung von Unteilbarkeiten - und damit die Notwendigkeit bestimmter Lösungsverfahren - beachtet werden.

4. Kritische Analyse der Mexikostudie

Detaillierte kritische Anmerkungen wurden direkt an den jeweils relevanten Stellen im Text gemacht; sie sollen hier nicht wiederholt werden. In diesem abschließenden Kapitel der Darstellung der Mexikostudie sollen zwei Aspekte - die Zielfunktion und die Modellverbindungen mit den entsprechenden Informationserweiterungen - schwerpunktmäßig tiefer analysiert werden, da sie für die weitere Entwicklung der Mehrebenenplanung und deren Anwendung in Entwicklungsländern von besonderer Bedeutung sind.

---

1 Vgl. L.M. GOREUX, A.S. MANNE (ed.): a.a.O., S. 52.

4.1 Die Zielfunktion

Die Zielfunktion in dynamischen Optimierungsmodellen stellt grundsätzlich ein theoretisches und praktisches Problem dar. Dieser komplexe Problemkreis wird bei der Darstellung der Elfenbeinküstenstudie ausführlicher behandelt werden; im Rahmen der kritischen Analyse der Mexikostudie sollen die aus der verwendeten Zielfunktion resultierenden Schwierigkeiten nur kursorisch skizziert werden. So läßt sich erkennen, inwieweit die spätere Elfenbeinküstenstudie diesbezügliche Lerneffekte aus der ersten Studie aufweist.

Im zentralen dynamischen Optimierungsmodell der Mexikostudie wird der diskontierte Nutzen bei fixer Konsumgüterzusammensetzung maximiert.[1] Diese Zielfunktion impliziert, daß die Substitutionselastizität zwischen verschiedenen Gütern null und zwischen dem Konsum zu verschiedenen Zeitpunkten unendlich beträgt. Die letzte Annahme impliziert die Gleichsetzung von Nutzen des Konsums mit dem Konsum selbst; mit dieser Unterstellung setzen sich die Autoren der Studie nicht theoretisch auseinander. Die konzeptionelle Problematik der Zielfunktion wird noch durch eine negative praktische Konsequenz ergänzt.[2] Beträgt nämlich die Substitutionselastizität über die Zeit unendlich, läßt sich die Wachstumsrate des Konsums nicht modellintern optimieren. Das führt zu dem extremen Ergebnis, daß die gesamte Güterproduktion vollständig entweder dem gegenwärtigen Konsum oder den Investitionen (und damit dem zukünftigen Konsum) zugeführt wird, je nachdem, ob die Grenzproduktivität

---

1 Vgl. L.M. GOREUX: a.a.O., S. 13.
2 Analytisch detailliert wird dieser Zusammenhang in Kap. II B 6.2. dieser Arbeit - im Vergleich zur Zielfunktion der Elfenbeinküstenstudie - dargestellt.

des Kapitals kleiner oder größer als die Summe der extern gegebenen Raten der Zeitdiskontierung und des Bevölkerungswachstums ist.[1] Derartige ökonomisch nicht sinnvolle extreme Modellergebnisse lassen sich nur vermeiden, wenn man zusätzliche Beschränkungen in das Modell einbaut, die entweder das Sparen, Investieren oder die Wachstumsrate des Konsums betreffen.

In der Mexikostudie wird von einer maximalen Grenzfähigkeit des Sparens in Höhe von 30 % ausgegangen. Aus dieser Restriktion resultiert ein gradualistischer Konsumpfad, der angibt, in welcher konstanten Höhe die jährliche Konsumsteigerung während des gesamten Planungszeitraums wächst. Diese Zielwachstumsrate beträgt 7 %. Selbst wenn man die Meinung der Autoren der Mexikostudie akzeptiert, dieser Wert sei unter Berücksichtigung des Konsum- und Sparniveaus und der Fiskalpolitik Mexikos realistisch - was sie nicht exakt beweisen -, so bleibt doch das Problem bestehen, daß die Wachstumsrate des Konsums als zentraler Parameter des Modells aufgrund der durch die Zielfunktion nötig gewordenen Zusatzrestriktion exogen bestimmt und nicht mehr modellendogen durch die Optimierung exakt ermittelt wird. Um diesen Mangel zu vermeiden, geht die Elfenbeinküstenstudie von der Zielfunktion der Maximierung des aggregierten Konsumnutzens aus, die nach der Darstellung dieser Studie kritisch analysiert werden wird.

---

[1] Vgl. L.M. GOREUX: a.a.O., S. 14.

4.2 Die Verbindung der Modelle

Wie bereits dargestellt wurde, weicht die in der Mexikostudie realisierte Verbindung zwischen den Sektormodellen und dem Zentralmodell fundamental von den im Grundlagenteil herausgearbeiteten idealtypischen Modellverbindungsregeln ab. Diese Aspekte sollen an dieser Stelle nicht im einzelnen wiederholt werden. Es läßt sich festhalten, daß eine formale Verbindung zwischen DINAMICO und ENERGETICOS im Sinne der Dekompositionstheorie nicht existiert.

Nach Maßgabe der theoretischen Anforderungen wurde am ehesten die Verknüpfung durch aufwärtsfließende Informationen zwischen dem landwirtschaftlichen Sektormodell und dem Zentralmodell realisiert. Diese Verbindung hatte zwei wesentliche Änderungen in DINAMICO zur Folge, deren Ursachen im folgenden analysiert werden.

Die erste Änderung betrifft die Verschiebung komparativer Vorteile zum Landwirtschaftssektor. Die zweite Modifikation besteht darin, daß mehr Arbeit in der Landwirtschaft ohne Erhöhung des sektoralen Kapital-Output-Verhältnisses freigesetzt werden kann. Entsprechend der Dekompositionstheorie entstehen verbesserte Ergebnisse des Zentralmodells dadurch, daß es Informationen aus dem detaillierten Sektormodell aufnimmt, über die es vorher nicht verfügte. Insofern resultiert aus dem iterativen Austausch von Informationen eine echte Kenntniserweiterung, die ohne diese Verknüpfung nicht möglich gewesen wäre. Mit anderen Worten entstehen Veränderungen aus den ebenenspezifischen Optimierungsprozessen und nicht aus unterschiedlichen Modellannahmen. Betrachtet man nun die Hauptgründe für die durch die Modellverbindung entstandenen Veränderungen im Zentralmodell, kommt man zu dem Ergebnis, daß die iterative Kenntniserweiterung in der Mexikostudie nicht zu finden ist.

Die Verschiebung der komparativen Vorteile zugunsten der landwirtschaftlichen Produktion ist z.T. darauf zurückzuführen, daß in DINAMICO die Input-Output-Matrizen zu Inlandspreisen bewertet werden. Diese Preise sind aber in unterschiedlicher Höhe von protektionistischen Maßnahmen beeinflußt, so daß der Sektor, dessen Inputs das geringste Ausmaß effektiver Protektionen aufweisen, am kostenungünstigsten erscheint.[1] Die Berücksichtigung von Inlandspreisen in Optimierungsmodellen über die Bewertung der zentralen Input-Output-Matrizen kann, sofern Protektionismus vorliegt - und das ist in fast allen Entwicklungsländern der Fall -, zu einem "optimalen" Modellergebnis führen, das nicht den wirklichen gesamtwirtschaftlichen Knappheitsverhältnissen entspricht. Die aus der Duallösung des zentralen Optimierungsmodells ermittelten Schattenpreise spiegeln dementsprechend nicht die exakten "opportunity costs" wieder.[2]

Es erscheint deshalb sinnvoll, von einem Basisfall für die Optimierung auszugehen, der protektionistische Verzerrungen ausschließt. Um nicht für alle relevanten Güter Weltmarktpreise ermitteln zu müssen, was mit einem erheblichen statistischen Aufwand verbunden ist, kann ein relativ einfaches Bereinigungsverfahren angewandt werden, das unter der vereinfachenden Annahme fixer physischer Koeffizienten die Rate der effektiven Protektion benutzt, um die Input-Output-Matrizen mit Weltmarktpreisen zu bewerten.[3]

Die Verwendung von Weltmarktpreisen, die im Modell EXPORTA

---

1 Vgl. L.M. GOREUX, A.S. MANNE (ed.): a.a.O., S. 174.
2 Vgl. ebenda, S. 180.
3 Vgl. ebenda, S. 181.

konsequent angewandt werden, ist außerordentlich wichtig,[1] da sie nicht nur die Präzision der Knappheitsermittlung vergrößert, sondern auch bedeutungsvoll für die generelle Verknüpfung unterschiedlicher Evaluierungsansätze nach dem "building block approach" ist.[2] Nichtsdestoweniger sind die aus unterschiedlichen Preisen resultierenden Modifikationen in DINAMICO nicht Ergebnis des iterativen Informationsaustausches; sie hätten auch bei umfassender Reflexion des Zentralmodells allein - wie dies beim Zentralmodell der Elfenbeinküstenstudie, das vom Basisfall der "free-market policy" ausgeht, der Fall ist - erfolgen können.

Die zweite aus der Modellverknüpfung resultierende Änderung in DINAMICO betrifft die Tatsache, daß bei konstanter Kapitalintensität mehr Arbeit in der Landwirtschaft freigesetzt werden kann. Grund für diese Modifikation sind unterschiedliche Bevökerungsstatistiken in CHAC und DINAMICO, die dazu führen, daß das landwirtschaftliche Sektormodell mit einer wesentlich höheren Arbeitskräftezahl im Basisjahr beginnt als das Zentralmodell. Die folgerichtige Verarbeitung dieser aufwärtsfließenden Informationen in DINAMICO wäre - wie dargestellt - mit erheblichen Korrekturen im Zentralmodell verbunden gewesen, da dieses Modell im Gegensatz zum Sektormodell von der Vollbeschäftigungsannahme und der Schattenlohnbildung nach dem Grenzproduktivitätsprinzip ausgeht. Die notwendigen umfangreichen Korrekturen wurden nicht ausgeführt, da das Landwirtschaftsmodell als letzter Teil der Gesamtstudie fertiggestellt wurde und die verbleibende Zeit dafür nicht ausreichte.[3] Dementsprechend konnte

---

1 Diesem Verfahren mißt die Weltbank eine große Bedeutung zu. Umfangreiche Untersuchungen der Rate der effektiven Protektion sind z.B. für Bangladesh geplant. Sie werden in der Mehrebenenplanung für die Elfenbeinküste berücksichtigt.

2 Dieser Aspekt wird nach der Darstellung der Elfenbeinküstenstudie genauer analysiert.

3 Vgl. L.M. GOREUX, A.S. MANNE (ed.): a.a.O., S. 51.

auch keine weitere Iterationsrunde auf der Basis der neuen Informationen zwischen Zentral- und Sektormodell ausgeführt werden.[1]

Die angesprochenen Probleme hätten u.U. vermieden werden können, wenn die Konstrukteure des landwirtschaftlichen Sektormodells ihre Einschätzung, daß die Zahlen des ländlichen Bevölkerungszensus genauer als die des Gesamtzensus sind, früh genug an die Konstrukteure des Zentralmodells gemeldet hätten.

Zusammenfassend kann festgestellt werden, daß das größte Problem bei der Mehrebenenplanung der Mexikostudie darin besteht, daß die mehrmals erwähnte Kernidentität der Modellannahmen zwischen den verschiedenen unabhängig voneinander entwickelten Modellen nicht gewährleistet ist. Dieses Problem artikuliert Kornai in seiner abschließenden Kritik der Mexikostudie mit bemerkenswerter Klarheit: "Serious problems are encountered when we want to connect models constructed by several individuals. We must say, frankly, that such problems arose in the course of the Mexican work.... If researchers are allowed to construct individual models independently, each after his own ideas, the models will be incompatible, and will not fit together within a homogenous system."[2]

Diese für die Autoren der Mexikostudie sicherlich frustrierende Erkenntnis sollte jedoch nicht falsch eingeschätzt werden. Sie resultiert letztendlich daraus, daß es außerordentlich schwierig ist, ein relativ neues theoretisches

---

1 Vgl. L.M. GOREUX, A.S. MANNE (ed.): a.a.O., S. 50.
2 Vgl. ebenda, S. 546 f.

Instrument auf die komplexe Realität anzuwenden. Probleme und Schwierigkeiten, die aus der konkreten Umsetzung wissenschaftlicher Erkenntnisse resultieren, stellen das Lehrgeld dar, das jede praxisorientierte Forschung zu zahlen hat. Im übrigen sollten die Dekompositionsmängel nicht andere Verdienste der Mexikostudie vergessen machen. Die dargestellte Iterationsverkürzung durch Informationsbündelung im Optimierungsprozeß zwischen den landwirtschaftlichen Regionen- und Distriktmodellen und der Einsatz des Verfahrens des "mixed integer programming" zur Lösung extrem komplizierter Investitionsentscheidungsprobleme bei "increasing returns to scale" stellen positive Forschungsergebnisse dar, die für die Entwicklungsökonomie von großer Bedeutung sind.

B. Die Studie über die Elfenbeinküste

Die Weltbankstudie über die Elfenbeinküste ist wie die Mexikostudie nach den Prinzipien der Mehrebenenplanung konzipiert. Ihr Beginn mit dem landwirtschaftlichen Sektormodell der nördlichen Elfenbeinküste liegt zeitlich vor dem Mehrebenenmodell für Mexiko.[1] Nach Vorlage des landwirtschaftlichen Sektormodells wurden durch einen Abstimmungsprozeß zwischen den Experten der Weltbank und den politisch-administrativen Entscheidungsträgern die Struktur des Modells modifiziert und seine Aufgabenstellung erweitert. Das endgültige ivorische Mehrebenenmodell wurde von L.M. Goreux, nachdem er an entscheidender Stelle an der Mexikostudie mitgearbeitet hatte, entsprechend den Modifikationen auf der Grundlage von in der Zwischenzeit erstellten Teilstudien gebildet.[2]

Die umfangreiche Elfenbeinküstenstudie soll hier vor allem in den Punkten dargestellt werden, die von der Mexikostudie abweichen, um aus der Praxis bezogene Lerneffekte in ihren Auswirkungen auf das theoretische Konzept der Mehrebenen-

---

[1] R. VAURS, A. CONDOS, L.M. GOREUX: A Programming Model of Ivory Coast, Development Research Center, World Bank, 1971;
R. VAURS, L.M. GOREUX, A. CONDOS: An Agricultural Model from the Ivory Coast Programming Study, International Bank for Reconstruction and Development, Economic Staff Working Paper, No. 125, March 10, 1972.

[2] Aus methodologischen Gründen werden die zwei zeitlich auseinanderliegenden Phasen der Mehrebenenplanung für die Elfenbeinküste als geschlossener Block nach der Mexiko-Studie dargestellt.

planung herausarbeiten zu können. Darüber hinaus soll auch der politisch-administrative Entscheidungsprozeß skizziert werden. Dieser Aspekt wird im nächsten Teil genauer analysiert.

1. Problemstellung und Lösungsweg des Sektormodells

Ein wesentlicher Faktor, der im Norden der Elfenbeinküste die landwirtschaftliche Produktion begrenzt, ist das Land, das während der Regenzeit mit der Hand - entsprechend den traditionellen Anbaumethoden - bestellt wird.[1] Um diese Begrenzung, die niedrige Produktion und Einkommen und hohe saisonale Arbeitslosigkeit bewirkte, zu überwinden, wurde der massive Einsatz von tierischer Zugkraft und Traktoren geplant. Diese modernen Produktionstechniken erwiesen sich im Rahmen des seit einigen Jahren bestehenden Diabo-Projektes als technisch erfolgreich.

Ein wesentliches Problem bei der volkswirtschaftlichen Evaluierung der modernen Produktionsverfahren stellten die volkswirtschaftlichen Kosten des Faktors "einheimische Arbeit" dar, da durch die Einführung von Ochsen und Traktoren die Nachfrage nach Arbeitskräften während der Regenzeit vor allem beim Reisanbau wesentliche verändert würde. Um genaue Informationen über die mögliche projektinduzierte Verwendungsalternative freigesetzter Arbeitskräfte zu gewinnen, wurde die undifferenzierte Gesamtarbeitszeit in 12 Monatsgruppen aufgespalten; so konnte über die monatlichen Knappheiten der Schattenpreis der Arbeit exakt ermittelt werden. Diese - entsprechend dem Produktionszyklus für

---

[1] Vgl. R. VAURS, L.M. GOREUX, A. CONDOS: a.a.O., S. 3.

Reis - monatlich unterschiedliche Freisetzung von Arbeitskräften bewirkte eine Veränderung der gesamten landwirtschaftlichen Produktionsstruktur.

Um den indirekten volkswirtschaftlichen Effekt ermitteln zu können, war also die induzierte Produktionsveränderung bei anderen Feldfrüchten zu berücksichtigen. Eine wesentliche Schwierigkeit der Evaluierung lag darin begründet, daß das landwirtschaftliche Produkt, das am stärksten von der Produktionsumschichtung betroffen sein würde, Yam-Wurzeln waren. Yam ist ein nationales Konsumgut,[1] wobei wegen der Enge des Marktes eine geringe Erhöhung des Angebots bereits eine erhebliche Preisreduktion innerhalb der Region zur Folge haben könnte. Zur Ermittlung der "benefits" alternativer Traktionsformen wurde ein Modell der gesamten nördlichen Savannenregion, in der sich das Diabo-Projekt befindet, gebildet, das die Nachfragekurven aller Savannenprodukte, einschließlich Yam, beinhaltete. Der gesamte nördliche landwirtschaftliche Sektor wurde in zwei Distrikte unterteilt, wobei einer das Gebiet Korhogo mit nur einer Regenzeit, der andere das Gebiet Bonaké mit zwei Regenzeiten umfaßt. Bonaké, in dem sich das Diabo-Projekt befindet, weist dementsprechend eine andere Produktionsstruktur als Korhogo auf.[2]

Zur Evaluierung des Diabo-Projekts wurden die Schattenpreise für die landwirtschaftlichen Produkte und die zwischen den Distrikten mobile Arbeit verwendet. Diese Schattenpreise ergeben sich nach der dargestellten Methodik der De-

---

1 Vgl. W. HAMMEL, H.-R. HEMMER: Zur Methodik der Cost-Benefit-Analyse bei Entwicklungshilfeprojekten, in: R. MEIMBERG (Hrsg.): a.a.O., S. 100.
2 Vgl. R. VAURS, L.M. GOREUX, A. CONDOS: a.a.O., S. 7.

kompositionsalgorithmen aus der dualen Lösung des Sektormodells. Ebenso wie die für die Projektebene relevanten Schattenpreise auf der Sektorebene endogen ermittelt und als abwärts fließende Information weitergegeben werden, sind die Preise für die nationalen Ressourcen - für Kapital und Devisen - aus den Duallösungen des zentralen Modells zu beziehen.

Da das Zentralmodell zum Zeitpunkt der Veröffentlichung noch nicht völlig gelöst war, wurden die Preise der Zentralressourcen in verschiedenen Kombinationen geschätzt, wobei drei Hauptversionen[1] explizit berücksichtigt wurden. Es zeigt sich hier, daß das erste Mehrebenenmodell der Elfenbeinküste noch nicht als methodologisch vollständig anzusehen ist. Es wird zugleich aber deutlich, daß auch im Falle nicht vollständiger Informationen, die für die Lösung des Zentralmodells nötig sind, der multi-level-Ansatz nicht blockiert ist. Es fehlt zwar die "pure" mathematische Exaktheit, die Ersatzlösung liegt allerdings nicht unterhalb der qualitativen Grenze üblicher Cost-Benefit-Analysen. Auf diesen Punkt wird zurückzukommen sein. Die drei realistischen Alternativen zeigten, daß ein optimales Investitionsprogramm im Norden nicht unabhängig von den anderen zwei Sektoren - städtischer Sektor und ländlicher Süden - gewählt werden konnte.

---

[1] Die unterschiedlichen Versionen unterscheiden sich in ihren Grundannahmen; vgl. R VAURS, L.M. GOREUX, A CONDOS: a.a.O., S. 8 ff.

1.1. Die Mehrebenenstruktur des Grundmodells

Aus der Darstellung des Modells des nördlichen Landwirtschaftssektors läßt sich die Grundidee der Mehrebenenplanung in der ersten Studienphase noch einmal konkret nachvollziehen. Ausgangspunkt ist das Landwirtschaftsprojekt Diabo. Bei gegebener traditioneller Produktionstechnik läßt sich dieses Projekt zu gegebenen Preisen evaluieren. Da der umfangreiche Einsatz moderner Produktionstechniken das gesamte Preisgefüge verändert (wobei der Schattenpreis für Arbeit und die Schattenpreise der "non-traded outputs" besonders kritische Größen sind), wird ein Modell des gesamten Produktions- und Vermarktungsgebietes gebildet, das die vorher exogen gegebenen Variablen endogenisiert.

Ein optimales Investitionsprogramm für den nördlichen Landwirtschaftssektor wiederum läßt sich nicht unabhängig von den ökonomischen Möglichkeiten des südlichen Landwirtschaftssektors und des städtischen Sektors ermitteln. Diese zwei Sektoren wurden also in die Modellbildung mit einbezogen und alle drei Sektoren durch das Zentralmodell mittels eines iterativen Prozesses gesteuert. "The object of the iterative procedure between the Northern, Southern and Urban models on the one hand and the central model on the other is precisely to allocate the national ressources (labor, capital and foreign exchange) among the three sectors in such a way that their marginal productivity would be the same in each sector."[1] Hier zeigt sich klar die finale Intention der Mehrebenenplanung, eine gesamtwirtschaftliche Optimierung zu realisieren.

---

1 R. Vaurs, L.M. GOREUX, A. CONDOS: a.a.O., S. 10.

Das in dieser Studie konzipierte Mehrebenenmodell läßt sich grafisch wie folgt darstellen:[1]

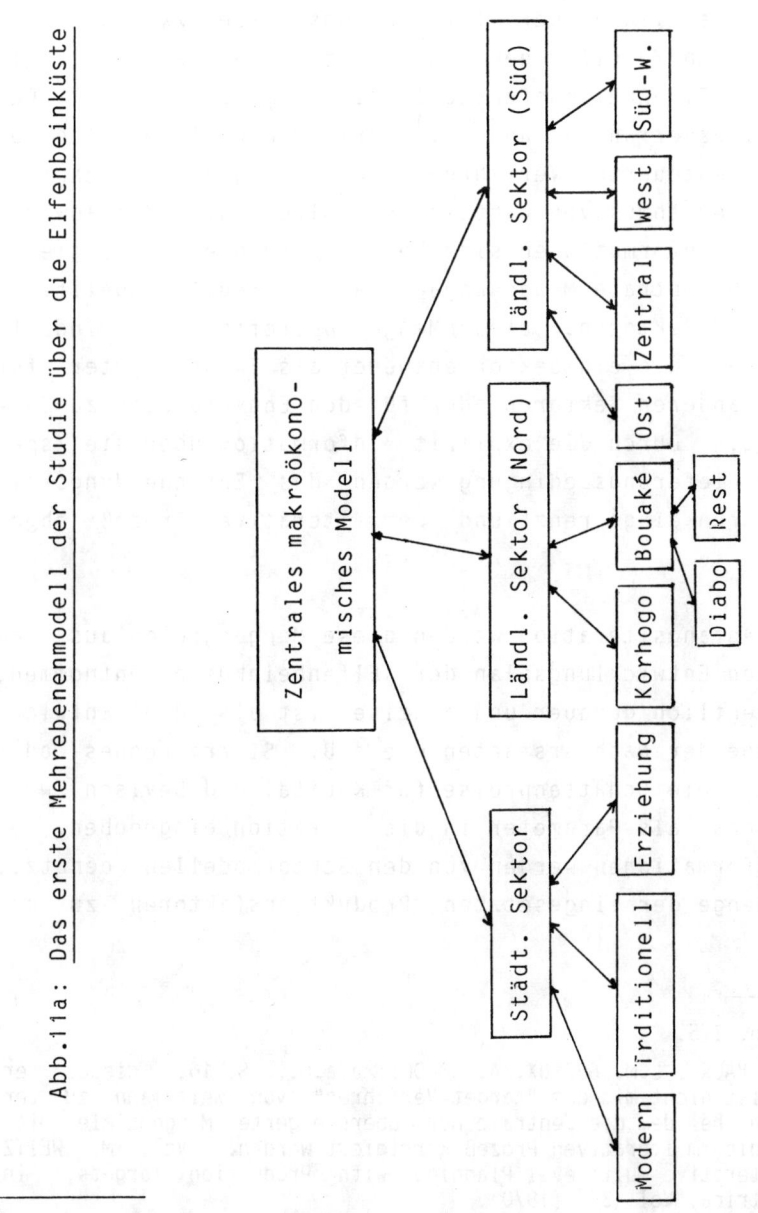

Abb.11a: Das erste Mehrebenenmodell der Studie über die Elfenbeinküste

___
1 Vgl. R. VAURS, L.M. GOREUX, A. CONDOS: a.a.O., S. 3.

1.2 Kritische Analyse der ersten Studie

Aus der Darstellung der Informationsflüsse zwischen den verschiedenen Modellebenen ist zu entnehmen, daß es sich in der ersten Elfenbeinküstenstudie nicht um ein "reines" Dekompositionsverfahren handelt.[1] Primär handelt es sich um ein preisgesteuertes Verfahren in Anlehnung an den Dekompositionsalgorithmus von Dantzig und Wolfe, d.h. die abwärts fließenden Informationen sind Verrechnungspreise. Zugleich sendet die Zentrale Mengenangaben an die regionalspezifisch definierten Sektoren. Diese Mengen betreffen die Mindestlieferungen, die ein Sektor entweder als Zwischengüter für die zwei anderen Sektoren oder für den Endverbrauch zu sichern hat. Durch die explizite Information über die spezifische Lieferungsbedingung werden das Entscheidungsfeld der Sektoren eingegrenzt und der iterative Prozeß abgekürzt.[2]

Für die Anfangsiteration werden diese Mengengrößen aus dem nationalen Entwicklungsplan der Elfenbeinküste entnommen, der wesentlich genauer und präziser ist als die Entwicklungspläne der Nachbarstaaten wie z.B. Sierra Leones oder Liberias. Die Schattenpreise für Kapital und Devisen werden zunächst als Parameter in die Iteration eingegeben. Diese Informationen werden von den Sektormodellen benutzt, um die Menge der eingesetzten Produktionsfaktoren zu be-

---

[1] Vgl. Kap. I/5.
[2] Vgl. R. VAURS, L.M. GOREUX, A. CONDOS: a.a.O., S. 16; dieses Verfahren ist nicht mit dem "target-Verfahren" von Weitzmann zu verwechseln, bei dem die Zentrale nur übersteigerte Mengenziele mitteilt, die im iterativen Prozeß korrigiert werden. Vgl. M. WEITZMANN: Iterative Multilevel Planning with Production Targets, in: Econometrica, Vol. 38, (1970).

rechnen, die der Zentrale zurückgemeldet werden. Ziel des iterativen Prozesses zwischen dem Zentralmodell und den Sektormodellen ist es, die zentralen Ressourcen - Kapital, Devisen und Arbeit - so aufzuteilen, daß ihre Grenzproduktivität in allen Sektoren gleich ist.[1] Da das Modell der übrigen Sektoren in dieser Studie jedoch noch nicht gelöst ist, war eine vollständige Verkettung mit dem Ziel des optimalen Ausgleichs der Grenzproduktivitäten nicht möglich. Aus diesem Grunde erfolgte die Berechnung des Nordsektors mit Hilfe der bereits beschriebenen Alternativannahmen.

Das aber bedeutet, daß ein iterativer Lösungsprozeß, der ja methodologisches Kennzeichen der Mehrebenenplanung ist, in dem vorliegenden Modell nicht in Gang gesetzt wurde. Dementsprechend sind Analysen des mathematischen Verfahrens auch nicht möglich. So ist z.B. die Konvergenz des iterativen Lösungsweges nicht zu ermitteln. Die Autoren selbst gehen von der Wahrscheinlichkeit der Konvergenz ihres Verfahrens aus und führen dafür drei Gründe an.[2]

1) Alle intersektoralen Lieferungen, die aus internationalen Gütern bestehen, d.h. von denen a priori klar ist, daß sie immer während der Modelldauer von der Elfenbeinküste entweder exportiert oder importiert werden müssen, werden zu ihren Weltmarktpreisen f.o.b. bzw. c.i.f. bewertet. Das bedeutet jedoch, daß solche Güter in den Sektorspalten berücksichtigt und nicht in den iterativen Prozeß zwischen Zentral- und Sektormodellen eingeführt werden müssen, da ihre Preise für die Sektoren fix vom Weltmarkt vorgegeben und höchstens durch die Einführung einer Außenhandelsprämie

---

[1] Vgl. R. VAURS, L.M. GOREUX, A. CONDOS: a.a.O., S. 10.
[2] Vgl. ebenda, S. 16 f.

beeinflußt werden können.[1]

2) In bezug auf die verbleibenden zentralen Zeilen, d.h. die anderen intersektoralen Lieferungen kann die Konvergenz dadurch beschleunigt werden, daß die Sektoren anstelle eines Spaltenvektors eine Serie von Spaltenvektoren bei jeder Iteration an die Zentrale melden.[2] Dieses Verfahren, das von den puren Dekompositionsverfahren abweicht, wurde im Zusammenhang der Darstellung der Mexikostudie ausführlich untersucht.

3) Die aus den genauen Berechnungen des Entwicklungsplans in die erste Iteration übernommenen Daten liegen relativ nahe an den Ergebnissen der Optimallösung; insofern sind große Unterschiede zwischen den einzelnen Iterationen nicht zu erwarten. Für diese Annahme führen die Autoren keinen Beweis an.

Zusammenfassend kann festgehalten werden, daß es sich bei der ersten Elfenbeinküstenstudie um eine Mehrebenenplanung "in statu nascendi" handelt. Dementsprechend stellt sie weniger ein geschlossenes Entscheidungsmodell dar; vielmehr überwiegt der experimentelle Charakter. Zwar wird von der Notwendigkeit der Einbeziehung mehrerer Ebenen zur Lösung des komplexen Entwicklungsproblems ausgegangen, die Informationserfassung entsprechend den verschiedenen Ebenen (Aspekt der Informationsstruktur) ist jedoch unzureichend; die zielorientierte Informationsverarbeitung mit Hilfe eines exakt definierten mathematischen Dekompositionsverfahrens, so wie sie im Grundlagenteil dargestellt werden, wurde nicht realisiert.

---

1 Das Konzept der Außenhandelsprämie, das den offiziellen Wechselkurs korrigiert, ist typisch für Studien der Weltbank und wurde im Rahmen der Mexikostudie ausführlich dargestellt und analysiert.
2 Vgl. R. VAURS u.a.: a.a.O., S. 17.

Da also die wesentlichen Kriterien eines projektübergreifenden Evaluierungsansatzes noch nicht erfüllt sind, liegt diese Studie an der Nahtstelle zwischen modernen Projektevaluierungsverfahren und der umfassenden Mehrebenenplanung. Einige methodologische Vorgehensweisen, wie z.B. die Endogenisierung des Arbeitsangebots und der Güternachfrage im Modell des Landwirtschaftssektors sind dennoch höchst interessant. Die detaillierten Modellergebnisse auf der Grundlage parametrischer Variationen,[1] die die Ebenenverknüpfung sichern sollen, weisen z.B. in bezug auf die gesamtwirtschaftlichen Beschäftigungseffekte[2] und auf die Auswirkungen der Einführung moderner Produktionstechniken [3] trotz aller dargestellten Mängel über die Projektebene hinaus. Die erste Elfenbeinküstenstudie ist letztlich vor allem deshalb interessant, weil sie Einblick in die Schwierigkeiten gewährt, theoretische Erkenntnisse konkret auf die komplexe Realität anzuwenden, die in Entwicklungsländern besonders schwierig zu erfassen ist.

2. Modifikation der Struktur des Modells und Erweiterung seiner Aufgabenstellung durch einen politisch-administrativen Entscheidungsprozeß

An die dargestellte erste Studie, die vor allem den nördlichen Landwirtschaftssektor betraf, schloß sich eine intensive Beratungsphase zwischen den "Modellbauern" der Weltbank und den Entscheidungsträgern der Elfenbeinküste an. Resultat dieser Beratungen war der Beschluß, die begonnene Mehrebenenplanung fortzuführen. Dazu war es nötig, die "black boxes" des Zentralmodells und der übrigen Sektormo-

---

1 Vgl. R. VAURS, L.M. GOREUX, A. CONDOS: a.a.O., S. 38 f.
2 Vgl. ebenda, S. 42 ff.
3 Vgl. ebenda, S. 57 f.

delle zu erhellen, d.h. diese Modelle als Entscheidungsmodelle zu konzipieren, um sie zusammen mit der Abbildung des nördlichen Landwirtschaftssektors in einem umfassenden Mehrebenenmodell vereinigen zu können. Entsprechend den Vorstellungen der ivorischen Entscheidungsträger sollten in der Fortführung der Mehrebenenplanung zahlreiche neue Fragestellungen gelöst werden.

In bezug auf den gesamten landwirtschaftlichen Sektor sollten nicht nur die wirtschaftlichen Entwicklungsmöglichkeiten der nördlichen Savannendistrikte ermittelt werden, sondern auch Strategien für den südlichen Landwirtschaftssektor evaluiert werden. Der Süden der Elfenbeinküste wird von tropischem Regenwald bewachsen, der in den letzten Jahrzehnten durch den Einschlag von exportfähigen Edelhölzern stark beeinträchtigt wurde. Um den ökologisch bedingten Exporteinnahmerückgang der künftigen Dekaden zu kompensieren, wurde als mögliche Strategie die Anpflanzung exportfähiger Baumfrüchte wie Kakao, Kaffee und Gummi ins Auge gefaßt. Ziel des Modells des südlichen Landwirtschaftssektors ist es dementsprechend, die volkswirtschaftlich profitabelsten Baumfruchtarten unter Bestimmung der geeigneten Anbaugröße und des Investitionszeitplans zu ermitteln.[1]

In einem dritten dynamischen landwirtschaftlichen Sektormodell sollten die Entwicklungsmöglichkeiten einer Viehzuchtindustrie in der Elfenbeinküste eruiert werden. Um dem erweiterten Kreis entwicklungsstrategischer Fragen im Landwirtschaftssektor Rechnung tragen zu können, wurde eine

---

1 Vgl. L.M. GOREUX: a.a.O., S. 395.

Reihe neuer Sektorstudien ausgeführt.[1]

Die intensiven Zwischenberatungen nach der ersten Studienphase erbrachten konzeptionelle Änderungen auch in bezug auf andere Sektoren. Die politischen Entscheidungsträger hatten in der Zwischenzeit dem Erziehungssektor einen höheren Stellenwert zugeordnet, da man Maßnahmen in diesem Bereich einen entscheidenden Einfluß bei der angestrebten Ivorisierung zumaß. Da die meisten der bisherigen Maßnahmen allerdings inkohärent waren, sollte versucht werden, ausbildungspolitische Maßnahmen in einem dynamischen Sektormodell zu analysieren und zu optimieren. Der Ausbildungssektor, der in der ersten Fassung als Untermodell des städtischen Sektors konzipiert war, wurde deshalb als eigenständiges Sektormodell auf der zweiten Ebene abgebildet.[2]

Da geologische Untersuchungen Eisenerzvorkommen in der Elfenbeinküste nachgewiesen hatten, sollten die ökonomischen Auswirkungen einer Eisenerzmine ermittelt werden. Weil das Land bisher keinerlei Eisenerz produzierte, wurde die Eisenerzmine als eigenständiger Sektor in das Zweiebenenmodell eingeführt.

Die ivorischen Entscheidungsträger hatten seit Beginn der ersten Untersuchungsphase die Entwicklung des Ferntourismus

---

[1] Vgl. World Bank, Development Research Center:Working Papers on Rural Sector Model in the Ivory Coast, Washington, D.C., 1975
  1. R. VAURS: General Description of the Model System
  2. H. QUAIX, R. VAURS: Exports, Food Demand and Population
  3. R. VAURS: North Region Model
  4. L. GUINARD: Techniques for the South Region Model
  5. R. VAURS: South Region Model
  6. J. LOUP: Livestock Model.

[2] Vgl. L.M. GOREUX: a.a.O., S. 16

in ihrem Land angestrebt. Wegen der möglichen strategischen Bedeutung des Tourismus wurde ein Pilotprojekt "Riviera" ebenfalls als eigenständiger Sektor in das Gesamtmodell eingeführt.[1]

Alle anderen nicht-landwirtschaftlichen Aktivitäten, die weder die Erziehung noch die zwei obengenannten großen Projekte betrafen, wurden in einem einzigen Sektor, dem städtischen, zusammengefaßt, wobei die in der Ursprungsfassung intendentierte Aufspaltung in einen modernen und einen traditionellen Subsektor aufgegeben wurde.[2]

Die nach Abschluß der ersten Untersuchungsphase geführten Beratungen zwischen den Experten der Weltbank und den politischen Entscheidungsträgern der Elfenbeinküste (d.h. der politisch-administrative Entscheidungsprozeß [3]) erbrachte ein modifiziertes Zweiebenenmodell, das wie folgt dargestellt werden kann:

Abb. 11b: <u>Das modifizierte Zweiebenenmodell</u>

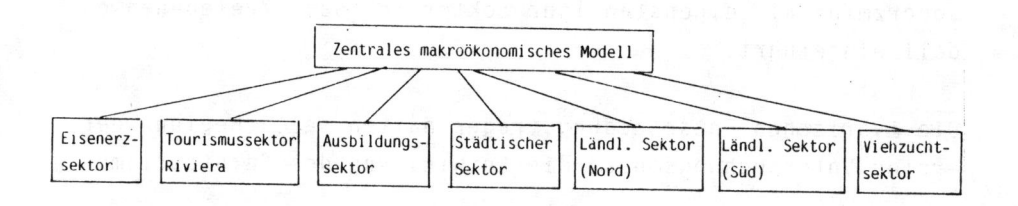

```
                    Zentrales makroökonomisches Modell
   ┌──────────┬──────────────┬──────────┬──────────┬──────────┬──────────┬──────────┐
Eisenerz-  Tourismussektor Ausbildungs- Städtischer Ländl.Sektor Ländl.Sektor Viehzucht-
sektor     Riviera         sektor       Sektor      (Nord)       (Süd)        sektor
```

---

1 Vgl. L.M. GOREUX: a.a.O., S. 16.
2 Es wird allerdings zwischen dem formalen und dem informalen Bereich unterschieden, um vor allem Beschäftigungsveränderungen erfassen zu können.
3 Vgl. Kap. II/5; auf diesen Aspekt wird später zurückzukommen sein.

3. Die Beschreibung der Modelle

Im folgenden sollen die wichtigsten in der Grafik dargestellten Modelle in ihren wesentlichen Elementen beschrieben werden.

3.1. Das Zentralmodell[1]

Das Zentralmodell wurde von Louis M. Goreux und seinen Mitarbeitern auf der Grundlage des revidierten Zweiebenenmodells konzipiert. Ausgangspunkt ist ein Gesamtwirtschaftsmodell, das Konsum-, Produktions-, Investitions- und Handelsaktivitäten für alle angeführten Sektoren enthält. Da die Zahl der einzelnen Aktivitäten zu groß und die sie betreffenden Informationen zu umfangreich waren, konnte dieses Modell nicht direkt gelöst werden. Es wurde deshalb ein kleineres Zentralmodell mit aggregierten Sektorkomponenten gebildet, das ermittelte, wie die zwischen den Sektoren aufgeteilten Ressourcen in Konsumgüter umgeformt werden, die dann zur Berechnung der Zielfunktion benutzt werden.[2] Der zu maximierende Wert dieser Zielfunktion ist der diskontierte Nutzen des Konsums der ivorischen Staatsangehörigen über die gesamte Planperiode bis zum Jahr 2000.

Die Endnachfrage der Konsumenten wird für acht Gütergruppen - fünf Nichtnahrungsmittelgruppen, spezifiziert nach Konsumenten (z.B. Afrikaner und Nicht-Afrikaner) und drei Nahrungsmittelgruppen (Getreide, Fleisch und Sammelgruppe "übrige")[3] - optimiert.

---

[1] Vgl. L.M. GOREUX: a.a.O., S. 156 ff.

[2] Auf die verwendete Zielfunktion wird - da sie in einem breiteren theoretischen Rahmen dargestellt werden soll - später detailliert eingegangen.

[3] Vgl. L.M. GOREUX: a.a.O., Figure 7.4., S. 158 f.

Produktion, Handel und Investitionen werden nicht explizit als Ziele im Zentralmodell, sondern nur als Mittel zur Produktion von gegenwärtigen und zukünftigen Konsumgütern berücksichtigt. Sie gehen damit indirekt in die Zielfunktion ein.[1]

Die Primallösungen des Modells geben die Optimalmengen des Konsums und der Produktion entsprechend den verfügbaren Technologien an. Ebenso werden die Optimalmengen an Ressourcen, die für die Produktion nötig sind, ermittelt. Wie im Grundlagenteil analysiert, gibt die Duallösung des Modells den Zielerreichungsbeitrag einer zusätzlichen Ressourcen- oder Produkteinheit an. Diese Beiträge messen bei der verwendeten Zielfunktion die Grenzproduktivität der Ressourcen bzw. den Grenznutzen der Güter; sie bestimmen die Schattenpreisstruktur.[2]

Sowohl die Primal- als auch die Duallösung hängen von den im Modell vollzogenen wirtschaftspolitischen Entscheidungen ab. Die einfachste Modellösung ergibt sich, wenn keine wirtschaftspolitischen Eingriffe im Modell vorgenommen werden (free-market policy). In diesem Fall existieren weder binnen- noch außenwirtschaftliche Einflüsse, die gesondert zu berücksichtigen sind. Es gibt also weder Zölle auf Importe noch Subventionen für Exporte; Restriktionen für ausländische Arbeitskräfte und ausländisches Kapital existieren nicht. Ebenso sind keine Implementierungsbeschränkungen vorhanden. Die in der Modellösung ermittelte optimale Ersparnis wird z.B. nicht dadurch begrenzt, daß die existierende Fiskalmacht nicht in der Lage ist, die errechne-

---

[1] Vgl. L.M. GOREUX: a.a.O., S. 11.
[2] Vgl. ebenda, S. 10.

ten optimalen Staatseinnahmen mittels entsprechender Steuerraten durchzusetzen.[1]

In der Elfenbeinküstenstudie wird das Zentralmodell sowohl auf der Grundlage der "free-market policy" als auch unter Berücksichtigung wirtschaftspolitischer Eingriffe gelöst. Damit können im Modell verschiedene Zielvorstellungen der ivorischen Entscheidungsträger, aber auch institutionale Begrenzungen[2] in bezug auf ihre Wohlfahrtswirkungen ermittelt werden.

Hier wird deutlich, daß die Mehrebenenplanung als Instrument zur Planung umfassender wirtschaftspolitischer Maßnahmen, die strukturelle Auswirkungen auf die gesamte Wirtschaft haben, konzipiert ist.

3.2. Das Modell des städtischen Sektors

Das disaggregierte städtische Modell besteht im Prinzip aus drei Matrizen.[3]

Die Matrix der Endnachfrage $\underline{F}$[4] bestimmt die Zusammensetzung von 18 Arten der Endnachfrage, ausgedrückt in Gütern und Dienstleistungen des städtischen Sektors.[5] In ihr entspre-

---

1 Vgl. L.M. GOREUX: a.a.O., S. 14.
2 So werden z.B. bei einigen Modellberechnungen Beschränkungen für die maximalen Steuerraten berücksichtigt.
3 Vgl. L.M. GOREUX: a.a.O., S. 270 ff.
4 Aus schreibtechnischen Gründen wird bei der Matrixkennzeichnung auf den Fettdruck verzichtet, sie werden mit einem waagerechten Unterstrich gekennzeichnet.
5 Vgl. L.M. GOREUX: a.a.O., S. 371.

chen die Zeilen den 72 städtischen Industrien, während die Spalten die 18 Arten der Endnachfrage wiederspiegeln.[1]

Die zweite Matrix ist die Input-Output-Matrix $\underline{I} - \underline{A}$. Sie definiert die interindustriellen Transaktionen des städtischen Sektors. Ihre 72 Spalten können in Gruppen zusammengefaßt werden. Die erste Gruppe besteht aus 37 Produktionsaktivitäten (26 moderne und elf traditionelle Industrien, zwischen denen keine Substitutionsmöglichkeiten bestehen), zu denen es keine konkurrierenden Importalternativen gibt. Die zweite Gruppe enthält 14 Güter, die alternativ importiert oder im Inland produziert werden können. Die dritte Gruppe umfaßt zehn Güter, die nur importiert werden können. In einer letzten Gruppe von elf Spalten sind Rohmateriallieferungen vom landwirtschaftlichen zum städtischen Sektor zusammengefaßt.[2]

Für 56 Zeilen sind die Input-Output-Koeffizienten zeitinvariant, während sie für zwölf Zeilen im Zeitablauf steigen und für acht Zeilen fallen. Die zugrundegelegten Trendkoeffizienten basieren auf den Beobachtungen in anderen Ländern.[3] Da ab 1975 drei neue Industrien geplant sind, vergrößert sich die Matrix im Laufe der Zeit. Für jedes Entscheidungsjahr werden drei Arten von Input-Output-Matrizen benutzt.[4] Bei bestehender Alternative zwischen heimischer Produktion und Import (make-or-buy choice) wird in der ersten die heimische Produktion und in der zweiten der Import

---

[1] Vgl. L.M. GOREUX: a.a.O., S. 372.
[2] Vgl. ebenda, Tabelle 16.1., S. 373.
[3] Da nicht ausgeführt wird, auf welche Beobachtungen in welchen Ländern Bezug genommen wird, ist deren Übertragung auf die Elfenbeinküste problematisch, weil nicht nachprüfbar.
[4] Vgl. L.M. Goreux: a.a.O., Tabelle 16.2., S. 374.

als Angebotsquelle präferiert. In der dritten Matrix können einige Güter nur importiert, andere nur im Inland produziert werden.[1]

Die dritte Hauptmatrix des städtischen Sektors ist die Ressourcenmatrix R. Aus den Zeilen der Ressourcenmatrix ist zu entnehmen, daß der Faktor Arbeit in acht Qualifikationsgruppen aufgespalten wird.[2] Es wird davon ausgegangen, daß die Arbeitskoeffizienten, die die benötigten Mann-Jahre (in tausenden) für die Produktion eines Outputs im Wert von einer Million FCFA (gemessen in 1970er Preisen) angeben, im Zeitablauf fallen, d.h. es wird eine steigende Arbeitsproduktivität unterstellt. Durch diese Arbeitsproduktivitätssteigerung, die vor allem durch Lerneffekte begründet ist, wird das Effizienzverhältnis, das 1970 zwischen expatriates und einheimischen Arbeitskräften noch 1,75 : 1 betrug, bis zum Jahre 1990 ausgeglichen. Die Spezifizierung der übrigen Zeilen ist aus der o.a. Matrix zu entnehmen.

Alle faktischen oder potentiellen Export-Aktivitäten werden zu ihren f.o.b.-Preisen bewertet. Sofern die städtische Nachfrage nach internationalen Gütern des Landwirtschaftssektors das inländische Angebot übertrifft, wird die Ausgleichsmenge zu einem Preis bewertet, der der Hälfte des Unterschieds zwischen c.i.f.- und f.o.b.-Preisen entspricht.[3] Da das Modell alternativ ohne Zölle (free-trade policy),[4] mit der bestehenden Zollstruktur und einer anderen Zollstruktur gelöst werden kann, um unterschiedliche Strategien untersuchen zu können, sind drei Import-Reihen

---

1 Vgl. L.M. GOREUX: a.a.O., S. 373.
2 Vgl. ebenda, Table 16.3., S. 376 f.
3 Vgl. ebenda, S. 377 f.
4 Vgl. ebenda, S. 292 f.

in der Ressourcenmatrix aufgeführt.

Alle Güterbilanzen werden mit ihren Endverkaufspreisen bewertet, die der Summe aus Preis an der Grenze und Steuern und Zöllen (außer bei free trade policy) und Handelsspannen entsprechen. Für jede Importaktivität ist die Summe der Koeffizienten der Input-Output-Matrix gleich der Summe der Koeffizienten der Ressourcenmatrix in der Import-Zeile (bewertet zu c.i.f.-Preisen) und in der Zeile der Staatseinnahmen entsprechend der existierenden Zollstruktur.[1]

Aus der Matrix der Endnachfrage, der Input-Output-Matrix und der Ressourcenmatrix wird eine aggregierte Matrix gebildet, die die reduzierte Form des städtischen Sektors darstellt.[2] Sie definiert die Mengen von zentralen Ressourcen, die direkt und indirekt benötigt werden, um eine Einheit jeder der 18 Arten der Endverbrauchsgüter anbieten zu können.[3] Dabei sind die unterschiedlichen Import/Produktions-Kombinationen in den 14 Branchen zu berücksichtigen, in denen eine solche Wahl besteht. Die aggregierte Matrix wird in das Zentralmodell integriert. Deshalb kann das Endverbrauchsniveau der städtischen Güter und Dienstleistungen direkt optimiert werden, indem das Zentralmodell gelöst wird. Andererseits können die zentralen Ressourcen, die für ein vorgegebenes Endverbrauchsniveau benötigt werden, aus der Lösung des eigenständigen städtischen Sektormodells berechnet werden.[4] Sofern die Schattenpreise der

---

1 Vgl. L.M. GOREUX: a.a.O., S. 378.
2 Vgl. ebenda, S. 378 ff.
3 Vgl. ebenda, S. 28.
4 Vgl. ebenda, S. 381 ff.

zentralen Ressourcen gegeben sind, kann die relative Profitabilität der einzelnen Branchen dieses Sektors durch einfache Matrixoperationen ermittelt werden.[1]

3.3. Die Modelle der Landwirtschaftssektoren

Wie bereits dargestellt, wird der gesamte Landwirtschaftssektor der Elfenbeinküste entsprechend den spezifischen entwicklungsstrategischen Fragestellungen in drei Sektormodelle aufgespalten. Es sind dies der nördliche und der südliche Landwirtschaftssektor und der Viehzuchtsektor.
Die Trennung zwischen den zwei ersten Sektoren ist vor allem ökologisch bedingt; das Savannengebiet des Nordens weist völlig andere Produktionsbedingungen als das Tropenwaldgebiet des Südens auf. Das dritte landwirtschaftliche Sektormodell unterscheidet sich von den zwei anderen vor allem dadurch, daß es sich um ein Experimentalmodell handelt. In ihm soll versucht werden, die Vorstellungen der ivorischen Entscheidungsträger in bezug auf eine eigene Viehzuchtindustrie, die die Importabhängigkeit der Elfenbeinküste reduzieren soll, zu untersuchen.[2]

Die Sektormodelle des Nordens und des Südens waren aufgrund des früheren Untersuchungsbeginns bereits vor der endgültigen Formulierung des Zentralmodells gebildet,[3] das Viehzuchtmodell war bis zum Zeitpunkt der Studienveröffentlichung noch nicht vollständig gelöst.[4] Das Modell des nörd-

---

1 Vgl. L.M. GOREUX: a.a.O., S. 29 und Table 16.5, S. 384.
2 Vgl. ebenda, S. 16.
3 Vgl. ebenda, S. 29.
4 Dies wird in der veröffentlichten Studie nicht expliziert, es läßt sich jedoch aus der fehlenden Darstellung dieses Sektormodells und seiner Ergebnisse schließen.

lichen Landwirtschaftssektors wurde weitgehend unverändert in seiner ersten Fassung übernommen.[1] Bei Einengung der nördlichen Produktpalette auf die zwei internationalen Güter Reis und Baumwolle erweist sich die Einführung von Traktoren als die wenigst profitable Produktionsalternative,[2] weil die jährliche Nutzungsrate der Traktoren zu gering ist. Ochsen als Zugkraftalternative sind nach diesen Berechnungen volkswirtschaftlich günstiger, da sie auf den entsprechend dem Bebauungszyklus entstehenden Brachgebieten weiden können und damit der Fixkostenanteil bei tierischer Zugkraft relativ geringer ist als bei mechanischer Zugkraft. Im Modell des nördlichen Landwirtschaftssektors wird die Substitution zwischen Kapital und Arbeit ermittelt. Es zeigt sich, daß die Variation der volkswirtschaftlichen Zinsrate nicht nur einen erheblichen Einfluß auf das Arbeit/Kapital-Verhältnis, sondern auch auf den Gebrauch der erstandenen Inputs und auf die Höhe des Güterausstoßes hat.[3]

Die wirtschaftlichen Grundprobleme des südlichen Tropenwaldsektors wurden bereits geschildert. Um die wirtschaftlichen Entwicklungsmöglichkeiten dieses Sektors zu ermitteln, wurde ein dynamisches Modell gebildet, das für jedes Entscheidungsjahr (1972, 1975, 1980, 1985 und 1990) rund 100 Aktivitäten enthält.[4] Um den volkswirtschaftlichen Gewinn verschiedener Baumfrüchte ermitteln zu können, wird deren Anpflanzung im Modell durch eine Aktivität abgebildet, die die gesamte Zeitspanne von der Erstinvestition bis

---

[1] Vgl. die Darstellung dieses Modells in Kapitel III/B.1.
[2] Vgl. L.M. GOREUX: a.a.O., S. 390
[3] Vgl. ebenda, S. 29 und S. 391 ff.
[4] Zur Art dieser Aktivitäten vgl. ebenda, Table 17.5., S. 396.

zur Ernte und Vermarktung unter Einbezug der Erhaltungskosten erfaßt. Für jedes Entscheidungsjahr existiert eine Investitionswahl für sieben verschiedene Arten von Baumfrüchten, wobei die Anpflanzung auf kleinen oder großen Anbauflächen unter Verwendung alternativer Produktionstechniken berücksichtigt wird.[1]

Für die Nahrungsmittel mit einjährigem Erntezyklus wie z.B. Reis besteht insofern eine Lieferbedingung, als deren Produktion die Endnachfrage im landwirtschaftlichen Sektor decken muß. Die vom städtischen Sektor nachgefragten Nahrungsmittel können hingegen entweder im Inland produziert oder importiert werden.[2] Die eingesetzten Produktionsfaktoren werden im Modell des südlichen Landwirtschaftssektors ähnlich wie im nördlichen Sektormodell dargestellt. Der Arbeitsbedarf wird für alle Früchte - außer denen in großen Plantagen - vierteljährlich spezifiziert. Außer den für den gesamten Sektor geltenden Landrestriktionen werden spezifische Restriktionen berücksichtigt, die die Gesamtfläche betreffen, die jährlich für einige Früchte bepflanzt werden kann. Ebenso wird die jährlich zu rodende Fläche als spezielle Nebenbedingung beachtet.[3]

Wie im Modell des Nordsektors[4] ist auch in diesem Modell die Zielfunktion die Maximierung der Wertschöpfung, definiert als Überschuß des Güteroutputwerts über die Kosten der Faktoren und Produkte, die von außerhalb des Sektors stammen. Da es sich beim südlichen Sektormodell im Gegensatz zum ersten Modell um ein mehrperiodiges dynamisches

---

1 Vgl. L.M. GOREUX: a.a.O., S. 396.
2 Vgl. ebenda, S. 397.
3 Vgl. ebenda.
4 Vgl. ebenda, S. 388.

Modell handelt, müssen die jeweiligen Werte abdiskontiert werden. Aus dem gleichen Grunde muß während des Endjahres nicht nur der laufende Output, sondern auch das während der Planungsperiode akkumulierte Kapital - und hier besonders die Anpflanzungen - in der Zielfunktion bewertet werden.[1]

Das Modell des südlichen Landwirtschaftssektors, das rund 350 Zeilen und 550 Spalten enthält, wurde für die Vorbereitung des ersten ivorischen Entwicklungsplans für diesen Sektor benutzt. Um die Sensibilität der Modellergebnisse in Abhängigkeit von Variationen der Außenhandelsprämie,[2] der f.o.b.-Preise für landwirtschaftliche Exportgüter, der Arbeitskosten und der oberen Grenze der Migration zu ermitteln, wurde das Modell neunmal gelöst. Das statische Modell des nördlichen Landwirtschaftssektors wurde zur gleichen Zeit dynamisiert, um Verbindungen zwischen dem nördlichen und dem südlichen Sektormodell zu ermöglichen. Obwohl der relative gesamtwirtschaftliche Gewinn der verschiedenen Baumfrüchte bei den neun Modellösungen nicht identisch ist, lassen sich die landwirtschaftlichen Güter generell in der Reinenfolge nach fallender Profitabilität anordnen: Kakao, Gummi, Palmöl, Kaffee und Kokosnüsse; Ananas und Zitronen stehen am Ende dieser Skala. Für Gummi und Palmöl sind große Anpflanzungen unter allen Alternativannahmen günstiger als kleine Anbauflächen. Da alle landwirtschaftlichen Exportgüter einen höheren volkswirtschaftlichen Gewinn als die einzyklischen Feldfrüchte erbringen, ist es profitabler, die städtische Bevölkerung des Südsektors mit landwirtschaftlichen Gütern zu versorgen, die aus anderen Re-

---

1 Vgl. L.M. GOREUX: a.a.O., S. 397.
2 Die Außenhandelsprämie beeinflußt - wie bei der Mexikostudie dargestellt - den Schattenwechselkurs.

gionen eingeführt werden.¹

Das Modell des südlichen Landwirtschaftssektors wurde vor allem benutzt, um einen systematischen Rahmen für die Datensammlung des staatlichen Entwicklungsplans des Südsektors zu liefern und die Konsistenz der Statistiken zu überprüfen. Aufgrund seiner Struktur war es in der Lage, die Sensibilität der Ergebnisse in Abhängigkeit von Änderungen der externen Variablen und die daraus resultierenden "trade-offs" aufzuzeigen. Ebenso ermittelte das Modell die Bedeutung der Restriktionen, die sonst hätten übersehen werden können.

Zwischen der Modellösung und dem offiziellen Entwicklungsplan bestehen vor allem in bezug auf die Plangrößen "Staatseinnahmen" und "Lohnsumme" erhebliche Divergenzen. Während sich die Unterschiede bei der prognostizierten Lohnsumme im Zeitraum von 1975 bis 1985 verringern, wird bei den Staatseinnahmen die Differenz zwischen den Modellwerten und den staatlichen Plangrößen im selben Zeitraum deutlich größer.² Die Planziele des staatlichen Entwicklungsplans liegen generell höher als die Modellergebnisse, was bei den zwei erwähnten Plangrößen wohl vor allem auf Unterschiede der Lohnberechnung und die stärkere Berücksichtigung der "trade-offs" im Modell zurückzuführen ist.
Der kritische "trade-off" bezieht sich auf die Zeiteinteilung der öffentlichen Ausgaben. Zwischen dem Zeitpunkt der staatlichen Ausgaben und dem der staatlichen Steuereinnahmen liegt nach dem Modell eine Zeitspanne von sechs bis zehn Jahren. Das daraus evtl. resultierende Liquiditäts-

---

1 Vgl. L.M. GOREUX: a.a.O., S. 397.
2 Vgl. ebenda, S. 398.

problem könnte zu einer Revision des Investitionszeitplans führen.[1]

Aus dem dargestellten Zusammenwirken von Modell und offiziellem Plan wird die zu Beginn dieser Arbeit eingeführte Definition von "Mehrebenenplanung" als rationale, mehrere Ebenen einer Volkswirtschaft betreffende Entscheidungsvorbereitung konkret deutlich. Die aus dem eigenständigen dynamischen Optimierungsmodell des südlichen Landwirtschaftssektors, das mit dem Zentralmodell verbunden ist, gewonnenen Ergebnisse fließen als rationale Entscheidungshilfen in den Planformulierungsprozeß der politisch/administrativen Entscheidungsträger ein. Die Mehrebenenplanung selbst stellt also nicht den offiziellen Plan dar.

3.4. Das Modell des Ausbildungssektors

Ähnlich wie in der Mexikostudie werden auch in dieser Studie Ausbildungsinvestitionen genau wie andere Investitionen behandelt.[2] Der kulturelle Nutzen der Ausbildung wird also nicht in der Zielfunktion berücksichtigt.[3] Anders jedoch als in der Mexikostudie werden Ausbildungsaktivitäten wegen ihrer strategischen Bedeutung, die ihnen die Entscheidungsträger der Elfenbeinküste zur Erreichung der angestrebten Ivorisierung zumessen, in einem eigenen Sektormodell abgebildet, um die Vielfalt möglicher erziehungspolitischer Ansatzmöglichkeiten und ihre komplexen zeitlichen Auswirkungen berücksichtigen zu können.

---

1 Vgl. L.M. GOREUX: a.a.O., S. 398. Offensichtlich geht der staatliche Entwicklungsplan von zu kurzen Anlaufzeiten der Projekte aus; dadurch wird der Zeitraum, nach dem Devisen zurückfließen, unterschätzt.
2 Vgl. die Darstellung in III/A.
3 Vgl. L.M. GOREUX: a.a.O., S. 21.

Das Modell des Ausbildungssektors kann hier nur kursorisch dargestellt werden.[1] Es beinhaltet 15 verschiedene Ausbildungsaktivitäten,[2] durch die acht verschiedene Qualifikationsstufen erreicht werden können.[3] Jede dieser Ausbildungsaktivitäten wird durch eine Gruppe von Auszubildenden (Schüler/Studenten) repräsentiert, die in der ersten Stufe eines gegebenen Studienzyklus eingeschult werden. Die jeweilige Gruppe von Auszubildenden wird über die gesamte Ausbildungsdauer erfaßt, um so normal Progessierende, Wiederholer und Abbrecher ermitteln zu können. Die Ausbildungskosten pro Schüler eines bestimmten Grades ergeben sich aus dem notwendigen Arbeitsinput (Lehrer/Studenten) und dem physischen Input (Schulgebäude/Verwaltung usw.). Der Nutzen pro erfolgreich progressierendem Auszubildenden ergibt sich aus dem Anstieg der qualifikationsbedingten Arbeitsproduktivität, die mittels der Einkommen erfaßt wird. Die Nettoauswirkung jeder Studentengruppe in jeder Ausbildungsaktivität auf die Arbeitsbilanzen und die Güterbilanzen für die physischen Ausbildungsinputs wird zunächst Jahr für Jahr errechnet[4] und dann für jedes Entscheidungsjahr des Zentralmodells (1975, 1980, 1985, 1990) aggregiert.[5]

Die so berechneten Nettoauswirkungen aller Ausbildungsaktivitäten bilden die Ausbildungsmatrix, die in das Zentralmodell inkorporiert wird. Die Wahl alternativer Ausbildungstechnologien wird bewahrt, da die Niveaus der Ausbildungs-

---

1 Vgl. Vgl. L.M. GOREUX: a.a.O., S. 239 ff.
2 Das Modell beinhaltet nicht die Primärschulausbildung.
3 Die Ausbildungsaktivitäten und der Qualifizierungseffekt werden in Figure 11.1. dargestellt; vgl. ebenda, S. 241.
4 Vgl. ebenda, S. 248 ff.
5 Vgl. ebenda, S. 250 ff.

aktivitäten Investitionsvariablen im Zentralmodell werden. Im Zentralmodell wird der optimale Bedarf an Arbeit für verschiedene Qualifikationsstufen endogen errechnet. Der entsprechende endogene Arbeitsnachfragevektor geht als exogener Nachfragevektor in das Ausbildungsmodell ein.[1] Die Arbeitsnachfrage unterschiedlicher Qualifikationsstufen hängt wesentlich von den Politikentscheidungen im Zentralmodell ab. So führt z.B. eine Importsubstitutionspolitk zu einer Änderung der Arbeitsnachfragestruktur.[2] Da Zölle auf importierte industrielle Fertigwaren die inländische Produktion dieser Güter fördern und die Produktion landwirtschaftlicher Produktion drosseln, die Produktion einer Werteinheit industrieller Güter mehr Arbeiter höherer Qualifikation erfordert als die Produktion der gleichen Werteinheit landwirtschaftlicher Produkte, erhöht sich die Gesamtnachfrage nach qualifizierten Arbeitskräften und verringert sich die Gesamtnachfrage nach unausgebildeten Arbeitern. Strategische Variationen im Zentralmodell wirken also auf das Sektormodell ein.

Wegen der langen Ausreifungszeit der meisten Ausbildungsinvestitionen reagiert der volkswirtschaftliche Gewinn außerordentlich sensibel auf Änderungen der Zinsrate. Wird diese Rate aufgrund der im Zentralmodell erfaßten Sparnebenbedingungen oder Beschränkungen des ausländischen Kapitalimports erhöht, erbringt die Ivorisierung ausländischer Fachkräfte einen geringeren volkswirtschaftlichen Gewinn. Auf der anderen Seite vergrößert die Erhöhung des Schattenpreises für Devisen in den 80er Jahren den volkswirtschaftlichen Nutzen der Ivorisierung von expatriates. Es ist

---

1 Vgl. L.M. GOREUX: a.a.O., S. 260.
2 Vgl. ebenda, S. 105.

dementsprechend optimal, in den 70er Jahren die Schülerzahlen im Ausbildungsmodell zu erhöhen.[1]

Die in der Mehrebenenstudie über die Elfenbeinküste erarbeiteten Sektormodelle lassen sich mit ihren wichtigsten Charakteristika in der folgenden Tabelle zusammengefaßt darstellen:

---

[1] Vgl. L.M. GOREUX: a.a.O., S. 260.

Tabelle 10: Charakteristika der Sektormodelle[1]

Sektor-modelle	Landwirtschaftl. Sektor Nord/Süd, Viehzucht	Städtischer Sektor	Erziehungssektor	Spezielle Projekte als Sektoren	Modellcharakteristika
Art der Modelle	Dynamische Optimierung, drei Sektormodelle mit jeweils 600 Zeilen und 900 Spalten, Maximierung der Sektoren, Ressourcengewinne	Konsistenzmodell für 1970, Simulation für 1975, 80, 85, 90 und 2000	Rekursiv, jährl. von 1950 b. 2000 Konsistenzprüfung für Einschreibungen von 1950-1972. Nach 1972 Simulation	Projektevaluierung	Projektcharakteristika städt. und ländl. Nachfrage projiziert auf der Basis der jeweiligen Nachfragefunktionen
Zentrale exogene Variablen	Dualvariablen der zentralen Ressourcen und Güter, produziert bzw. gebraucht in 1975, 80, 85, 90 und 2000. Intermediäre städt. Inputs in Form von zentralen Ressourcen ausgedrückt.	Finaler Nachfragevektor y_t. Wahl d. Importsubstitutionsaktivität.	Für jeden Ausbildungszyklus jährliche Wachstumsrate der Einschreibung für 5-Jahres-Perioden	wie im landwirtschaftlichen Sektor	Zahlen der ländl. und städt. Bevölkerung für 1975, 80, 85, 90 und 2000. Einkommenselastizitätsfunktionen für die jeweiligen Bevölkerungsgruppen.
Ergebnisse	Opt. Produktion der Endverbrauchsgüter (i= 6,7,8) und Exporte. Bedarf an zentralen Ressourcen u. Gütern für die o.a. Entscheidungsjahre	Bruttoausstoß pro Branche; Bedarf an zentralen Ressourcen alle 5 Jahre	Ressourcen-Verfügbarkeitseffekte der Ausbildungsaktivitäten für 1975, 80, 85, 90 und 2000	Soziale Profitabilität der Projekte	Spezieller Urbanisierungseffekt mit Pro-Kopf-Wachstum von Null; Aggregierte additive Einkommenselastizitätsfunktion

1 Vgl. L.M. GOREUX: a.a.O., Table 7.2., S. 152 ff.

4. Die Verbindung der einzelnen Modelle

Nachdem die Grundstruktur der einzelnen Modelle beschrieben wurde, kann nun ihre Verbindung entsprechend dem Konzept der Mehrebenenplanung analysiert werden. Die Grundidee der Mehrebenenplanung ist, wie dargestellt, die informationsökonomische Sammlung von problemrelevanten Fakten dort, wo sie verfügbar sind, und ihre systematische Verarbeitung zur Ermittlung der Optimallösung eines komplexen gesamtwirtschaftlichen Problems. Die verschiedenen Modelle werden i.d.R. von Spezialisten erarbeitet, die bestimmte Kenntnisse eines einzelnen Sektors haben. Wie in der Kritik zur Mexikostudie ausgeführt wurde, verlangt die anschließende Koordination der getrennt gebildeten Einzelmodelle eine strikte Übereinstimmung der Modellkernelemente. Dies ist in der Mexikostudie nicht der Fall, was zu erheblichen Problemen bei der Verbindung der einzelnen Sektoren führte.[1]

Ein wichtiges Sektormodell der Elfenbeinküstenstudie entstand zwar vor der Mexikostudie, ihre endgültige Fertigstellung durch L.M. Goreux erfolgte jedoch erst nach der Veröffentlichung der Mexikostudie, an der der gleiche Autor einen wesentlichen Anteil hatte. Aus den Koordinierungsschwierigkeiten beim Mexiko-Modell folgte das Bemühen Goreux's, die aufgetretenen Konsistenzmängel im ivorischen Gesamtmodell zu vermeiden.[2] In der Elfenbeinküstenstudie werden deshalb alle Sektoren formal in einem disaggregierten gesamtwirtschaftlichen Modell verbunden.[3] Aus diesem

---

1 Vgl. L.M. GOREUX, A.S. MANNE (ed.): a.a.O., S. 546 f.

2 Hier wird deutlich, wie wichtig in der Praxis gewonnene Lerneffekte für die Entwicklung der Theorie sind.

3 Dieses große Modell hätte aufgrund seiner Struktur grundsätzlich auch allein (mit Hilfe des Simplexalgorithmus) gelöst werden können, sofern die notwendigen Informationen und Computerkapazitäten zentral verfügbar gewesen wären.

disaggregierten Modell wird das kleinere Zentralmodell gebildet, indem die Sektorkomponenten aggregiert werden. Anstelle der einmaligen Lösung des disaggregierten Gesamtmodells werden das Zentralmodell und die disaggregierten Sektorkomponenten schrittweise gelöst. Die zur schrittweisen Lösung dekomposierter Systeme nötigen Informationsflüsse wurden im Grundlagenteil dargestellt. Die Anzahl der Iterationen ist bei allen - sowohl mengen- als auch preisgesteuerten - Verfahren, sofern sie überhaupt endlich konvergieren, relativ hoch.

Im Mehrebenenmodell der Elfenbeinküste wird ein Iterationsverfahren gewählt, das die Anzahl der Iterationen zwischen Sektor- und Zentralmodell erheblich reduziert. Im ersten Schritt wird jedes Sektormodell einzeln auf der Grundlage einer Gruppe von Informationen, die aus dem Zentralmodell bezogen werden, gelöst. Jede Informationsgruppe kann entweder nur aus Preisen oder nur aus Mengen oder aus einer Mischung von Preisen und Mengen bestehen.[1] So werden für jede Branche des städtischen Sektormodells Produktion und Importe aus den Endverbrauchsvektoren, die im Zentralmodell berechnet werden, entnommen. Die optimalen Wachstumsraten der Schülereinschreibungen, die im Zentralmodell ermittelt werden, wirken als abwärtsfließende Informationen in das Ausbildungsmodell ein, wo mit Hilfe dieser Informationen die jährlichen Schüler- und Lehrerzahlen in jedem Teil des Ausbildungssektors als Planzahlen ermittelt werden.[2]

Die aus dem Zentralmodell in die landwirtschaftlichen Sektormodelle fließenden Informationen sind Schattenpreise,

---

1 Vgl. L.M. GOREUX: a.a.O., S. 17.
2 Vgl. ebenda, S. 336.

die von den in der Zentrale ausgeführten strategischen Variationen (Steuern, Zölle usw.) abhängen. Auf dieser Informationsgrundlage ermitteln die Sektormodelle ihre jeweiligen optimalen Produktionsprogramme. Die Verarbeitung der alternativen Gruppen von Informationen entspricht der Lösung dieser Modelle mit parametrischen Variationen. Am Ende des ersten Schrittes sollte jedes Sektormodell ohne große Sprünge arbeiten, und das Ausmaß der Substitution zwischen den zentralen Ressourcen sollte bekannt sein. Die aufwärtsfließenden Informationen im zweiten Schritt bestehen darin, die aggregierten sektoralen Matrizen an das Zentralmodell zu melden, wo sie inkorporiert werden.[1]

Das städtische Sektormodell, das durch eine Leontief-Technologie bestimmt ist, wird in seiner reduzierten Form, d.h. mit einer aggregierten Matrix aus Input-Output-Matrix, Ressourcenmatrix[2] und Endnachfragematrix in das Zentralmodell aufgenommen. Sofern Produktion/Import-Alternativen bestehen, treten bei dieser Umformung keine Informationsverluste auf. Das Ausbildungsmodell wird ebenfalls in stark aggregierter Form in das Zentralmodell integriert. In diesem Fall führt die zeitliche Aggregation zu den einzigen Informationsverlusten.[3]

Die Verbindung der landwirtschaftlichen Sektormodelle mit dem Zentralmodell erfolgt auf andere Weise. Das sei am Beispiel des südlichen Landwirtschaftssektors erläutert. Dieser Sektor erbringt die meisten Devisen für die Elfenbeinküste, indem er Tropenhölzer, Kaffee, Kakao und Palmöl ausführt. Diese Exportgüter werden vor allem durch den

---

1 Vgl. L.M. GOREUX: S. 336.
2 Vgl. ebenda, S. 27 und die Darstellung des städtischen Sektormodells.
3 Vgl. ebenda, S. 18.

Einsatz der Faktoren Arbeit und Kapital produziert. Dementsprechend sehen die Planer des Zentralmodells diesen Sektor als ein Instrument zur Umwandlung von Arbeit und Kapital in Devisen an. Sie benötigen also eine Information darüber, wieviel Devisen der Südsektor durch den Einsatz verschiedener Mengen der zwei Faktoren erbringen kann. Diese Angaben ergeben sich aus den Lösungen des Sektormodells, das sein Produktionsprogramm auf der Grundlage der aus dem Zentralmodell einfließenden Kombinationen der relativen Preise von Arbeit, Kapital und Devisen ermittelt. Entsprechend den strategischen Variationen im Zentralmodell können verschiedene Kombinationen der relativen Preise, z.B. hohe oder keine Außenhandelsprämie, niedriger Schattenlohn und hoher Schattenpreis für Kapital et vice versa, in das Sektormodell eingegeben werden.

Entsprechend dem Algorithmus von Dantzig und Wolfe[1] muß das Zentralmodell nicht die sektorspezifischen Ressourcen und deren Beschränkungen kennen, sondern benötigt als einzige Information die Effizienzgrenze (efficiency frontier) des Sektors,[2] die in diesem Fall die Faktormengen angibt, die der Landwirtschaftssektor einsetzen muß, um Devisen zu erwirtschaften. Nach dem Algorithmus von Dantzig/Wolfe wird die Kenntnis der sektoralen Effizienzgrenze im Zentralmodell schrittweise aus den vom Sektormodell aufwärtsfließenden Mengeninformationen erworben. Im Mehrebenenmodell der Elfenbeinküste wird die normalerweise relativ hohe Anzahl der Iterationen dadurch reduziert, daß der Sektor entsprechend der Gruppe von Schattenpreisen eine Gruppe von Mengenangaben an das Zentralmodell zurückmeldet, die dort inkorporiert werden.[3]

---

1 Da es sich bei dem hier verwendeten Verfahren um ein preisgesteuertes Verfahren handelt, liegt die Anwendung dieses Algorithmus nahe.
2 Vgl. L.M. GOREUX: a.a.O., S. 349.
3 Vgl. ebenda, S. 18.

Die nach dem theoretischen Konzept der Dekompositionsalgorithmen nötigen weiteren Iterationsrunden werden im Mehrebenenmodell der Elfenbeinküste nicht ausgeführt. Lediglich das Modell des Ausbildungssektors wurde auf Verlangen der ivorischen Entscheidungsträger vergrößert, wobei die neuen Daten der in der Zwischenzeit erschienenen Ausbildungsstudie der UNESCO[1] berücksichtigt wurden.[2] Auf eine zweite Iterationsrunde wurde bei den landwirtschaftlichen Sektormodellen verzichtet. Damit entfällt die Verbesserung der Modellösungen, was der Autor selbst als "the major shortcoming of the study"[3] bezeichnet.

Die dargestellten Informationsflüsse des Mehrebenenmodells der Elfenbeinküste lassen sich in der folgenden Abbildung darstellen. Dabei werden nicht nur die Informationsverbindungen zwischen Zentralmodell und Sektormodellen, sondern auch die zeitlichen "linkages" berücksichtigt.[4]

---

[1] UNESCO, Côte d'Ivoire: Education et developpement (Rapport confidentiel, EFM/57), Vol. 1, Problèmes et recommandations, Paris, 1973.
[2] Vgl. L.M. GOREUX: a.a.O., S. 19.
[3] Vgl. ebenda, S. 401.
[4] Vgl. ebenda, Figure 7.3., S. 157.

Abb. 12: Informationsflüsse im Mehrebenenmodell der Elfenbeinküste

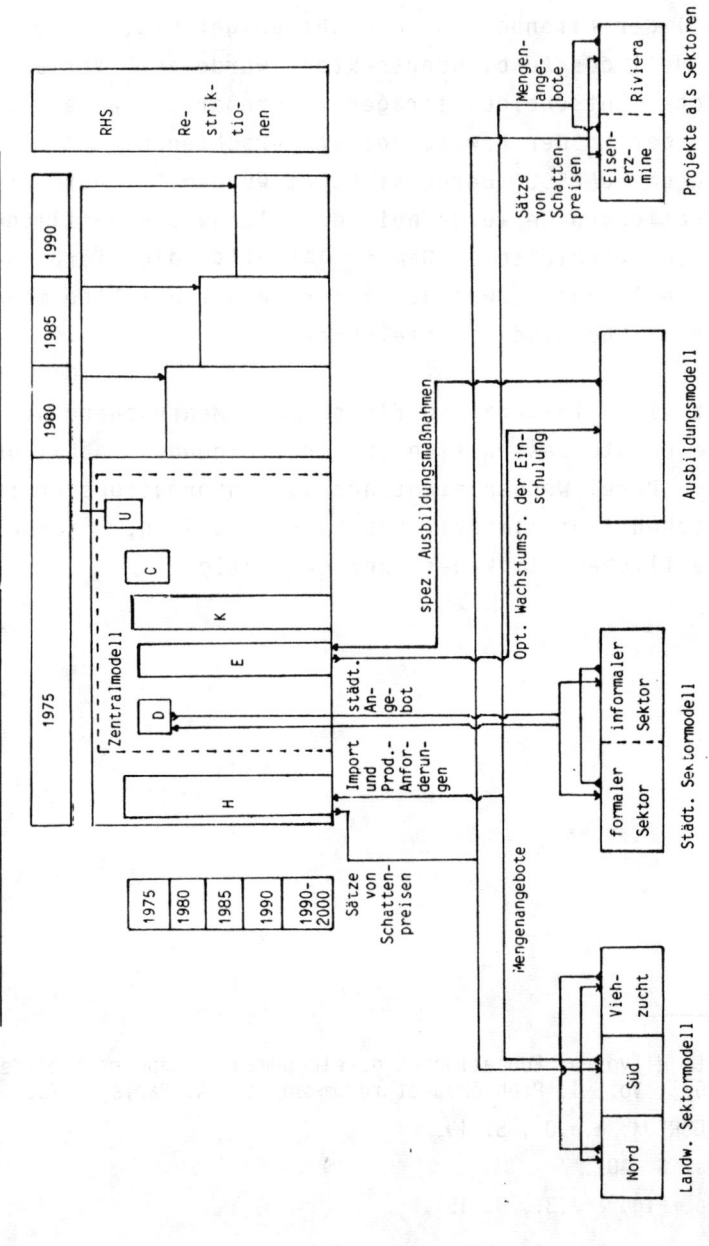

H = Angebot der landw. Sektoren und spezieller Projekte;   D = städtisches Angebot;
E = Humankapitalinvestitionen;   K = phys. Investitionen und Kreditaufnahme;   C = andere Aktivitäten des Zentralmodells;
U = Nutzen des Konsums;   Die sechs Matrizen bilden zusammen mit dem Maximanden und den Restriktionen das Zentralmodell.

5. Die wichtigsten Aspekte der Mehrebenenstudie über die Elfenbeinküste

5.1. Die Zielfunktion

In dynamischen Optimierungsmodellen wirft die Zielfunktion generell erhebliche konzeptionelle Schwierigkeiten auf. In der Mexikostudie war die Zielfunktion des Zentralmodells die Maximierung des diskontierten Konsums, in der Elfenbeinküstenstudie wird als Zielfunktion die Maximierung des diskontierten Nutzens des Konsums der ivorischen Staatsangehörigen verwendet.[1]

Die Untersuchung dieser Zielfunktion nimmt innerhalb der Elfenbeinküstenstudie einen erheblichen Raum ein,[2] sie kann hier nur zusammengefaßt dargestellt werden. Im Mehrebenenmodell der Elfenbeinküste wird die Produktion der Konsumgüter auf den direkten und indirekten Einsatz der heimischen Primärfaktoren Arbeit und Kapital zurückgeführt. Exportgüter werden als spezielle intermediäre Produkte aufgefaßt, die auf dem Weltmarkt gegen andere Güter ausgetauscht werden müssen, bevor sie in Endverbrauchsgüter für die Bevölkerung der Elfenbeinküste umgewandelt werden können. Dementsprechend sind Devisen als intermediäre Güter, die für den internationalen Handel nötig sind, definiert. Der Konsum durch Ausländer geht nicht direkt in die Zielfunktion ein, er wird ebenfalls als intermediäres Gut aufgefaßt.
Entsprechend der Dualitätstheorie geben die Dualwerte der Konsumgüter π bei der hier verwendeten Zielfunktion ihren Grenznutzen an.

---

1 Vgl. L.M. GOREUX: a.a.O., S. 10.
2 Vgl. ebenda, S. 10 ff., S. 134 ff., S 175 ff., S. 209 ff. Die genaue analytische Darstellung der Zielfunktion ist im Anhang zu finden.

Betrachtet man zwei Güter, so sind im Optimum die Grenznutzen proportional den Marktpreisen. Um die Dualvariablen als Schattenpreise ausdrücken zu können, ist also nur ein numéraire nötig, der in diesem Modell einer Einheit des ivorischen Endverbrauchsgüterkorbes entspricht.[1]

Wie bereits bei der Darstellung der Dualitätstheorie ausgeführt, gibt der Dualwert eines Faktors den Zielwertbeitrag einer zusätzlichen Einheit dieses Faktors an. Verwendet man denselben numéraire, so kann der Zielwertbeitrag aufgrund der Struktur der Zielfunktion in Konsumgütern, bewertet zu Basisjahrpreisen, ausgedrückt werden. Deshalb mißt z.B. der Schattenlohn eines Arbeiters seine Konsumgüterkaufkraft, gemessen in Preisen des Basisjahres, wenn dieser Arbeiter entsprechend seiner Grenzproduktivität entlohnt wird.[2]

Für intertemporale Konsumwahlakte gilt der folgende Zusammenhang: Investitionen transferieren gegenwärtigen Konsum

---

[1] Es gilt also $\frac{p_A}{p_B} = \frac{\pi_A}{\pi_B} = \frac{u_A}{u_B}$. Da in diesem Modell die Budgetnebenbedingungen durch in Primärressourcen ausgedrückte Nebenbedingungen ersetzt werden, wird Einkommen zur endogenen Variablen. Die Ressourcenrestriktionen werden im Modell mit den Güterbilanzen durch Angebotsaktivitäten (inländische Produktion oder Importe) verbunden. Die Dualgleichung einer jeden solchen positiven Angebotsaktivität in der Optimallösung bewirkt die Gleichheit des Dualwertes der Güterbilanz (d.h. Grenznutzen) und der Grenzkosten des Angebots. Das Preissystem der Duallösung ist also:
$\frac{p_A}{p_B} = \frac{\pi_A}{\pi_B} = \frac{u_A}{u_B} = \frac{\text{GK des Angebots}_A}{\text{GK des Angebots}_B}$;
vgl. L.M. GOREUX: a.a.O., S. 138 f.

[2] Vgl. ebenda, S. 11.

in die Zukunft. Sparen bedeutet also Reduktion des gegenwärtigen Konsums, indem Arbeit und Kapital aus der gegenwärtigen Produktion von Konsumgütern abgezogen werden, um über die Erweiterung des physischen und humanen Kapitals eine höhere Produktion von Konsumgütern in der Zukunft zu ermöglichen. Im Fall einer Ein-Güter-Wirtschaft, in der ein Gut über Nacht in einen nutzbaren Kapitalstock transformiert werden kann, entspricht der Dualwert einer Einheit des heutigen Kapitalstocks ($\pi_{k,t}$) der Differenz zwischen dem Dualwert der gestrigen Gütereinheit (π_{t-1}) und dem der heutigen Gütereinheit π_t.[1]

Es gilt also: $\pi_{k,t} = \pi_{t-1} - \pi_t$ \hfill (1)

Wählt man im Ein-Güter-Modell den Dualwert dieses Gutes als numéraire, so gibt die rechte Seite der Gleichung (1) den Unterschied des Zielwertes in Abhängigkeit von der Tatsache an, ob die gleiche Guteinheit gestern oder heute konsumiert wird. $\pi_{t-1} - \pi_t$ mißt also die Verringerung des numéraire pro Zeiteinheit (in diesem Fall pro Tag). Die Änderungsrate des numéraire läßt sich nun so schreiben:

$$\frac{\pi_{t-1} - \pi_t}{\pi_t}$$

In einer Wirtschaft mit nur einem Faktor und einem Gut definiert die Dualgleichung der Produktionsaktivität den Schattenpreis der Kapazität als das Verhältnis vom Dualwert der Kapazitätsbeschränkung zum Dualwert des einzigen Gutes.

---

[1] Das impliziert, daß aus dem Output keine Ersatzinvestitionen getätigt werden müssen; die Kapazität hat also eine unbegrenzte Nutzungsdauer; vgl. L.M. GOREUX: a.a.O., S. 134.

Dieses Verhältnis entspricht der Grenzproduktivität des Kapitals.[1]

$$\frac{\pi_{k,t}}{\pi_t} = r_t \qquad (2)$$

In diesem Modell wird die folgende Konsumnutzenfunktion zugrunde gelegt:[2]

$$U = -c^{(1-1/\sigma)} \quad \text{mit} \quad 0 \leq \sigma < 1.$$

Entsprechend den im Anhang beschriebenen Operationen läßt sich die Veränderungsrate des numéraire auf der Basis dieser Konsumnutzenfunktion so schreiben:

$$\frac{\pi_{t-1} - \pi_t}{\pi_t} = \delta + v + \frac{\gamma_t}{\sigma} \qquad (3)$$

ist die Rate, mit der der Nutzen über die Zeit diskontiert wird, v die Bevökerungswachstumsrate, γ die Wachstumsrate des Pro-Kopf-Konsums und σ die Substitutionselastizität zwischen Pro-Kopf-Konsumeinheiten in verschiedenen Zeitpunkten.

Aus den Gleichungen (1), (2) und (3), die jeweils die Investitions-, Produktions- und Konsumaktivitäten beschrei-

---

1 Vgl. L.M. GOREUX: a.a.O., S. 135.
2 Diese Nutzenfunktion wird im Anhang ausführlich analysiert.

ben, ergibt sich die folgende dynamische Basisgleichung:[1]

$$r_t = \delta + v + \frac{\gamma t}{\sigma}$$

Diese Gleichung besagt, daß die Grenzproduktivität des Kapitals der Summe aus Zeitdiskontierungsrate, Bevölkerungswachstumsrate und der Wachstumsrate des Pro-Kopf-Konsums, dividiert durch die Sustitutionselastizität, entspricht.

Die Zeitdiskontierungsrate (δ), die die Wahl zwischen mehr Nutzen für die Gegenwart oder für die nächste Generation widerspiegelt, wird im Modell als politischer Parameter aufgefaßt. Die Bevölkerungswachstumsrate (v) wird aus demographischen Studien bezogen und als konstant in allen Modellösungen angenommen. Die Wachstumsrate des Pro-Kopf-Konsums (γ) wird als Variable zu jedem Zeitpunkt entlang des Zeitpfades optimiert. Sie wird dividiert durch σ, wobei σ ein Verhaltensparameter ist. Aus der dynamischen Modellgleichung folgt, daß, wenn die Kapitalproduktivität größer ist als der Wert der rechten Seite der Gleichung, eine größere heutige Investition ökonomisch sinnvoll ist, da der aktuelle Konsumnutzenentgang durch den diskontierten Nutzen des zukünftigen Konsums überkompensiert wird. Wenn

---

[1] gibt die Substitutionselastizität zwischen zwei Konsumgütereinheiten an, wobei die eine einem niedrigeren gegenwärtigen Konsumniveau, die zweite einem höheren zukünftigen entspricht. Ist $\sigma = +\infty$, wird der Nutzen des Konsums identisch mit dem Konsum selbst. Dieser Zusammenhang ergibt sich aus der Form der Nutzenfunktion:
$U = -c^{(1-1/\sigma)}$. Gilt $\sigma > 1$, wird das Nutzenmaß eine positive Zahl und das Minuszeichen auf der rechten Gleichungsseite wird eliminiert. Es gilt also $U = c$ für $\sigma = +\infty$. Vgl. L.M. GOREUX: a.a.O., S. 135 f. Die Entwicklung der dynamischen Basisgleichung wird im Anhang detailliert dargestellt.

gegenwärtig mehr investiert wird, kann weniger in der Gegenwart konsumiert werden und der gegenwärtige Grenznutzen des Konsums steigt. Auf der anderen Seite sinkt der zukünftige Grenznutzen des Konsums, wenn das Konsumniveau in der Zukunft steigt. Der Anstieg des Zielfunktionswertes nimmt also mit jeder weiteren gegenwärtig getätigten Investitionseinheit ab.[1] Die optimale Sparrate ist erreicht, wenn die linke und die rechte Seite der Gleichung sich entsprechen, d.h. wenn der gegenwärtige Konsumnutzenentgang durch den diskontierten zukünftigen Konsumnutzenzuwachs genau kompensiert wird.

5.2. Die Wirkungsermittlung wirtschaftspolitischer Eingriffe

Wirtschaftpolitische Eingriffe und deren Auswirkungen auf die Elfenbeinküste wurden insgesamt für 37 Eingriffskombinationen im Optimalmodell berechnet.

Ausgehend von der "free-market policy", die die einfachste Lösung erbringt, wird eine Gruppe von Eingriffen untersucht, die Beschränkungen von ausländischen Gütern und Faktoren behandelt. In einer anderen Gruppe werden interne Verteilungsmaßnahmen berechnet. Effekte von Ereignissen, die sich der Kontrolle der Regierung entziehen, wie z.B. Veränderungen der "terms of trade" oder der ausländischen Hilfe, werden ebenfalls simuliert.[2]

---

[1] Es wird also davon ausgegangen, daß die Grenzproduktivität des Kapitals eine abnehmende Funktion der Kapitalakkumulation ist, vgl. L.M. GOREUX: a.a.O., S. 13.

[2] Vgl. ebenda, Kapitel 5 und 6 (S. 76 ff.).

Die "free-market policy"-Variante entspricht weitgehend der wirtschaftspolitischen Realität der Elfenbeinküste seit Beginn der Unabhängigkeit.[1] Die auf dieser Strategie beruhenden Modellergebnisse weisen eine jährliche Wachstumsrate des BSP von 7 % von 1975 - 1990 aus. Der relative Bevölkerungsanteil des südlichen Landwirtschaftssektors bleibt aufgrund der Exportsteigerung von Baumfrüchten ungefähr konstant, während der des nördlichen Landwirtschaftssektors zugunsten der städtischen Bevölkerung stark abnimmt. Im Jahre 1990 beträgt die städtische Bevölkerung ein Drittel der Gesamtbevölkerung, so daß versteckte Arbeitslosigkeit besonders in den Städten ein sich verschärfendes Problem wird.

Während der Planperiode bleibt die ivorische Wirtschaft stark von ausländischem Kapital abhängig, während die Abhängigkeit von ausländischen Technikern während der 80er Jahre aufgrund des Ausbildungsprogramms abnimmt. Um 1990 ist die Ivorisierung der Arbeitsplätze abgeschlossen.[2] In den 80er Jahren erhöht sich die gesamtwirtschaftliche Lohnsumme um real 7 % p.a., während die Arbeitskräftezahl nur um 3,5 % p.a. steigt. Bei gleichen Durchschnittslöhnen für jede Qualifikationsstufe ist diese Differenz vollständig auf die Verschiebung zu besser bezahlten Berufen zurückzuführen.

---

1 Vgl. L.M. GOREUX: a.a.O., S. 20 f. und 33 ff.
2 Die großen time-lags bei den Ausbildungsinvestitionen machen eine relativ komplizierte Zeitstaffelung nötig, deren Spezifizierung im Sektormodell vorgenommen wird.
Die notwendigen Bildungsausgaben sind erheblich. Der Anteil für die Sekundarstufenausbildung an den gesamten öffentlichen Ausgaben steigt von 18 % (1970) auf 24 % (1980); vgl. ebenda, S. 118 f.

Im Anschluß an die Modellberechnungen für die "free-market policy werden zahlreiche wirtschaftspolitische Eingriffe auf ihre Wohlfahrtswirkung hin untersucht.[1]

Eine der interessantesten Berechnungen ist die für eine fortschreitende Autarkie- und Nationalisierungspolitik.[2] Ausgangsmaßnahme ist die Einführung von Zöllen für Importgüter, die mit heimischen Produkten konkurrieren. Die dadurch implizierte Importsubstitutionspolitik führt zu einer Reduktion der Importe von mehr als 20 % am Ende der Planperiode. Da allerdings die Importsubstitutionsindustrien weniger effizient sind als die Exportindustrien, hat diese Politik bei steigenden Investitionen eine Verringerung des Konsumniveaus zur Folge. Diese Entwicklung führt zu einer Abnahme des diskontierten Konsumnutzens um 2,1 % für die gesamte Planperiode. Die gravierendste Folge ist die durch die Produktionsumschichtung verursachte versteckte städtische Arbeitslosigkeit, die am Ende der Planperiode 35,5 % höher ist als ohne diesen wirtschaftspolitischen Eingriff.[3]

Um die versteckte Arbeitslosigkeit zu beseitigen, wird in einem zweiten Experimentalschritt die Einwanderung unausgebildeter Arbeitskräfte und der Import ausländischen Kapitals[4] begrenzt. Da sich beide Maßnahmen in ihrer Beschäftigungswirkung weitgehend konterkarieren,[5] wird im dritten Schritt die Realisierung eines großen Beschäftigungspro-

---

1 Vgl. L.M. GOREUX: a.a.O., S. 76 ff.

2 Diese Strategievariante ist insofern aufschlußreich, als daß sie einer seltenen Zielvorstellung von politischen Entscheidungsträgern in Entwicklungsländern entspricht.

3 Vgl. ebenda, S. 93 f.

4 Diese Maßnahme wird eingeführt, um das intendierte Kapitalbilanzgleichgewicht am Ende der Planperiode zu sichern.

5 Die versteckte städtische Arbeitslosigkeit wird 1975 und 1990 reduziert, bleibt aber 1980 und 1985 unverändert. Die Reduktion des Kapitalimports beschränkt die Investitionen erheblich; der Zielfunktionswert sinkt um 2,4 %.

gramms für den nördlichen Landwirtschaftssektor untersucht. Durch diese Maßnahme wird die versteckte städtische Arbeitslosigkeit im Jahre 1990 um 13 % reduziert. Die staatliche Finanzierung des Beschäftigungsprogramms reduziert jedoch die staatlichen Investitionen in anderen Bereichen. Darüber hinaus bewirkt das Beschäftigungsprogramm im Norden eine verringerte Arbeitskräftewanderung vom Norden in den Süden. Da die Immigration afrikanischer Arbeitskräfte beschränkt und der Arbeitskräftezuwachs aus dem informalen städtischen Sektor gering ist, kommt es im südlichen Landwirtschaftssektor zu einem Mangel an Landarbeitern. Beide Effekte zusammen bewirken einen Rückgang des aggregierten Konsums von mehr als 8 % und eine Reduktion des Zielfunktionswerts um 5 %.[1]

In einem letzten Schritt wird die Einwanderung ausgebildeter ausländischer Arbeitskräfte begrenzt. Diese Maßnahme hat über negative Konsum-, Investitions- und Kapazitätsausnutzungseffekte eine Verringerung des Zielfunktionswerts um ebenfalls 5 % zur Folge. Die Kombination aller Restriktionen bewirkt eine Reduktion des Zielfunktionswerts um 15,4 %.[2] Eine fortschreitende Autarkie- und Nationalisierungspolitik erbringt nach den Berechnungen des Modells negative Wohlfahrtseffekte und wird als wirtschaftliche Strategie abgelehnt.

Das Modell wird auch noch zur Berechnung anderer wirtschaftspolitischer Maßnahmen genutzt. Eine dieser Maßnahmen betrifft die Abschaffung der in der Ausgangslage relativ geringen Zölle auf importierte industrielle Fertigwa-

---

1 Vgl. L.M. GOREUX: a.a.O., S. 93 und 96.
2 Vgl. ebenda, S. 96.

ren.[1] Die daraus resultierende Ausweitung arbeitsintensiver Industrien führt zu einer Reduktion der versteckten Arbeitslosigkeit und zu einer erheblichen Einkommensumverteilung vom städtischen zu den landwirtschaftlichen Sektoren. Der Wert der Zielfunktion steigt um 3 - 4 %.[2] Eine weitere Modellberechnung erfaßt die Auswirkungen einer 10 %igen Reduktion der terms of trade.[3] Diese Verringerung während der 70er Jahre führt zu einem Anstieg des Schattenpreises für Devisen um 5 % im gleichen Zeitraum und zu einer 5 %igen Verringerung des privaten Konsums von 1970 bis 1990.[4]

Die hier dargestellten wirtschaftspolitischen Eingriffe bilden nur einen kleinen Teil der insgesamt 37 berechneten Eingriffskombinationen.[5] Auf der Grundlage dieser quantitativen Ermittlungen kann man eine Zusammenfassung der Ergebnisse in qualitativer Form vornehmen.

---

1 Vgl. L.M. GOREUX: a.a.O., S. 105 ff.
2 Vgl. ebenda, S. 22.
3 Vgl. ebenda, S. 115 ff.
4 Vgl. ebenda, S. 23.
  Bei diesem Experiment wird die Änderung des Weltmarktpreisverhältnisses allein auf ausländische Datenveränderungen zurückgeführt. Inländische Änderungen der Produktions- und Nachfragebedingungen, die für die wohlfahrtsökonomische Interpretation der ToT wichtig sind, werden bei der Berechnung als endogene Effekte nicht berücksichtigt; vgl. H.-R. HEMMER: Wirtschaftsprobleme, a.a.O., S. 197 ff.
5 Vgl. L.M. GOREUX: a.a.O., S. 90 und Tabellen 6.16. und 6.17. (S. 121 f.).

Tabelle 11: __Zusammenfassende Bewertung der wirtschaftspolitischen Maßnahmen[1]__

	Reduction of the rate of overall taxation	Increase in agricultural employment in the north		Grants received		Temporary loss in terms of trade	Reduction in borrowing from abroad	Reduction in tariffs on imports	Reduction in scope for import substitution
						Constraint on savings			
				Permanent	Temporary				
Economic variable	Yes	No	Yes	No	Yes	No	No	Yes and No	Yes and No
				Quantities (primal solution)[a]					
Gross domestic product	–	–	+	+	+	–	–	+	–
Average consumption	+	–	–	+	+	–	–	+	–
Domestic savings	–	+	–	–	–	+	+	–	–
Borrowing from abroad[b]	–	+	–	+	–	–	+	–	–
Investments	–	+	–	+	–	–	–	+	–
Exports	–	–	–	–	–	+	–	+	+
Imports	–	–	–	+	+	–	–	+	+
Employment of highly skilled nationals	–	+	–	+	+	–	–	+	–
Disguised urban unemployment[c]	+	–	–	–	–	+	+	–	+
				Prices (dual solution)					
Premium on savings	+	+	–	–	–	+	+	–	–
Rental values of capital stocks	+	–	–	–	–	+	+	–	–
Premium on foreign exchange	+	–	+	–	–	+	+	+	+
Premium on foreign capital	+	–	+	–	–	+	+	–	+
Wage differential[c]	+	–	–	+	–	+	+	–	+
Rent of plantations	+	–	+	–	–	–	–	+	–

a. When the impact at the beginning of the planning period is different from that at the end of the period, the sign (+ or –) is shown at the left of the column for the beginning of the period and at the right for the end of the period. No sign is shown where its value is uncertain.
b. Borrowing is limited by repayment capacities.
c. Skilled labor over unskilled.

[1] Vgl. L.M. GOREUX, a.a.O., S. 123, Table 6.18. Bei dieser qualitativen Darstellung ist ebenso wie bei der Mexikostudie auf ihren exakten quantitativen Hintergrund hinzuweisen. Sie unterscheidet sich damit von üblichen Zielerreichungsmatrizen.

5.3. Zusammenfassung

Alle Modellberechnungen erbringen, daß die "free-market policy" im Vergleich zu den berechneten wirtschaftspolitischen Alternativen die positivsten Auswirkungen auf das aggregierte Wachstum haben.[1] Dieses Ergebnis muß allerdings auf dem Hintergrund der Modellstruktur gesehen werden.

So hängen die ermittlten Auswirkungen der Importsubstitutionspolitik wesentlich von den Modellannahmen ab. Sie besagen, daß Importsubstitutionsindustrien kapitalintensiver und weniger effizient sind als Exportindustrien.[2] Für diese Annahmen werden keine Begründungen angegeben. Hier läßt sich ein Einwand vorbringen, der in dieser Arbeit schon mehrmals ausgeführt wurde. Modellannahmen, die für die Berechnungen erhebliche Relevanz haben, sind deutlich zu artikulieren und deren Begründung zu explizieren. Diese generell zur Überprüfung von Modellergebnissen notwendige Vorgehensweise ist bei der Mehrebenenplanung von besonderer Bedeutung, da die auf ihrer Grundlage ermittelten Ergebnisse über die Verzahnung mit den anderen Ebenen auch deren Modellergebnisse beeinflussen.

Selbst wenn man unterstellt, daß die verwendeten Annahmen auf einem repräsentativen Industriesurvey basieren, muß bei der Analyse der theoretischen Berechnungen die Stuktur des zugrundeliegenden Modells berücksichtigt werden. Da im Modell des städtischen Sektors eine Technologiewahl in 58

---

1 Vgl. L.M. GOREUX: a.a.O., S. 115.
2 Vgl. ebenda, S. 93.
3 Vgl. ebenda, S. 28.

Branchen nicht möglich ist,[1] bleiben die zu Anfang der Planperiode bestehenden (oder unterstellten) Unterschiede der Kapitalintensität und der Effizienz zwischen den Importsubstitutions- und Exportindustrien über die gesamte lange Planperiode bestehen. Damit sind mögliche Beeinflussungen dieser Größen durch wirtschaftspolitische Eingriffe, die diese Relation verändern, nicht mehr im Modell erfaßbar.

Die Rigidität der Modellstruktur benachteiligt also tendenziell Importsubstitutionsmaßnahmen. Auf der anderen Seite werden Exportförderungsmaßnahmen, die sich nach den Empfehlungen der Studie vor allem auf landwirtschaftliche Exportgüter beziehen, tendenziell zu positiv bewertet. Landwirtschaftliche Exportgüter sind nämlich erfahrungsgemäß eher von Preisschwankungen und strukturellen Preisrückgängen betroffen als industrielle Güter, was sich auf die Entwicklung der ToT auswirkt.[2] In einem Sensitivitätstest werden die Effekte einer negativen ToT-Entwicklung für die Elfenbeinküste berechnet. Ein Rückgang der ToT um 10 % in der ersten Dekade des Planungshorizontes führt zu einem Rückgang von 5 % des privaten Konsums, von 12 % der privaten Ersparnisse und von 6,4 % des Maximanden. Eine weitere

---

1 Vgl. L.M. GOREUX: a.a.O., S. 28.
2 Vgl. H. DICK, E. GERKEN, D.P. VINCENT: Die Landwirtschaft der Entwicklungsländer unter dem Einfluß von Ölpreissteigerungen und Nahrungspreissenkung. Eine quantitative Analyse der Wirkungen auf Außenhandel, Produktion und Wertschöpfung in der Elfenbeinküste, Mexiko und Südkorea. Kieler Arbeitspapier Nr. 127, Kiel, 1981, S. 1.
Die in den letzten Jahren ständig fallenden Weltmarktpreise für Kaffee und Kakao haben nach einer Studie der Deutschen Bank über die Folgen der sinkenden Rohstoffpreise dazu geführt, daß die Elfenbeinküste (auf 1981 umgerechnet) Mindererlöse aus dem Export dieser zwei Güter in Höhe von 1,5 Milliarden US-Dollar hinnehmen mußte.

Verschlechterung der ToT von 1985 ab wird im Modell ausgeschlossen, ohne daß eine Begründung dafür gegeben wird.
Die Problematik einer überwiegend landwirtschaftlichen Exportförderungspolitik erscheint aus diesem Grunde nicht hinreichend erfaßt.

Im Rahmen der "free-market" Politik werden die Wirkungen von Verbrauchsteuern und Konsumentensubventionen zur Anpassung von Verbrauchsmustern an die eventuell abweichenden Zielvorstellungen der Entscheidungsträger ermittelt. Da diese Instrumente sowohl die inländische Produktion als auch die Importe beeinflussen, sind sie wirkungsvoller zur Beeinflussung des Konsumgüterverhaltens als Zölle auf importierte Güter und stimulieren darüber hinaus nicht einseitig die uneffizienteren heimischen Industrien.[1]

Eines der größten Probleme, das die "free-market"-Politik nicht lösen kann, ist die strukturelle Unterbeschäftigung. In einem Experiment wurden deshalb die Auswirkungen eines großen Hausbauprojekts ermittelt. Es stellte sich heraus, daß der Zeitpunkt dieses Programms in einem Rezessionsjahr liegen sollte, um inflationäre Wirkungen zu vermeiden.
Dennoch konnte auch in diesem Fall die Unterbeschäftigung nicht nachhaltig beseitigt werden.[2] Zu beachten ist allerdings, daß in der Bauindustrie entsprechend der Modellstruktur des städtischen Sektors keine Technologiewahlmöglichkeiten bestehen. Die Einführung arbeitsintensiverer Produktionsverfahren - z.B. "lowcost housing"-Programme bei stärkerem Einsatz lokaler Inputs -, die von erheblicher Bedeutung für die Modellergebnisse sein könnten, ist also

---

1 Vgl. L.M. GOREUX: a.a.O., S. 119 f.
2 Vgl. ebenda, S. 120.

ausgeschlossen. Dieser Strukturmangel des städtischen Sektors, der bezüglich der Bauindustrie in der Studie explizit erwähnt wird, reicht über diese einzelne Branche hinaus, da die Annahme der fixen Technologie für insgesamt 58 Industrien im Modell des städtischen Sektors gilt.

6. Kritische Analyse der Studie über die Elfenbeinküste

In der folgenden kritischen Analyse der Mehrebenenplanung für die Elfenbeinküste sollen nicht die bei der Darstellung der Studie schon gemachten Anmerkungen wiederholt werden. Stattdessen sollen die konzeptionellen und theoretischen Spezifika dieser Studie herausgearbeitet werden, um deutlich zu machen, wieweit sie sich von der früheren Mehrebenenstudie über Mexiko unterscheidet. Zugleich sollen in der schwerpunktorientierten Analyse die Ansatzstellen zukünftiger Forschung auf diesem Gebiet skizziert werden.

6.1. Analyse der Zielfunktion

Die im Mehrebenenmodell der Elfenbeinküste verwendete Zielfunktion erlaubt simultan die Optimierung der Güterzusammensetzung und die Bestimmung der optimalen Sparrate.[1] Das verwendete simultane Optimierungsverfahren hat konzeptionelle und praktische Vorteile, da die Zielfunktion mit einer kleinen Anzahl von Parametern spezifiziert werden kann.

---

[1] Damit kombiniert das Modell Ramsey's Prinzip für die Ersparnisoptimierung mit dem allgemeinen Nachfragesystem von Frisch. Vgl. F.P. RAMSEY: A Mathematical Theory of Saving, Economic Journal, Vol. 38 (1928), S. 543 ff.; R. FRISCH: A. Complete Schema for Computing All Direct and Cross Demand Elasticities in a Model with Many Sectors, Econometrica, Vol. 27 (1959), S. 177 ff.

Das im disaggregierten Modell verwendete System von Zielfunktionen wirft allerdings einige Probleme auf. Grundannahme ist entsprechend den Arbeiten von Ramsey und Frisch, daß der Nutzen, der aus dem Konsum entsteht, separabel und additiv ist.[1] Daraus folgt die Implikation, daß keine inferioren Güter im System erlaubt sind. Diese Einschränkung resultiert daraus, daß bei einer additiv-separablen Nutzenfunktion der Einkommenseffekt bei inferioren Gütern stets negativ ist (da $\frac{\partial q_1}{\partial y} > 0$), was nicht mit der Definition der Mikroökonomie in Einklang zu bringen ist, die besagt, daß der Einkommenseffekt bei solchen Gütern positiv ist (da $\frac{\partial q_1}{\partial y} < 0$).[2] Darüber hinaus können keine Substitutionsgüter berücksichtigt werden, da beim Zwei-Güter-Fall eine additiv-separable Nutzenfunktion einen negativen Substitutionseffekt zur Folge hat, während definitionsgemäß zwei Güter Substitutionsgüter sind, wenn der Substitutionseffekt positiv ist.[3]

Diese kontradiktorischen Effekte können durch die Bildung breiter Gütergruppen (z.B. werden Margarine und Butter zur Gruppe "Fette für menschlichen Genuß" zusammengefaßt) vermieden werden, da dadurch die kritischen Effekte (Substitutionseffekt und der Einkommenseffekt) internalisiert und ausgeschlossen werden.[4] Aus diesem Grunde wurde im Modell das Niveau der Disaggregation auf 8 Güter reduziert.[5] Die-

---

[1] Vgl. L.M. GOREUX: a.a.O., S. 134, 209.

[2] Ist $\frac{\partial q_1}{\partial y}$ negativ, wird der Einkommenseffekt $-q_1$ ($\partial q_1/ \partial y$) Preise = const. positiv; vgl. J.M. HENDERSON, R.E. QUANDT: Mikroökonomische Theorie - Eine mathematische Darstellung, München, 1973, S. 30.

[3] Vgl. ebenda, S. 32

[4] Das gilt nicht, wenn der Einkommenseffekt für die Gütergruppe gleichgewichtet und negativ ist.

[5] Vgl. L.M. GOREUX: a.a.O., S. 208.

se hochgradige Aggregation führt zu wenig detaillierten Modellergebnissen, da wirtschaftspolitische Ansatzstellen nicht in bezug auf einzelne Güter, sondern nur auf relativ breite Gütergruppen identifiziert werden können. Diese Schwierigkeiten müssen jedoch in Kauf genommen werden, um die Nachteile der in dynamischen Optimierungsmodellen üblicherweise verwendeten Zielfunktion zu vermeiden. In der Mexikostudie war - wie dargestellt - als Zielfunktion die Maximierung des aggregierten Konsums (und nicht dessen Nutzen) benutzt worden. Dabei wird implizit unterstellt, daß die Substitutionselastizität zwischen Gütern Null beträgt (fixe Proportionalität). Aus der Gleichsetzung von Nutzen des Konsums und Konsum folgt eine Substitutionselastizität über die Zeit (Substitutionselastizität zwischen dem Konsum zu zwei verschiedenen Zeitpunkten) von unendlich. Nimmt σ den Wert unendlich an, erlischt der Ausdruck γ_t/σ in der dynamischen Modellgleichung $r_t = \delta + v + \gamma_t/\sigma$ (7b). Daraus folgt, daß die Wachstumsrate des Konsums r_t nicht mehr optimiert werden kann.[1]

Es wäre dann optimal, in der Gegenwart entweder alles zu konsumieren oder alles zu investieren, je nachdem ob die Grenzproduktivität des Kapitals (r_t) kleiner oder größer ist als die Summe aus Diskontrate δ und der Bevölkerungswachstumsrate (v), die beide gegeben sind. Um solche ökonomisch nicht sinnvolle Ergebnisse zu vermeiden, werden bei Optimierungsmodellen mit dem Ziel der Maximierung des diskontierten Konsums Beschränkungen eingeführt, die das Sparen oder die Wachstumsrate des Konsums oder die der Investitionen betreffen. Solche Beschränkungen sind aus zwei Gründen problematisch. Erstens beruhen sie nicht selten auf mehr oder minder willkürlichen Annahmen; zweitens können sie in Optimierungsmodellen einen hohen Dualwert haben,

---

[1] Vgl. die Ableitung der Gleichung (8): $\gamma_t = \sigma (r_t - \delta - v)$ im Anhang.

der die ökonomische Interpretation der Duallösung des Modells erschwert.[1] Diese Beschränkungen sind im Modell der Elfenbeinküste nicht nötig; die Wachstumsrate der Investitionen ist eine wirkliche endogene Variable, wobei die Zeitpfade von Konsum und Sparen realistisch bleiben.[2]

Die im Mehrebenenmodell der Elfenbeinküste verwendete Zielfunktion vermeidet also, da sie den Nutzen des Konsums und nicht den Konsum selbst als Maximanden wählt, gravierende Probleme, die in der Mexikostudie auftraten. Insofern sind Lerneffekte in der konkreten Modellformulierung zu konstatieren. Auf der anderen Seite taucht mit der Verwendung einer solchen Zielfunktion die Problematik der Nutzenmessung auf. Aus diesem Grunde wird eine umfangreiche theoretische Analyse nötig, die einen großen Raum innerhalb der Konzeption des Modells der Elfenbeinküste einnimmt. Ausgehend von einer isoelastischen Bernoulli-Nutzenfunktion kommt der Autor durch eine stringente theoretische Abhandlung zu einer ordinalen CES-Nutzenfunktion,[3] für deren relativ wenige Parameter z.T. empirische Untersuchungen vorliegen.[4] Das gilt vor allem für die Werte der Substitutionselastizität des Konsums zu zwei verschiedenen Zeit-

---

[1] Vgl. L.M. GOREUX: a.a.O., S. 14.
[2] Vgl. ebenda.
Allerdings muß auch in diesem Modell zur Abkürzung des theoretisch unendlichen Zeithorizonts bei intertemporalen Wahlakten eine asymptotische Wachstumsrate eingeführt werden; vgl. ebenda, S. 137 und 175 ff.
[3] Vgl. dazu die detaillierte Darstellung im Anhang III.
[4] Vgl. K. SATO: Additive Untility Functions with Double-Log Consumer Demand Functions, in: Journal of Political Economy, Vol. 80 (1972); C. LLUCH, R. WILLIAMS: Cross Country Demand and Savings Patterns: An Application of the Extended Linear Expenditure System, World Bank Discussion Paper No. 6, Washington D.C., 1973.

punkten. Der Autor übernimmt für δ zwei alternative Werte in Höhe von 0,2 und 0,5 aus den ökonomischen Untersuchungen von Lluch und Williams. Da diese Studie nur für die interne Benutzung innerhalb der Weltbank bestimmt und damit nicht einzusehen ist, kann an dieser Stelle nicht analysiert werden, inwieweit die dort empirisch ermittelten Werte auf die Elfenbeinküste übertragbar sind.[1]

Die aus der beschriebenen Zielfunktion abgeleitete dynamische Gleichung des Modells erlaubt eine modellinterne Berechnung der Zeitdiskontierungsrate δ, wenn die empirisch ermittelbaren Parameter σ, γ_t und v_t bekannt sind.[2] In der Studie wird allerdings die Zeitdiskontierungsrate δ als politischer Parameter aufgefaßt, für den drei unterschiedliche Werte[3] in ihren Modellwirkungen untersucht und in den politischen Entscheidungsprozeß eingegeben werden. Diese Definition der Zeitdiskontierungsrate vermeidet bewußt eine komplexe theoretische Auseinandersetzung mit diesem Parameter;[4] der Autor geht davon aus, daß über das politische Werturteil im Dialog zwischen politischen Entscheidungsträgern und Modellplanern entschieden werden muß, wobei die auf der Grundlage unterschiedlicher Parameterwerte errechneten Modellauswirkungen als Entscheidungshilfen wirken.[5]

---

1 Vgl. L.M. GOREUX: a.a.O., S. 183 f.
2 Vgl. Gleichungen (7b) und (8) im Anhang III.
3 Die angenommenen Werte für δ betragen 0, 0,05 und 0,10.
4 Vgl. K. SCHMIDT: Projektplanung - Intertemporale Konsumallokation und Cost-Benefit-Analyse für Entwicklungsprojekte, Bern, Stuttgart, 1976.
5 Eine identische Auffassung über die soziale Diskontierungsrate findet man in den UNIDO Guidelines; vgl. P. DASGUPTA, S.MARGLIN, A.SEN.: Guidelines for Project Evaluation, UNIDO, New York, 1972, S. 164 ff. und 248 f.

Mit der im Modell verwendeten Zielfunktion lassen sich unter Berücksichtigung der Ressourcennebenbedingungen ökonomisch sinnvolle Optimalpreise (Schattenpreise) aus der Duallösung ermitteln[1] und Zeitpfade für Konsum und Sparen ableiten.[2] Der Nutzen des Konsums als nichtlinearer Maximand kann einfach mittels der "stückweisen linearen Approximation" in das lineare Programmierungsmodell der Elfenbeinküste inkorporiert werden;[3] das komplizierte Programmierungsverfahren des "Mixed-integer programming" ist also nicht nötig.

In der Elfenbeinküstenstudie wird ebenso wie im Grundlagenteil von der Zielsymbiose ausgegangen, d.h. intra- und intertemporale Wohlfahrtseffekte werden mit Hilfe einer einzigen Zielfunktion ermittelt, die sowohl für das Zentral- als auch für die Sektormodelle gültig ist. Der logischen Schlußfolgerichtigkeit einer solchen Zieldefinition[4] steht die soziologisch orientierte Kritik gegenüber, die reale gesellschaftliche Zielfunktion sei mehrdimensional, konfliktgeladen und deshalb meist nicht deutlich artikuliert.

Die im Mehrebenenmodell der Elfenbeinküste ausgeführten - und bereits dargestellten - wirtschaftspolitischen Eingriffe sind jedoch ohne Schwierigkeiten als Eingabe unterschiedlicher Zielvorstellungen der politischen Entscheidungsträger zu interpretieren, deren Auswirkungen dann mit Hilfe der einen gesamtwirtschaftlichen Zielfunktion ermittelt werden. Das dynamische optimierende Mehrebenenmodell der Elfenbeinküste ermöglicht also einen gesellschaftlichen

---

1 Vgl. L.M. GOREUX: a.a.O., S. 213 ff.
2 Vgl. ebenda, S. 185 ff.
3 Vgl. ebenda, S. 221 ff.
4 Vgl. H.R. HEMMER: Zur Problematik, a.a.O.

Suchprozeß in bezug auf unterschiedliche Teilzielvorstellungen in einem logisch stringenten Gesamtsystem. Das gilt allerdings nur so lange, wie sich Teilziele nicht nur formallogisch, sondern auch faktisch unter die gesamtwirtschaftliche Zielfunktion subsumieren lassen.[1] Eine solche Darstellung der sozio-ökonomischen Beziehungen kann - in einem später darzustellenden - Ablaufmodell berücksichtigt werden.

Der Hauptverdienst der intensiven Analyse der Zielfunktion innerhalb der Elfenbeinküstenstudie liegt vor allem darin begründet, daß die seit Jahren in der Entwicklungsökonomie verschüttete Fragestellung des Nutzens und seiner theoretischen und praktischen Implikationen wieder aufgenommen wird. Die mit der Nutzenfunktion verbundenen erheblichen Schwierigkeiten hatten in der Vergangenheit ein Ausweichen auf andere Maximanden wie z.B. Konsum oder Deviseneinnahmen nicht nur in Optimierungsmodellen, sondern auch in der gesamten Evaluierungstheorie provoziert. Eine komplexe theoretische Analyse der Zielfunktion der Maximierung des Nutzens des Konsums zu leisten, ist eine unbestreitbare Leistung dieser Studie. Dies gilt auch dann, wenn die konkrete in der Studie verwendete Nutzenfunktion aus theoretischen oder praktischen Gründen von anderen Entwicklungsöko-

---

1 Das schließt den Fall aus, daß politische Entscheidungsträger formal diese Zielfunktion anerkennen, in der Praxis aber eine völlig andere Zielvorstellung zugrunde legen.
Es ist sinnvoll, die auf der Grundlage unterschiedlicher Zielvorstellungen gemachten Vorschläge für wirtschaftspolitische Eingriffe konkret Personen oder Institutionen, von denen diese Vorschläge kommen, zuzuordnen.
Aus einem daraus ableitbaren sozio-ökonomischen Beziehungsgeflecht lassen sich dann am ehesten mögliche Implementierungsschwierigkeiten (z.B. gegenüber den Politikern des nördlichen Landwirtschaftssektors, deren sektorales Arbeitsbeschaffungsprogramm abgelehnt wurde) antizipieren.

nomen abgelehnt werden sollte.[1]

6.2. Analyse der Modellverknüpfung

Die bereits dargestellte Form der Verknüpfung zwischen den Sektormodellen und dem Zentralmodell vermeidet die in der Mexikostudie aufgetretenen Schwierigkeiten, die aus der unzureichenden Uniformität bei der Behandlung von Faktoren und Gütern resultierten, indem alle Sektoren formal innerhalb eines disaggregierten Gesamtmodells verbunden werden. Eine Inkonsistenz ist allerdings in dieser Studie enthalten, auf die der Autor nicht explizit hinweist oder die er nicht sieht. Diese Inkonsistenz betrifft die Schattenlöhne im Zentralmodell einerseits und im nördlichen landwirtschaftlichen Sektormodell andererseits. Während nämlich in ersterem die Schattenlöhne entsprechend der Grenzproduktivität der Arbeit ermittelt werden,[2] verwendet das Sektormodell einen "reservation price" für Arbeit, der einen Schattenlohn von Null ausschließt.[3] Hier zeigt sich, daß die Modellannahmen der früheren Studie über den nördlichen Landwirtschaftssektor als problematisches Erbe in die spätere Gesamtstudie eingehen.

Darüber hinaus weicht die Verbindung des städtischen Sektormodells und des Ausbildungsmodells mit dem Zentralmodell konzeptionell von der im Grundlagenteil erarbeiteten Verbindungsstruktur ab. Während dort die Sektormodelle über die gesamte Iterationendauer ihre Eigenständigkeit als Optimierungsmodelle bewahren und dem Zentrum nur die Informa-

---

1 Eine andere Nutzenfunktion wird in der Studie kurz dargestellt; vgl. L.M. GOREUX: a.a.O., S. 185.
2 Vgl. ebenda, S. 11.
3 Vgl. ebenda, S. 388.

tionen melden, die es zur Lösung seiner Optimierungsaufgabe benötigt, werden in diesem Mehrebenenmodell der städtische und der Ausbildungssektor am Ende der ersten Iteration in ihrer reduzierten Form völlig in das zentrale Optimierungsmodell inkorporiert. Sie verlieren damit ihre strukturelle Eigenständigkeit.

Da in beiden Sektormodellen nicht mehr selbständig die Maximierung der sektoralen Zielfunktionen unter Berücksichtigung von Nebenbedingungen vorgenommen wird, handelt es sich nicht - wie in der Theorie gefordert - um Optimierungs-, sondern um Konsistenzmodelle.[1] In ihnen werden durch Matrixoperationen eine Reihe von Konsistenztests durchgeführt; die Optimierung selbst wird ohne Iterationen im Zentralmodell vorgenommen. Damit verletzt die Behandlung des städtischen und des Ausbildungssektors in der Elfenbeinküstenstudie die im Grundlagenteil idealtypisch geforderte informationsökonomische Datenverarbeitung auf der jeweiligen Ebene, auf der die Daten verfügbar sind. Diese Forderung ist allerdings nicht als absolutes Postulat, sondern in ihrer Beziehung zur konkreten Problem- und Informationsstruktur zu sehen.

In der Elfenbeinküste existierten zum Zeitpunkt der Bildung des Mehrebenenmodells zahlreiche Projektanalysen, der 5-Jahres-Konsistenzplan und Projektionen für das Jahr 2000, die im Planungsministerium vorlagen.[2] Die Zentrale hatte also ein für Entwicklungsländer ungewöhnlich großes Ausmaß von Informationen verfügbar; das Postulat der ebenengebundenen Informationsermittlung und -verarbeitung ist insofern

---

1 Vgl. L.M GOREUX: a.a.O., S. 358 ff.
2 Vgl. ebenda, S. 6.

in der Elfenbeinküste nicht so relevant wie in Fällen, in denen ein wesentlich unzureichenderes Informations- und Kenntnisausmaß vorliegt.

Die landwirtschaftlichen Sektormodelle sind als Optimierungsmodelle konzipiert und nach den Regeln eines preisgesteuerten Dekompositionsalgorithmus in Anlehnung an das Verfahren von Dantzig und Wolfe mit dem Zentralmodell verbunden. Strukturell entsprechen sie also den idealtypischen Anforderungen.[1] Der iterative Informationsaustausch zwischen Zentrale und Sektoren wurde allerdings variiert, um die Konvergenz mit möglichst wenig Iterationen zu erreichen. Wie bereits dargestellt, meldet das Zentralmodell eine Gruppe von Schattenpreisverhältnissen an die Sektormodelle, die auf der Grundlage dieser Informationen ihre Optimierungsaufgaben lösen und eine lineare Approximation ihrer gesamten Effizienzlinie, d.h. eine Gruppe von Mengenangaben an das Zentralmodell zurückmelden.

Durch diese Variation der idealtypischen Informationsverarbeitung werden mehrere Iterationen, die nach dem Verfahren von Dantzig und Wolfe nötig wären, in einem Schritt zusammengefaßt. Die in der praktischen Anwendung der Mehrebenenplanung kritische Iterationenzahl kann so im Ein-Ressourcen (Arbeit) / Ein-Gut (Devisen)-Fall auf einen einzigen Verarbeitungsschritt reduziert werden, der eine fast optimale Lösung erbringt.[2] Will man dieses iterationsreduzierende Verknüpfungsverfahren auch auf ein komplexeres Sektormodell

---

[1] Vgl. L.M. GOREUX: a.a.O., S. 349.

[2] Das Ergebnis ist umso genauer, also umso eher dem Optimum angenähert, je mehr Linearsegmente bei der linearen Approximation berücksichtigt werden.

anwenden, so müssen generell folgende Bedingungen erfüllt sein:[1]

- Das Sektormodell enthält viele sektorspezifische Ressourcen und Produktionsaktivitäten.

- Es existieren nur wenige gemeinsame Ressourcen und Produkte, die zwischen dem Sektor und dem Rest der Volkswirtschaft aufgeteilt werden. Ausgenommen von dieser Bedingung sind Ressourcen, für die die Substitutionsmöglichkeiten innerhalb des Sektors im Vergleich zu denen in der restlichen Volkswirtschaft gering sind, da in diesem Fall die marginale Substitutionsrate die Lösung des Sektormodells nicht berührt (Variationen im Verhältnis zwischen den Ressourcenschattenpreisen werden irrelevant) und dementsprechend nur eine Iteration wie im Fall nur einer Ressource nötig ist.

Während die erste Bedingung im Mehrebenenmodell der Elfenbeinküste erfüllt ist, trifft die zweite Bedingung nicht zu.[2] Um die Zahl der gemeinsamen Ressourcen und Produkte zu reduzieren, werden die intersektoralen Lieferungen in Primärressourcen und die Endkonsumgüter in Nutzenform ausgedrückt, so daß die Beziehungen zwischen Zentral- und Sektormodell letztendlich nur in den Größen Nutzen und Primärressourcen (Arbeit, physisches Kapital, Ersparnisse und Devisen) erfaßt werden können. Dennoch ist die Zahl gemeinsamer Variablen erheblich, wenn um der Abbildungsgenauigkeit willen zwischen mehreren Arten von Arbeit und physischem Kapital unterschieden wird.

Die daraus resultierende hohe Zahl unabhängiger Preisvariablen, die als Information in die Modellverknüpfung eingehen müssen und dadurch die Iterationszahl erhöhen, reduziert sich, wenn erstens - wie schon dargestellt - die Sub-

---

[1] Vgl. L.M. GOREUX: a.a.O., S. 354.
[2] Vgl. ebenda.

stitutionsmöglichkeiten innerhalb des Sektors für einige Ressourcen vernachlässigbar sind und zweitens die Änderungen einiger Preisvariablen eng korreliert sind. So kann z.B. angenommen werden, daß Lohnänderungen proportional für alle Qualifikationsstufen und Zinswertänderungen proportional für alle Arten physischen Kapitals sind.[1] In der Elfenbeinküstenstudie wird von dieser Annahme ausgegangen, ohne daß auf empirische Untersuchungen verwiesen wird.
Selbst wenn man von der Plausibilität der angestellten Überlegungen ausgeht, muß beachtet werden, daß die unterstellten Proportionalitäten sich innerhalb eines längeren Zeitraums strukturell verschieben können. Dieser Effekt ist besonders bei dynamischen Optimierungsmodellen mit großem Planungshorizont relevant.

Auch wenn alle Voraussetzungen der Informationsreduktion erfüllt sind, ist es nötig, zwischen den landwirtschaftlichen Sektormodellen und dem Zentralmodell zumindest eine weitere Iteration zu vollziehen. Nur so können die im Zentralmodell durch die erste Iteration gewonnenen exakteren Kenntnisse über den Wert der zentralen Ressourcen und weitere wirtschaftspolitische Eingriffe im Zentralmodell, die zu Schattenpreisänderungen führen, in den Sektormodellen berücksichtigt werden.[2] Diese zweite Iteration wurde in der Elfenbeinküstenstudie nicht durchgeführt. Die Verknüpfung von Zentralmodell und landwirtschaftlichen Sektormodellen weist also einen gravierenden Mangel auf. Der Autor führt als Hauptgrund für den Verbindungsdefekt die Tatsache an, daß die Arbeit an den landwirtschaftlichen Sektormodel-

---

1 Vgl. L.M. GOREUX: a.a.O., S. 355.
2 Vgl. ebenda, S. 19.

len erst fortgesetzt werden konnte, nachdem das Zentralmodell fertiggestellt worden war,[1] so daß zeitliche und finanzielle Engpässe auftraten. Aus diesen Erfahrungen ist für zukünftige Mehrebenenplanungen die Schlußfolgerung zu ziehen, daß neben dem inhaltlichen auch der zeitliche Koordinierungsprozeß unbedingt beachtet werden muß.[2] So lassen sich zeitliche und finanzielle Reserven planen, die die Qualität zukünftiger Planungsstudien entscheidend verbessern können.

6.3. Zusammenfassung

Zusammenfassend kann gesagt werden, daß die Mehrebenenstudie über die Elfenbeinküste einen wesentlichen Schritt in der Forschung zur Mehrebenenplanung darstellt.

Sie weist gegenüber der früheren Mexikostudie eine weitergehende theoretische Analyse und eine größere konzeptionelle Geschlossenheit auf; die in der ersten Studie gewonnenen Lerneffekte wurden inkorporiert. Zugleich macht die Elfenbeinküstenstudie deutlich, daß die Dekompositionstheorie nur die allgemeine Basis für die konkrete Mehrebenenplanung in Entwicklungsländern sein kann. Diese Basis wird mit zum Teil verblüffender Originalität zur Lösung der konkreten Planungsprobleme variiert. Die Mehrebenenstudie über die Elfenbeinküste ist ein positives Beispiel für anwendungsorientierte wirtschaftswissenschaftliche Forschung. Zweifelsohne bleiben in ihr einige Probleme ungelöst bzw. treten neue Fragen auf, die ein fruchtbares Feld für die weitere wissenschaftliche Arbeit erschließen.

---

1 Vgl. L.M. GOREUX: a.a.O., S. 18.
2 Diese Koordinierung kann z.B. mit Hilfe der Netzplantechnik sichergestellt werden.

DRITTER TEIL

ZUM GESAMTABLAUF STRUKTURELLER ENTWICKLUNGSPLANUNG

Vorbemerkung

Bei der Darstellung der zwei Fallstudien wurden vor allem der Aspekt der Informationsstruktur (unterschiedliche Informationen auf verschiedenen Ebenen) und der Aspekt der zielorientierten Informationsverarbeitung (Algorithmen zur Zieloptimierung) bei der Anwendung der Mehrebenenplanung in Entwicklungsländern analysiert.

Wie schon in Kapitel 5 des zweiten Teils herausgearbeitet, ist neben diesen zwei konstitutiven Elementen der politisch-administrative Entscheidungsprozeß, d.h. die rational strukturierte Ziel-Mittel-Wahl und die konkrete Abstimmung des Instrumentariums auf die zu lösenden Probleme wichtig.

Die Studie über die Elfenbeinküste gibt im Gegensatz zur Mexikostudie einen Einblick in diesen Problemkreis. Zu Beginn des Untersuchungsvorhabens sollte eine Sektorstudie über den nördlichen Landwirtschaftssektor angefertigt werden, die auf die Analyse des Diabo-Projekts zurückgreifen konnte. Nachdem die Sektorstudie vorlag, wurde in einem Entscheidungsprozeß zwischen den Experten der Weltbank und den ivorischen Entscheidungsträgern beschlossen, eine die gesamte Wirtschaft der Elfenbeinküste umfassende Analyse nach den Prinzipien der Mehrebenenplanung vorzunehmen, wobei die Prioritäten der politisch-administrativen Entscheidungsträger (z.B. die Ausbildung) berücksichtigt wurden.
Der hier skizzierte komplexe Entscheidungsprozeß wird in diesem Kapitel analysiert und in Beziehung zu den schon

dargestellten Aspekten der Informationsstruktur und der zielorientierten Informationsverarbeitung gesetzt.

1. Phasen des strukturellen Planungs- und Entscheidungsprozesses

In Anlehnung an de Haen u.a.[1] lassen sich folgende Phasen des strukturellen Planungs- und Entscheidungsprozesses unterscheiden:

- Allgemeine Problemanalyse
- Projektfindung
- Datengewinnung und Konsistenzanalyse
- Flexible Modellentwicklung

1.1. Allgemeine Problemanalyse

Durch die allgemeine Problemanalyse sollen die entscheidenden Probleme des zu untersuchenden Bereichs herausgearbeitet und analysiert werden. In ihrer allgemeinsten und umfassendsten Form bezieht sich diese Phase nicht nur auf das ökonomische System, sondern berücksichtigt auch das soziokulturelle System, d.h. das Beziehungsgefüge sozialer und kultureller Prozesse und diesbezüglicher Organisationen. Ebenso sollen die normativen Rahmenbedingungen, z.B. die soziale Kontrolle in ihrer Zielbezogenheit und die politisch-administrative Realisierung analysiert werden.[2]

---

[1] Vgl. H. DE HAEN u.a.: a.a.O., S. 160 ff.
[2] Vgl. ebenda, S. 44; eine Interdependenzanalyse des politisch-ökonomischen Systems findet sich in: BMZ- Sierra Leone, 1971, Anhang.

Da das ökonomische System Untersuchungsgegenstand dieser Arbeit ist, soll auf das soziokulturelle System nicht näher eingegangen werden. Das heißt jedoch nicht, daß es bedeutungslos ist. Gerade in dieser frühen Phase müssen Ökonomen die Interdependenz zwischen ökonomischen und nicht-ökonomischen Aspekten berücksichtigen, um nicht von vornherein zu einer Problemverkürzung zu kommen.

Die allgemeine Problemanalyse kann umso kürzer sein, je mehr adäquate Voruntersuchungen vorliegen und je präziser die konkreten Zielvorstellungen der relevanten Entscheidungsträger sind. Wichtig ist, daß am Ende dieser Phase die zentralen Probleme eingeengt sind und Empfehlungen für alternative Ansatzstellen herausgearbeitet werden. Sind die Informationen dieser Phase nicht hinreichend detailliert, so können die Empfehlungen in Vorschlägen umfassenderer Forschungsanstrengungen bestehen; sind die Ergebnisse der Problemanalyse detailliert genug, so können bereits am Ende dieser Phase konkrete entwicklungspolitische Schlußfolgerungen, zumindest für einige Bereiche, gezogen und damit erste Entscheidungsimpulse für die Planung auf der Projektebene gegeben werden.

In der entwicklungspolitischen Planungspraxis ist die allgemeine Problemanalyse als Teil des Entscheidungsvorbereitungsprozesses relativ selten, weil in der Regel davon ausgegangen wird, daß eine solche Problemanalyse bereits vorliegt, also der Bereich möglicher Ansatzstellen schon eingeschränkt ist. Dennoch ist diese Phase nicht nur als idealtypische anzusehen, die wegen der theoretischen Vollständigkeit des Planungsprozesses angeführt wird. Hinter dieser Anfangs- und Grundsatzphase steht nämlich die Frage, ob die Problemanalyse eines Entwicklungslandes tief und umfassend genug begonnen wurde, d.h. ob die diesbezüglichen Vorentscheidungen einem systematischen Erkenntnisprozeß sowohl von Experten als auch von politischen Entscheidungsträgern entspringen oder nur - wie immer entstandene - Setzungen sind, die dazu führen können, daß zwar ein Problem richtig gelöst wird, es sich jedoch um das "falsche" Problem handelt.

1.2. Projektfindung

Im Anschluß an die allgemeine Problemanalyse muß eine Entscheidung der politisch-administrativen Entscheidungsträger über die prioritären Ansatzstellen des entwicklungspolitischen Mitteleinsatzes erfolgen. Auf dieser Stufe des rationalen Entscheidungsprozesses ist vor allem die Frage relevant, ob es sich bei der Maßnahme zur Lösung des analysierten Problems um ein partielles Projekt oder um ein strukturelles, integriert zu planendes Vorhaben handelt.

Besteht die adäquate Problemlösung in einem partiellen Projekt, i.d.R. einem technischen Hilfeprojekt, so ist die CBA als die nach dem gegenwärtigen Erkenntnisstand weitest fortgeschrittene Evaluierungsmethode[1] das geeignete Verfahren der objektiven Entscheidungsfindung.[2] Führt die allgemeine Problemanalyse allerdings zu dem Ergebnis, daß die angemessene Maßnahme über den Rahmen eines isolierten Projekts hinausgeht, so ist zur Entscheidungsfindung ein strukturelles Planungsmodell zu entwickeln. Oftmals ist die Frage, ob es sich um ein partielles Projekt, das mit Hilfe der CBA evaluiert werden kann, oder ob es sich um ein umfassendes Vorhaben handelt, dessen Bewertung ein strukturelles Planungsmodell erforderlich macht, nicht leicht zu

---

1 Vgl. H.-R. HEMMER: Wirtschaftsprobleme, a.a.O., S. 364 ff.
2 Vgl. H. DE HAEN u.a.: a.a.O., S. 163.

beantworten. De Haen und seine Mitarbeiter nennen als Konstellation für ein partielles Projekt das Vorhandensein unbegrenzter Absatzmöglichkeiten und nicht limitierter Faktorkapazitäten.[1]

Die erste Konstellation sichert, daß sich durch das Projekt nicht die Produktpreise verändern. Dies ist der Fall, wenn das betreffende Projekt international gehandelte Güter produziert, deren Mengen in Relation zum Weltmarkt so gering sind, daß eine Beeinflussung der Weltmarktpreise ausgeschlossen ist. Die Funktion der Weltmarktpreise als Knappheitsindikatoren wird allerdings - wie bei der Darstellung der Mexikostudie ausgeführt - in zunehmendem Maße durch Handelsrestriktionen von Seiten der Industrieländer beeinträchtigt. Die daraus resultierenden Rückwirkungen auf das Mengen- und Preisgefüge des jeweiligen Entwicklungslandes können erheblich sein und u.U. zur Bewertung ein komplexeres Planungsmodell erfordern. Besondere Probleme ergeben sich i.d.R. bei international nicht handelbaren Gütern.
Wegen der Enge der heimischen Märkte kann die projektinduzierte Produktionssteigerung zu komplexen Mengen- und Preisreaktionen im gesamten Sektor führen, deren Rückkoppelungseffekte auf das zu evaluierende Projekt einwirken. In diesem Fall muß zur Bewertung ein Modell gebildet werden, das alle diese Effekte berücksichtigt. In der Studie über die Elfenbeinküste wurden deshalb die volkswirtschaftlichen Effekte des Projekts der Zugkraftmodernisierung im Rahmen eines Sektormodells ermittelt.

Das zweite von de Haen erwähnte Charakteristikum für ein partielles Projekt, unlimitierte Faktorkapazitäten, ist in dieser allgemeinen Formulierung trivial und irreführend.

---

1 Vgl. H. DE HAEN u.a.: a.a.O., S. 157.

Nicht die Unbeschränktheit, sondern das Ausmaß der Begrenzung bestimmter verschiedener Faktorkapazitäten ist relevant. Grundsätzlich läßt sich sagen, daß es sich dann um ein partielles Projekt handelt, wenn von ihm die relativen Knappheiten gesamtwirtschaftlicher Ressourcen und damit deren Preise nicht signifikant beeinflußt werden.[1]

Neben diesem "projekteigenen" Charakteristikum ist für die Definition eines partiellen Projekts der angestrebte Optimalitätsgrad der Evaluierung wichtig. Dieser Aspekt ist vor allem bei Projekten relevant, die eine völlig neue wirtschaftliche Aktivität beinhalten. Akzeptieren die Entscheidungsträger als Maßstab für ihre Entscheidungsfindung eine "internal rate of return", die für das neue Projekt zumindest nicht unter denen bisheriger Projekte liegt, so läßt sich ein solches Projekt mittels einer einzigen CBA evaluieren. Verlangt das Entscheidungskriterium, daß die volkswirtschaftliche Vorteilhaftigkeit dieses neuen Projektes absolut über den volkswirtschaftlichen Gewinnen aller anderen mit den gleichen Ressourcenfonds realisierbaren Projekte (z.B. alternativ Baumfruchtprojekt oder Viehzuchtprojekt im Landwirtschaftssektor) liegt, so muß für jede der realistischen und auch erstrebten Alternativen eine CBA angefertigt oder ein Optimierungsmodell gebildet werden, das mit dem Zentralmodell verbunden ist. In der Elfenbeinküstestudie entschied man sich für die Evaluierung des Einsenerzprojekts innerhalb eines eigenen Sektormodells, um so eine optimale gesamtwirtschaftliche Wahl über verschiedene Möglichkeiten, Devisen zu erwirtschaften, treffen zu können.[2]

---

1 Vgl. L.M. GOREUX: a.a.O., S. 4.
2 Vgl. ebenda, S. 343.

An dieser Stelle soll bereits ein Problem erwähnt werden, auf das später noch ausführlicher eingegangen wird: Genauigkeit und Umfang unterschiedlicher volkswirtschaftlicher Evaluierungsverfahren zur Entscheidungsvorbereitung sind eng mit Kosten- und Zeitbedarf korreliert, da sie ein unterschiedliches Ausmaß von Datenerhebung und -verarbeitung verlangen. Der geforderte Optimalitätsgrad muß deshalb in einem realistischen Verhältnis zum bereitstehenden Fonds zur Finanzierung von wissenschaftlichen Studien stehen. Es ist deshalb unsinnig, ein Optimalmodell zu verlangen, wenn die finanziellen und zeitlichen Bedingungen mit Mühe für eine sorgfältige Kosten-Nutzen-Analyse ausreichen. Je nach der Ebene und der Komplexität ist ein umfassendes Planungsmodell als Sektor-, Regional- oder Makromodell zu konzipieren. Bei strukturellen Maßnahmen ist die schon ausgeführte Interdependenz zwischen den Subsystemen auf den verschiedenen Ebenen und die dazugehörende Informationsstruktur zu berücksichtigen. Ein solches strukturelles Planungsmodell ist also selbst iterativ und nur mit Hilfe eines komplexen Lösungsmechanismus zu bearbeiten. Die iterative Lösung wird in dieser Arbeit mit Hilfe von Dekompositionsalgorithmen vorgenommen.

1.3. Datengewinnung und Konsistenzanalyse

Nachdem in den vorherigen Phasen auf der Basis der verfügbaren Information eine erste Formulierung des relevanten Ziel-Mittel-Systems (entwicklungspolitische Ansatzstellen) und eine grundsätzliche Entscheidung über den Projekttyp vollzogen wurde, sind nun, sofern ein nichtisoliertes Projekt nötig erscheint, die Informationen entsprechend der Komplexität des angestrebten Modells zu beschaffen bzw. zu präzisieren. Zu berücksichtigen ist auch hier, daß der Aufwand der Informationsbeschaffung in einem angemessenen

Verhältnis zur Problemstellung steht.

Ein wesentlicher Aspekt dieser Phase ist die Konsistenzanalyse. Da jedes Entwicklungsproblem letztlich durch ein Auseinanderklaffen von Ist- und Sollzustand gekennzeichnet ist, wird eine Ermittlung und Abstimmung der Bedarfspositionen und der verfügbaren Kapazitäten nötig. Eine solche Bilanzierungsrechnung kann verschiedene Formen haben. Im Bereich demographischer Fragestellungen (die auch für ökonomische Probleme, z.B. Arbeitsangebots- und Nachfrageentwicklung, Relevanz haben) sind Bevölkerungswanderungsmatrizen nötig.[1] Für ökonomische Fragestellungen können je nach Modellebene als Bilanzierungsschemata die volkswirtschaftliche Gesamtrechnung, Input-Output-Tabellen, Versorgungsbilanzen oder physische Verflechungsbilanzen intra- und interregionaler Güteraustauschströme verwendet werden.

Der Datenbeschaffungsaufwand für eine solche Konsistenzanalyse hängt von der gegebenen Problemstellung und dem verfügbaren Datenmaterial ab. Die Validität des Datenmaterials kann in einzelnen Entwicklungsländern sehr unterschiedlich sein. Aus Kostengründen erscheint es in dieser Phase sinnvoll, nicht von theoretischen Maximalansprüchen für die Konsistenzanalyse auszugehen, sondern pragmatisch, u.U. schwerpunktmäßig bilanzierungsrelevante Daten zu sammeln, flexibel zu ergänzen und der Realität anzupassen, weil nur so ein "Kernmodell" relativ schnell aufzubauen ist.

Der Arbeitsablauf einer umfassenden Konsistenzanalyse läßt sich am Beispiel des städtischen Sektors in der Elfenbein-

---

[1] Vgl. H. DE HAEN u.a.: a.a.O., S. 164.
Auf die Schwierigkeiten solcher Berechnungen wurde bei der Darstellung der Mexikostudie eingegangen.

küstenstudie konkret darstellen.[1] Zuerst wurde die Input-Output-Matrix mit einer Ressourcenmatrix verbunden. Der damit verbundene Aufwand war relativ gering, da im 5-Jahresplan der Elfenbeinküste bereits zwei Zeilen der Ressourcenmatrix enthalten waren. Die erste ermittelte die Handelslücke, d.h. die negative Differenz zwischen Devisenbedarf und erwirtschaftetem Devisenbestand. Die zweite Zeile quantifizierte die Ressourcenlücke, also die Lücke zwischen Investitionen und Ersparnissen. Die zu diesen zwei Zeilen hinzugefügten Ressourcenzeilen betreffen die Faktoren Arbeit (in Qualifikationsstufen aufgespalten), Land (nach Beschaffenheit präzisiert) und physisches Kapital (nach einzelnen Gütern und nach Ursprung und Verwendung spezifiziert). Der zusätzliche Datenbeschaffungsaufwand, der sich bei der Elfenbeinküste "nur" auf die letzten drei Zeilen der Ressourcenmatrix beschränkte, kann in anderen Entwicklungsländern andere, i.d.R. mehr Zeilen betreffen.

Außer dem Input-Output-Tableau und der Ressourcenmatrix wurde die Endverbrauchsmatrix, die im Falle des städtischen Sektors die Zusammensetzung von 18 Arten des Endverbrauchs von Gütern und Leistungen der städtischen Industrien definiert, erstellt. Mit dem System dieser drei Matrizen und unter Einbeziehung von Produktions- und Importalternativen in der Input-Output-Matrix wurden in der Studie über die Elfenbeinküste - wie dargestellt - eine Fülle von Konsistenztests ausgeführt. Eine umfassende Konsistenzanalyse, die hier in ihrem Entstehungsablauf geschildert wurde, verlangt eine erhebliche Anstrengung der Datengewinnung.

Ein auf diese Art gewonnenes Konsistenzmodell kann allerdings dann in einem nächsten Schritt - wie in der Elfen-

---

1 Vgl. L.M. GOREUX: a.a.O., S. 6.

beinküstenstudie - ohne große Anstrengungen in das Zentralmodell inkorporiert werden und damit zum Baustein eines umfassenden Optimierungsmodells werden.

1.4. Flexible Modellentwicklung

Auf der Grundlage des Konsistenzmodells kann ein umfassendes dynamisches Optimierungsmodell aufgebaut werden. Dazu ist zunächst der Zeithorizont zu erweitern. Dieser Ablaufschritt soll wieder am Beispiel der Elfenbeinküstenstudie erläutert werden. Statistisches Basisjahr für den zweiten 5-Jahresplan in der Elfenbeinküste war das Jahr 1970, und die Werte der Input-Output-Matrix waren für die Jahre 1975 und 1980 projiziert. Das Jahr 1970 wurde als statistisches Basisjahr des Optimalmodells beibehalten. Als Entscheidungsjahre wurden 1975, 1980, 1985 hinzugefügt und die Endbedingungen des Modells in der Periode von 1990 bis 2000 definiert. Die Matrizen für die jeweiligen Zeitpunkte sind durch endogen bestimmte Investitionsaktivitäten verbunden.

In einem letzten Schritt muß die Zielfunktion definiert werden, die ein systematisches Bewertungskriterium für die zahlreichen ökonomischen Wahlakte in jedem Entscheidungsjahr (1975, 1980, 1985 und 1990) liefert. Damit ist der letzte Schritt auf dem Weg von einem statischen Leontief-Modell zu einem dynamischen Optimierungsmodell getan. Das gesamte dynamische Optimierungsmodell ist in ein Zentralmodell und mehrere Sektormodelle aufgespalten, wobei zwischen den zwei Ebenen Informationsverbindungen existieren, die die Verarbeitung unterschiedlicher Daten zur Maximierung der Zielfunktion unter Berücksichtigung der Ressourcenbeschränkungen sichern.

Optimierungsmodelle gehen grundsätzlich von der Hypothese des rationalen Verhaltens aus; die im Modell agierenden Wirtschaftssubjekte entsprechen den Axiomen des homo oeconomicus. Ist die Rationalitätsbedingung erfüllt, sind Optimierungsmodelle zugleich Ablaufmodelle. Die theoretisch ermittelten optimalen Pfade entsprechen zugleich der konkreten optimalen wirtschaftlichen Entwicklung, sofern die theoretischen Ergebnisse ohne Fehler ermittelt werden.

Die Problematik des Rationalitätsprinzips und der damit verbundenen Axiome in der Wirtschftspolitik im allgemeinen und in der Entwicklungsökonomie im speziellen hat Hemmer[1] ausführlich analysiert, sie soll an dieser Stelle nicht detailliert wiederholt werden. Allgemein läßt sich festhalten, daß Wert- und Zielmuster konkreter Individuen von den axiomatisch unterstellten Wert- und Zielmustern der Wirtschaftssubjekte in Optimierungsmodellen erheblich abweichen können. Dies gilt verschärft in Entwicklungsländern, in denen die Wertmuster nicht selten durch andere Einflußgrößen geprägt sind als durch die spezifisch abendländischen Vorstellungen der Nutzen- und Gewinnmaximierung. Die Abbildungs- und Erklärungsfähigkeit von dynamischen Optimierungsmodellen in bezug auf die Realität ist aus diesem Grunde grundsätzlich skeptisch zu betrachten.

Es erscheint deshalb sinnvoll, dem dynamischen Optimierungsmodell ein Ablaufmodell zur Seite zu stellen, das die realen Verhaltensweisen der beteiligten Instanzen und Individuen abbildet. Ziel der Ablaufanalyse ist es, die zukünftige Entwicklung des Systems unter Einbeziehung von Unsicherheit und Risiko und des Zeitbedarfs individueller

---

[1] Vgl. H.-R. HEMMER: Die Grenzen der Marktwirtschaft, a.a.O., S. 359 ff.

Handlungsveränderungen zu prognostizieren. Solche Analysen gehen nicht selten über den rein ökonomischen Rahmen hinaus und müssen Ergebnisse benachbarter Disziplinen wie z.B. der Soziologie, Politologie, Kulturanthropologie etc. mit einbeziehen. Ablaufmodelle setzen grundsätzlich einen großen Umfang von Informationen voraus, die mit relativ schwierigen und aufwendigen Methoden zu beschaffen sind. Soll zum Beispiel das Produktionsverhalten bisher im Subsistenzbereich tätiger Bauern auf eine Preissteigerung ihrer Produkte realistisch prognostiziert werden, so sind dafür konkrete längerfristige multidisziplinäre Felduntersuchungen nötig, da hierüber bestenfalls Hypothesen, jedoch keine genauen Kenntnisse vorliegen. Hinzu kommt, daß große qualitative Veränderungen der Lebensbedingungen "Verhaltenssprünge" der betroffenen Individuen zur Folge haben können, die eine simple lineare Extrapolation bisheriger Verhaltensweisen ausschließen.

Ablaufmodelle, deren Hauptaufgabe darin besteht, die aufgrund des Informationsmangels rigide formulierten Optimierungsmodelle zu ergänzen, sind so aufwendig, daß gerade unter den Bedingungen in Entwicklungsländern kurzfristig keine umfassenden Modelle dieser Art zu erwarten sind. Wichtig ist, daß Entwicklungsökonomen, die sich mit der Formulierung von Optimierungsmodellen beschäftigen, für diese Probleme sensibilisiert werden und damit die Ausschnitthaftigkeit ihrer Tätigkeit verstehen. Hier liegt dann u.U. der Ansatzpunkt für den zweiten Aspekt integrierter Planung: im Bemühen um ein schwieriges und komplexes Erkenntnisobjekt mehrere Wissenschaften wirklich zu integrieren.[1]

---

1 Vgl. H. DE HAEN u.a.: a.a.O., S. 9.

2. Das Baukastenprinzip

Das dargestellte Ablaufschema des Planungs- und Entscheidungsprozesses ist auf der Basis formallogischer Überlegungen konzipiert. Dementsprechend stellen die einzelnen Phasen idealtypische Ablaufschritte dar. Der reale Ablauf des Planungs- und Entscheidungsprozesses ist i.d.R. erheblich weniger stringent. Das abstrakte Ablaufschema stellt einen Leitfaden für zukünftige Planungs- und Entscheidungsprozesse dar, es erfaßt nicht die konkreten Abläufe der Vergangenheit.

In der Realität liegen heute für jedes Entwicklungsland zahlreiche, allerdings nach Art und Umfang höchst unterschiedliche Evaluierungs- und Planungsstudien vor. Im Falle der Elfenbeinküste existierten z.B. zu Beginn der Mehrebenenstudie zahlreiche Cost-Benefit-Analysen für Einzelprojekte nach unterschiedlichen Evaluierungsverfahren[1] sowie der 5-Jahres-Konsistenzplan und Projektionen für das Jahr 2000. Vergleicht man diese unterschiedlichen Planungsansätze mit dem idealtypischen Ablaufschema, so wird deutlich, daß die Planungsrealität in Entwicklungsländern - allerdings nicht nur dort - von der (realen) Gleichzeitigkeit der (abstrakten) Ungleichzeitigkeit geprägt ist.
Mit anderen Worten: Es existiert eine Fülle unterschiedlicher Projektstudien und Planungsansätze, die kaum zueinander in Beziehung stehen. Dieser Befund ist insofern gra-

---

1 Neben dem Projektevaluierungsverfahren der Weltbank, der OECD und der UNIDO spielt in der Elfenbeinküste wie in anderen frankophonen Ländern Afrikas das in der französischen Entwicklungshilfe verwendete Evaluierungsverfahren der "Méthode des Effets" eine besondere Rolle; vgl. M. CHERVEL, M. LE GALL: Manuel d'évaluation économique des projets - La méthode des effets, République Française, Ministère de la coopération, Paris, 1976.

vierend, als die in Entwicklungsländern besonders schwierig und kostenaufwendig zu beschaffenden Informationen in einem solchen Neben- und Durcheinander nicht verknüpft sind und damit nicht so effizient genutzt werden wie es möglich wäre.

Im folgenden soll versucht werden, ein Prinzip zu entwikkeln, das die Verbindung unterschiedlicher informatorischer Teilsysteme für zukünftige Entscheidungsprozesse und die weitgehende Integration bereits vorhandener Kenntnisse in diese Prozesse ermöglicht.

Ein solches flexibles Strukturierungsprinzip ist der "building block approach". Dieses Prinzip, das häufig als Baukastenprinzip bezeichnet wird, geht davon aus, daß der gesamte Systemzusammenhang sukzessiv aus selbständigen Subsystemen aufgebaut wird. Die einzelnen Subsysteme werden nach bestimmten Regeln verbunden; sie behalten jedoch ihre strukturelle Eigenständigkeit, so daß sie später auch als Einzelsysteme weiterverwendet werden können. Formal sind die Bedingungen des Baukastenprinzips z.B. durch Blockrekursivität bei Ablaufmodellen oder durch Dekomposition bei Optimierungsmodellen gesichert.[1]

Der konzeptionelle Vorteil der Dekomposition, isolierbare Teilaspekte von verschiedenen Expertengruppen untersuchen und dennoch zu einem umfassenden Modell zusemmenfassen zu können, wurde bei der Darstellung der zwei Fallstudien herausgearbeitet. Grundsätzlich ermöglicht das Baukastenprinzip einen Entscheidungsprozeß, der von der begrenzten Rationalität (bounded rationality) der Planenden ausgeht, die zu Beginn des Entscheidungsprozesses nur über aus-

---

[1] Vgl. H. DE HAEN u.a.: a.a.O., S. 158.

schnitthafte Kenntnisse des komplexen zu lösenden Problems verfügen.[1] So ist es politischen Entscheidungsträgern, aber auch Experten normalerweise nicht möglich, von vornherein festzulegen, welchen Komplexitätsgrad eine entwicklungspolitische Maßnahme und das entsprechende Planungsverfahren haben sollen.

Dieser Aspekt läßt sich mit Hilfe der Elfenbeinküstenstudie konkretisieren. Zunächst wurde ein landwirtschaftliches Modernisierungsprogramm, das die Möglichkeiten von Traktionsalternativen untersuchen sollte, auf Projektebene (Diabo) begonnen. Die Analyse vor allem der technischen "feasibility" führte zu einem positiven Ergebnis, so daß das Programm nach dem Willen der politischen Entscheidungsträger auf den gesamten nördlichen Landwirtschaftssektor ausgedehnt werden sollte. Es wurde deshalb ein Sektormodell gebildet, das die Evaluation der sektoralen Programmwirkungen erlaubte. Das Sektormodell wurde dann als Submodell in ein umfassendes gesamtwirtschaftliches Optimierungsmodell eingebettet, dessen weitere Sektormodelle die von den politischen Entscheidungsträgern erstrebten strukturellen Maßnahmen abbilden und evaluieren konnten.

---

[1] Vgl. H.A. SIMON, G. KOZMETZKY, G. TYNDALL: Centralization vs. Decentralization in Organizing the Controller's Department, The Controllership Foundation 1954, S. XXVI "... he makes his choices based upon a simple picture of the situation that takes into account just a few of the factors that he regards as most relevant and crucial". Dieser Aspekt wird in bezug auf die Zielfunktion im Schlußteil noch einmal aufgegriffen werden.

Aus dem dargestellten Ablauf wird deutlich, daß das Baukastenprinzip i.d.R. vom Basiselement Einzelprojekt ausgeht und sukzessiv die größeren Bauelemente der nächsthöheren Abbildungsebene hinzufügt. Eine solche Vorgehensweise folgt den Entscheidungsmöglichkeiten auf der Grundlage der schrittweise gewonnenen Informationen. Es ist also nicht nur das Optimierungsmodell als Kernelement der Planung, sondern der gesamte Planungs- und Entscheidungsablauf iterativ. Der Modellbau von "unten" nach "oben", d.h. vom Projekt zum gesamtwirtschaftlichen Modell impliziert allerdings ein gravierendes Problem, das darin besteht, daß zur Projektevaluierung Informationen benötigt werden, die aus dem noch nicht erstellten Optimierungsmodell entnommen werden müßten. Diese Informationen sind vor allem die Schattenpreise, die sich nach der Theorie der preisgesteuerten Dekompositionsalgorithmen aus den dualen Lösungen des Optimalprogramms der jeweils höheren Ebene ergeben.

Einen Ausweg aus diesem Dilemma bietet die Verwendung von Weltmarktpreisen. Dieser Vorgehensweise liegt die Idee zugrunde, daß der Weltmarkt ein Optimierungsmechanismus ist, der die in einzelnen Ländern bestehenden ökonomischen Verzerrungen ausschaltet und damit Preise geriert, die optimale Knappheitsindikatoren sind. Im Rahmen der Theorie der Mehrebenenplanung läßt sich der Weltmarkt als internationales Zentralmodell interpretieren, das konkret Optimalpreise produziert, sofern keine internationalen Knappheitsmanipulationen existieren und das zu evaluierende Projekt nur marginale Auswirkungen auf die internationale Mengen- und Preisstruktur hat. Die Idee, daß die Weltmarktpreise zumindest die objektiven Rahmenbedingungen für die betreffenden Länder darstellen, liegt allen modernen Kosten-Nutzen-Analysen unabhängig von konkreten Unterschieden zwischen den einzelnen Verfahren zugrunde.

Die Möglichkeit der Baukastenverbindung zwischen projektbezogenen CBA's, die Weltmarktpreise als Schattenpreise verwenden, und einem Optimierungsmodell besteht grundsätzlich dann, wenn das Optimierungsmodell von der gleichen Interpretation des Weltmarkts als dem die objektiven Rahmenbedingungen bestimmenden Koordinierungsmechanismus ausgeht. Dies ist in der Elfenbeinküstenstudie im Gegensatz zur Mexikostudie[1] der Fall, da vom Basisfall der "free market policy" für die Ermittlung des Optimalergebnisses ausgegangen wird. Es erscheint sinnvoll, sowohl bei Projektevaluierungsverfahren als auch bei der Konstruktion von Optimierungsmodellen die Kosten- und Ertragsstruktur in direkte und indirekte internationale und nationale Güter aufzuschlüsseln, diese Aufschlüsselung genau zu kennzeichnen und das Verfahren zur Umrechnung von nationalen in internationale Güter zu beschreiben.[2] So lassen sich Ergebnisunterschiede bei verschiedenen Verfahren in ihrer Ursache erkennen und das Ausmaß der Abweichung extern geschätzter Umrechnungskoeffizienten quantifizieren.

Das hier verfochtene Prinzip des "building block approach" ist umso erfolgreicher, je größer die Kompatibilität der in verschiedenen Baukastenelementen verwendeten Daten ist. Im Extremfall führen unterschiedliche statistische Grundlagen zu unvergleichbaren und damit nicht mehr zu verbindenden Teilergebnissen. Diese Problematik war in der Mexikostudie aufgetreten, in der das landwirtschaftliche Sektormodell auf einer anderen Bevölkerungsstatistik basierte als das

---

[1] Vgl. S. TREJO REYES: Comments on DINAMICO, in: L.M. GOREUX, A.S. MANNE (ed.): a.a.O., S. 173 ff.
[2] Vgl. M. BRUNO: Planning Models, Shadow Prices, And Project Evaluation, in: Ch.R. BLITZER, P.B. CLARK, L. TAYLOR (ed.): a.a.O., S. 201.

Zentralmodell. Treten solche Schwierigkeiten schon in einer Studie auf, deren Anspruch gerade in der Verknüpfung der Teilmodelle besteht, so ist die Gefahr struktureller Datenabweichungen zwischen unabhängig voneinander konstruierten Projektanalysen umso größer.

Auf dem Gebiet der einheitlichen Datenerfassung liegt eine der wichtigsten Aufgaben der Planungsministerien[1] in Entwicklungsländern, die bis heute in ihrer Bedeutung oft unterschätzt wird. Ein gravierender Mangel in diesen Ländern ist die unzureichende Informationsinfrastruktur, die eine bewußte rationale Entscheidungsvorbereitung außerordentlich erschwert. Allein die systematische Sammlung der heute i.d.R. vorhandenen, allerdings über viele Einzelstudien verstreuten Informationen, deren Analyse in bezug auf ihre Konsistenz und die gegebenenfalls notwendige schwerpunktmäßige Füllung bestehender Datenlücken ist ein wesentlicher erster Schritt zum Aufbau einer solchen Informationsinfrastruktur. Allerdings erscheint es nötig, daß internationale Entwicklungshilfeorganisationen stärker als bisher die ihnen vorliegenden Informationen den Entwicklungsländern verfügbar machen und sie nicht unter dem Etikett "vertraulich" der angestrebten Erfassung und Bearbeitung entziehen. Das Finalziel des hier beschriebenen schrittweisen Prozesses der systematischen, mehrere Ebenen umfassenden Informationsgewinnung und -verarbeitung ist die Schaffung einer Datenbank, die die rationale Entscheidungsvorbereitung erheblich erleichtern könnte.

---

1 Der Name Planungsministerium impliziert nicht, daß es sich um ein Ministerium handelt, das die Steuerungsfunktion einer zentral verwalteten Wirtschaft sowjetischen Typs beinhaltet. Planungsministerien gibt es auch in Ländern, die einem marktwirtschaftlichen Ordnungstyp folgen.

Aus den dargestellten Zusammenhängen läßt sich folgern, daß Kosten-Nutzen-Analysen und Optimalplanverfahren keine grundsätzlich verschiedenen Instrumente der rationalen Entscheidungsvorbereitung sind. Sie unterscheiden sich in Art und Umfang der gestellten Aufgaben, die einen unterschiedlichen Komplexitätsgrad der Analyse erfordern. In Anbetracht der hohen Kosten von Optimierungsmodellen erscheint es sinnvoll, Projektevaluierungsverfahren in ihren Grundstrukturen zu vereinheitlichen, die durch sie gewonnenen Informationen zu sammeln und systematisch aufzubereiten, und dann, sofern das Ausmaß der intendierten entwicklungspolitischen Maßnahme dies erfordert, ein umfassendes Optimierungsmodell auf der Grundlage bereits vorhandener Informationen kostengünstig nach dem Baukastenprinzip zu bilden.

Der in diesem Teil analysierte komplexe Planungs- und Entscheidungsprozeß wird auf der Grundlage des Baukastenprinzips in der folgenden Abbildung zusammengefaßt.

Abb. 13: Planungs- und Entscheidungsprozeß nach dem "building-block-approach"

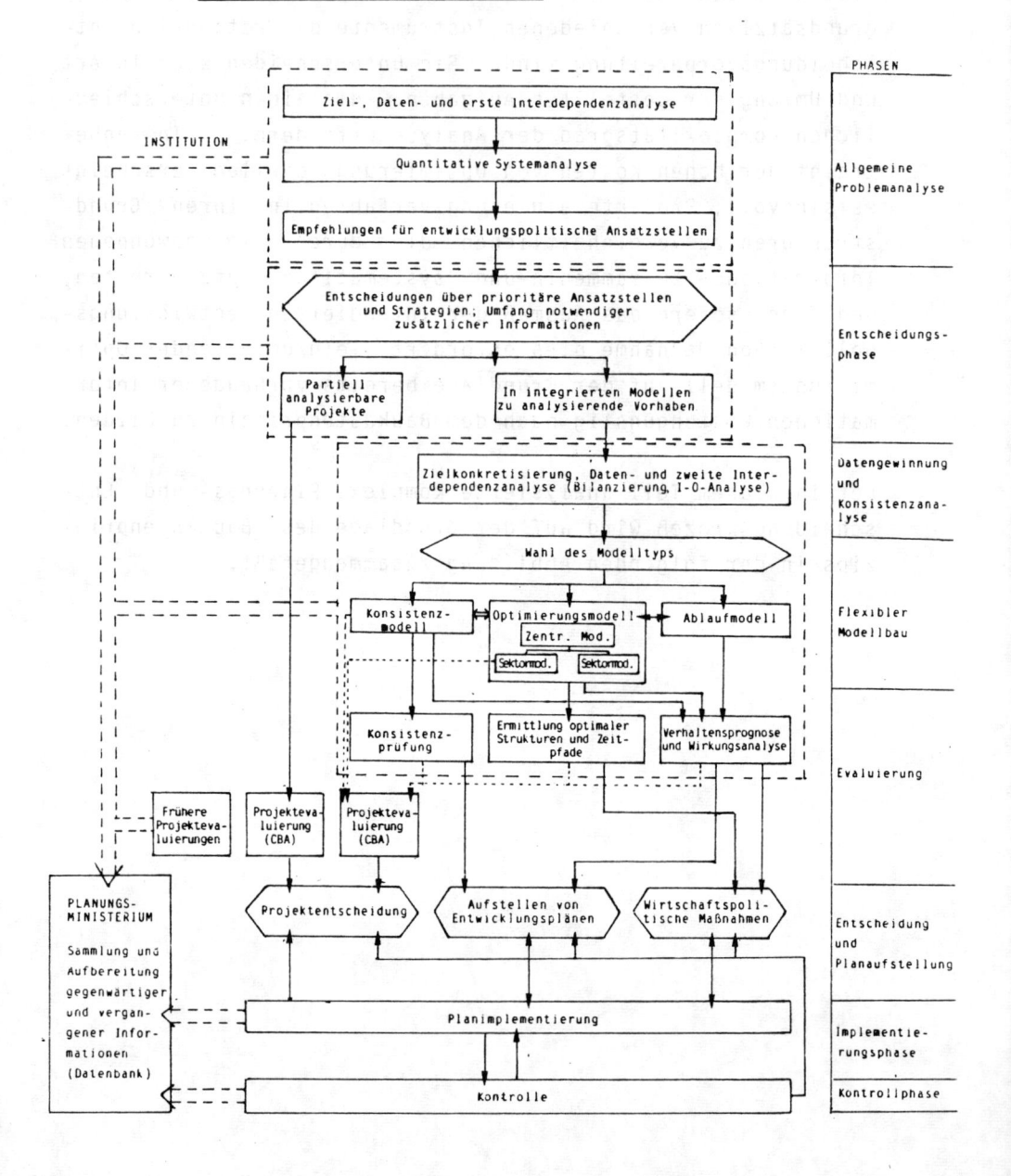

VIERTER TEIL

ZUR FRAGE DER WIRTSCHAFTSPOLITISCHEN UMSETZUNG
DER ENTWICKLUNGSEMPFEHLUNGEN DER
MEHREBENENSTUDIEN

Vorbemerkung

In der Einleitung wurde bereits erwähnt, daß die restriktive Informationspolitik sowohl der Weltbank als auch der staatlichen Institutionen Mexikos und der Elfenbeinküste einen direkten Zugriff auf Material für einen "performance test" der zwei Mehrebenenplanungen nicht ermöglicht.

Eine umfassende ex post-Evaluierung der jeweiligen entwicklungspolitischen Empfehlungen ist anscheinend durch die Weltbank nicht durchgeführt worden. Die einzige konkrete Literatur, die als Weiterführung der hier analysierten Studien angesehen werden kann, ist die Weltbankveröffentlichung "The Book of CHAC: Programming Studies for Mexican Agricultural Policy".[1] Diese Untersuchung, die sich auf das Modell des Landwirtschaftsektors der Mexikostudie bezieht, erschien im Frühjahr 1983. Sie behandelt schwerpunktmäßig methodologische Aspekte des Landwirtschaftsmodells, ist also unter der Fragestellung nach der wirtschaftspolitischen Umsetzung der ursprünglichen Studie kaum aussagefähig.

Auf der Grundlage des wenig konsistenten Materials ist eine umfassende Analyse der wirtschaftspolitischen Umsetzung der

---

[1] R.D. NORTON, M.L. SOLIS (ed.): The Book of CHAC: Programming Studies for Mexican Agricultural Policy, The Johns Hopkins University Press, 1983.

zwei Mehrebenenstudien nicht möglich. Es kann nur versucht werden, isolierte Aspekte herauszugreifen, die ein Schlaglicht auf die Umsetzungsprobleme des Mehrebenen-Konzepts werfen.

2. Zur wirtschaftspolitischen Umsetzung in der Elfenbeinküste

2.1. Landwirtschaftssektor

Am stärksten haben sich die wirtschaftspolitischen Empfehlungen des Mehrebenenmodells bei der Planung des Landwirtschaftssektors in der Elfenbeinküste faktisch umgesetzt. Zunächst kann festgestellt werden, daß die in der Studie vorgenommene Aufteilung in den nördlichen und südlichen Landwirtschaftssektor mit den entsprechenden Produktionsempfehlungen von den ivorischen Institutionen beibehalten wurde.[1] Dementsprechend wurden in der Südwestregion landwirtschaftliche Projekte implementiert, die die vermehrte Anpflanzung exportierbarer Baumfrüchte zum Ziel hatten, während im Norden überwiegend Projekte zur gesteigerten landwirtschaftlichen Produktion für den inländischen Bedarf geplant wurden. Aus den Plänen der Elfenbeinküste ist zu entnehmen,[2] daß die aus dem Landwirtschaftsmodell berechnete Prioritätenrangfolge der verschiedenen Produkte bei der Planung von Pflanzungsprojekten weitgehend berücksichtigt wurde. Die Studienempfehlungen, Kautschuk- und Palmölpflanzungen in Großplantagen anzulegen, wurden bei Kaut-

---

[1] Vgl. L.M. GOREUX: a.a.O., S. 397.
[2] Vgl. Mitteilungen der Bundesstelle für Außenhandelsinformationen, Die Landwirtschaft in Elfenbeinküste, 28. Jg., Nr. BM. 249, Köln, 8/1978.

schuk vollständig, bei Palmölpflanzungen teilweise in die Planung übernommen.[1]

Der Anbau von Kaffee und Kakao konnte erheblich gesteigert werden. Bis zum Ende des Jahres 1977 wurden neue Kaffeepflanzungen auf einer Fläche von insgesamt 40 000 ha angelegt;[2] dieses Programm wurde in den letzten Jahren kontinuierlich fortgeführt. Die Produktionssteigerung durch die neuen Pflanzungen war so groß, daß das Planziel von 360 000 t Kaffee im Jahre 1985 bereits 1980 - begünstigt allerdings durch gute klimatische Bedingungen - erreicht werden konnte. Auch die Steigerungsraten in der Kakaoproduktion sind außergewöhnlich hoch; durch die Verdoppelung der Saatgutfelder für Kakao zwischen 1976 und 1981 strebt die ivorische Regierung eine Produktion von jährlich 500 000 Tonnen Kakao an.

Aus der folgenden Tabelle sind die eindrucksvollen landwirtschaftlichen Produktionssteigerungen im Südwestsektor der Elfenbeinküste zu entnehmen. Aus ihr wird zugleich deutlich, daß die Produktionsfortschritte in der Nordregion, die nach den von der Elfenbeinküste übernommenen Empfehlungen der Mehrebenenstudie vor allem dem Anbau von inländisch nachgefragten Nahrungsmitteln dient, bei weitem nicht so groß sind.

---

[1] Vgl. Mitteilungen der Bundesstelle für Außenhandelsinformationen, a.a.O., S. 3 f.
[2] Vgl. ebenda, S. 1.

Tabelle 12: Landwirtschaftliche Produktion in der Elfenbeinküste (in 1 000 t)

Produkt	1970	1971	1975	1976	1977	1978	1980
Kaffee	240	268	309	291	190	260	360
Kakao	180	224	241	232	290	300	400
Bananen	179	150	188	170	135	168	-
Ananas, frisch/Export	-	37	60	75	62	90	-
Ananas, verarb.	-	140	158	141	149	160	-
Ananas, Eigenverbrauch	-	-	27	34	30	35	-
Kolanüsse	-	-	60	43	50	-	-
Baumwolle	30	60	61	75	103	120	137
Palmöl, industr. verarb.	-	55	150	144	126	140	120
Palmöl, handw. verarb.	-	-	-	-	9	7	-
Palmkerne	-	8	34	30	26	31	-
Kopra	-	8	19	16	16	18	21
Rohkautschuk	-	-	16	17	18	19	22
Zucker, raffiniert	-	-	-	20	32	-	-
Zucker, Kristall	-	-	-	-	33	52	-
Reis	316	385	467	450	477	505	500
Mais	231	280	112	120	258	264	-
Maniok	-	-	-	-	828	1056	1100
Yams	-	-	-	-	1836	1934	-
Erdnüsse	-	-	-	-	49	50	-
Kochbananen	-	-	-	-	1058	1123	1200

Quelle: Chambre d'Agriculture de la Côte d'Ivoire.
Die Lücken in der Tabelle resultieren daraus, daß das verfügbare statistische Material unvollständig ist.

Während bei Maniok und Yams die Selbstversorgung gesichert werden konnte, stagniert bei Reis die Produktion seit 1978, so daß sich eine steigende Importabhängigkeit ergab. Die sinkende Selbstversorgung bei dem politisch höchst sensiblen[1] Nahrungsmittel Reis und der Preisverfall für Kakao und Kaffee auf dem Weltmarkt führten zu einer Umorientierung der landwirtschaftlichen Entwicklungsanstrengungen auf den Nordsektor des Landes.

Sei 1979/80 wird durch die staatliche "Société pour le Développement de la Motorisation de l'Agriculture" ein Landwirtschaftsprogramm im Nordwesten des Landes mit dem Ziel durchgeführt, große Flächen in der Savannenregion für den Anbau von inländischen Grundnahrungsmitteln urbar zu machen. Das gewonnene Land im Gebiet von Korhogo und Bouaké wird Kleinbauern kostenlos zur Verfügung gestellt; sie erhalten darüber hinaus in den ersten zwei Anbaujahren gratis die notwendigen Arbeitsgeräte, Saatgut und Düngemittel.[2]
Über die Produktionsauswirkungen dieser Maßnahmen liegen bis jetzt keine Zahlen vor.

Aus dem im Januar 1982 von der Regierung der Elfenbeinküste vorgelegten Investitionsbudget (Budget Spécial d'Investissement et d'Equipment - BSIE)[3] geht hervor, daß die landwirtschaftlichen Entwicklungsanstrengungen im Norden des Landes forciert fortgesetzt werden. Für die Entwicklung

---

[1] Nahezu alle politischen Unruhen der letzten Zeit in Westafrika wurden durch Versorgungsengpässe oder drastische Preiserhöhungen bei Reis ausgelöst.

[2] Vgl. Mitteilungen der Bundesstelle für Außenhandelsinformationen/ Nachrichten für den Außenhandel (NfA), Köln, 2.10.1979.

[3] Vgl. Mitteilungen der Bundesstelle für Außenhandelsinformationen/NfA, a.a.O., 22.3.1982.

der Nahrungsmittelproduktion in der Savannenregion sind insgesamt - unter Einschluß der Kosten für die Gratisverteilung von Kunstdünger - 18,9 Mrd. FCFA (= 20,7 % der für die gesamte Landwirtschaft vorgesehenen Mittel) angesetzt, während für die Kaffee- und Kakaoproduktion nur noch 5,3 Mrd. FCFA (= 5,8 %) eingeplant sind. Einen relativ hohen Anteil am Investitionsbudget erhält der Viehzuchtsektor mit 5,4 Mrd. FCFA, wovon hauptsächlich der Aufbau der Rinderfarm Marahoué mit 17 000 Rindern finanziert wird.[1] Dieses große Viehzuchtprojekt, an dessen Finanzierung internationale Organisationen maßgeblich beteiligt sind, war in der Mehrebenenstudie der Weltbank als eigenes Sektormodell vorgesehen, jedoch bis zum Zeitpunkt der Veröffentlichung nicht fertiggestellt worden. Insofern läßt sich nicht beurteilen, inwieweit Empfehlungen des Mehrebenenmodells faktisch umgesetzt wurden.

2.2. Ausbildung und Ivorisierung

Die in der Mehrebenenstudie über die Elfenbeinküste empfohlene gleitende Ivorisierung unter Berücksichtigung forcierter Bildungsanstrengungen wurde von den Entscheidungsträgern als Konzept angenommen. Anfang 1979 wurde eine neue Ivorisierungs-Charta gültig, die den kontinuierlichen Ersatz von ausländischen Führungskräften in der Wirtschaft durch ivorische Staatsangehörige vorsieht. Da als Kriterium für die mögliche Ersetzung ein ähnlicher Ausbildungsstand gilt, wird besonderer Wert auf die systematische betriebsinterne Ausbildung ivorischer Kräfte gelegt, die in

---

[1] Vgl. Mitteilungen der Bundesstelle für Außenhandelsinformationen/NfA, a.a.O., 22.3.1982.

einem speziellen Ivorisierungsplan für jedes größere Unternehmen geregelt sein muß.[1] Entsprechend den Empfehlungen der Studie hat die ivorische Regierung die Ausbildungsausgaben erheblich gesteigert. Die besondere Bedeutung, die der Ausbildung zugemessen wird, läßt sich aus dem Haushaltsplan 1981 entnehmen: bei einem Volumen von 657,7 Mrd. FCFA (1980 = 660,6 Mrd. FCFA) und einer Inflationsrate von weit über 10 % stiegen die Personalausgaben im "Budget Général de Fonctionnement" vor allem für die Einstellung von 4200 Beamten und Angestellten überwiegend im Bildungsbereich um rund 27,5 % an. Addiert man die Ausgabenetats des Unterrichts- und Erziehungsministeriums, so stellt heute der Bildungsetat mit 110,5 Mrd. FCFA den weitaus größten Ausgabeposten vor dem Wirtschafts- und Finanzministerium (83,4 Mrd. FCFA), dem Ministerium für Transport, öffentliche Arbeiten und Städtebau (46,5 Mrd. FCFA) und dem Gesundheitsministerium (28,8 Mrd. FCFA) dar.[2]

Die überproportional hohen Steigerungsraten für Personal im Bildungsbereich waren im Bildungsmodell der Elfenbeinküstenstudie prognostiziert worden.[3] Da die Elfenbeinküste den Bedarf an Lehrern nicht vollständig aus inländischem Potential decken kann, hat sich die Zahl der ausländischen Experten, die überwiegend im Bildungsbereich tätig sind und zu 85 % von der Elfenbeinküste selbst bezahlt werden, von 1980 zu 1981 um 7 % erhöht. Diese Entwicklung, die in der

---

1 Vgl. Mitteilungen der Bundesstelle für Außenhandelsinformationen/NfA, a.a.O., 12.4.1979.

2 Vfl. Mitteilungen der Bundesstelle für Außenhandelsinformationen/NfA, a.a.O., 24.4.1981; zu diesem Datum betrug der Wechselkurs 100 FCFA = 0,85 DM.

3 Vgl. L.M. GOREUX: a.a.O., S. 258 f. Table 11.6.

Elfenbeinküstenstudie auf zunehmenden politischen Widerstand stößt, wurde in der Mehrebenenstudie nicht expliziert.

2.3. Der städtische Sektor

Das städtische Sektorenmodell der Mehrebenenstudie war zu dem Ergebnis gekommen, daß Importsubstitutionsindustrien in der Elfenbeinküste kapitalintensiver und weniger effizient seien als Exportindustrien. Auf diese Aussage wurde bereits in der Kritik der Studienergebnisse eingegangen.[1] Betrachtet man die Neugründungen von kleinen und mittleren Unternehmen in der Elfenbeinküste beispielhaft im Jahr 1980, so lassen sich gewisse Rückschlüsse darauf ziehen, ob private Investoren eine ähnliche Einschätzung zeigen.

1980 wurden in der Elfenbeinküste trotz zunehmender Krisenerscheinung 20 - vorwiegend mittlere - Betriebe gegründet, von denen 17 eindeutig der Importsubstitution zuzuordnen sind.[2] Die Größe der Unternehmen und ihre Produktpalette - z.B. Plastikschuhe, Kronenkorken und Etiketten, Polyesterplatten, Seife, einfache Fußbodenbeläge, Kunststoff- und Hohlblocksteine, Speiseeis und Gebäck - weisen auf eine eher arbeitsintensive Produktionsweise hin. Darüber hinaus gibt die völlig freie Investitionsentscheidung für Importsubstitutionsindustrien durch ausländische Investoren einen Hinweis darauf, daß die Effizienz dieser Industrien nicht

---

[1] Vgl. Kap. II/B. 6.
[2] Vgl. Mitteilungen der Bundesstelle für Außenhandelsinformationen/NfA, a.a.O., 2.4.1981.

geringer als die in Exportindustrien - z.B. im agroindustriellen Bereich - eingeschätzt wird.

Die offensichtliche Diskrepanz zwischen Modellergebnis und der Realität resultiert - wie in der Kritik bereits hervorgehoben - aus der starren Modellstruktur, die für die Mehrzahl der Branchen des städtischen Sektors keine Technologiewahl und damit keine dynamische Flexibilität zuläßt. In der Statik der Modellkonstruktion liegt zugleich die Unmöglichkeit begründet, dynamisches Verhalten von Wirtschaftssubjekten realitätsnah abzubilden. Das mit jeder Investitionsentscheidung verbundene - und in Entwicklungsländern besonders hohe - Risiko ist nämlich bei Importsubstitutionsindustrien i.d.R. niedriger als bei Exportindustrien, da aus den Importstatistiken zumindest die schon vorhandene Nachfrage nach bestimmten Gütern ermittelbar und damit die Absatzmöglichkeiten auf dem Inlandsmarkt eher einzuschätzen sind.[1] Zudem erleichtern die meistens niedrigeren Qualitätsansprüche der Käufer in Entwicklungsländern den Absatz von Produkten der Anlaufphase. Darüber hinaus ist im dynamischen Innovationsprozeß die Grenze zwischen Importsubstitution und Exportförderung nicht selten fließender als sie z.B. durch die rigide Modellkonzeption des städtischen Sektors unterstellt wird.[2]

---

[1] Vgl. H.R. HEMMER: Wirtschaftsprobleme, a.a.O., S. 346 ff.; hier läßt sich eine umfassende Analyse der Beziehungen zwischen Importsubstitution und Exportförderung finden.

[2] Vgl. K.-J. WINDECK: Foreign Trade Analysis for the Mano River Union - An Approach to Identification of Industrial Projects, Freetown, Hamburg 1981, S. 3 ff. Eine Bestätigung dieses Befundes läßt sich in der Elfenbeinküste finden: Die Compagnie Africaine de Préparations Alimentaires, an der Nestlé zu 59,3 % beteiligt ist, gründete eine Fabrik, in der 5300 jato Nescafé zur Importsubstitution und 700 jato Nescao für den Export produziert werden.

3. Zur wirtschaftspolitischen Umsetzung in Mexiko

Ist eine Bewertung der Realisierung der wirtschaftspolitischen Empfehlungen der Mehrebenenstudie über die Elfenbeinküste - trotz aller angeführten Schwierigkeiten - wegen des nachvollziehbaren Ursache-Wirkungs-Bezugs noch möglich, so trifft dies nicht auf die Mexikostudie zu. Dieses vor allem aus folgendem Grund: Bis 1980 ist in Mexiko niemals ein kohärenter langfristiger Entwicklungsplan entwickelt und vorgelegt worden.[1] Auch der 1980 veröffentlichte "Plan Global de Desarollo" ist weniger ein in sich geschlossener, alle Sektoren der Volkswirtschaft umfassender Plan als vielmehr eine Zusammenfassung der bis zu diesem Zeitpunkt existierenden Wirtschaftsprogramme für einzelne Sektoren.[2] Da diese Programme nur kurzfristig konzipiert und oft nur Reflexe auf bestimmte aktuelle wirtschaftspolitische Schwierigkeiten sind, ist es unmöglich, auf ihrer Grundlage die Umsetzung der Empfehlungen der Studie zu analysieren.

Die gleiche Einschätzung gilt für statistisches Material über einzelne wirtschaftspolitische Aktivitäten; aus diesem Grunde wurde solches Material - anders als bei der Untersuchung der Elfenbeinküste - nicht zur Analyse herangezogen. Es erscheint allerdings aufschlußreich, im folgenden am konkreten Beispiel der mexikanischen Entwicklungspolitik und der ihr zugrundeliegenden Konstellationen einige kritische Aspekte der Mehrebenenplanung zu vertiefen.

---

[1] Vgl. B. FISCHER, E. GERKEN, U. HIEMENZ: Growth, Employment and Trade in an Industrializing Economy - A Quantitive Analysis of Mexican Development Policies, Tübingen, 1982, S. 9

[2] Vgl. Mitteilungen der Bundesstelle für Außenhandelsinformationen/NfA, a.a.O., 14.5.1980.

Die mexikanische Entwicklungspolitik ist seit Jahrzehnten von zwei Charakteristika geprägt: Der Landwirtschaftssektor ist gekennzeichnet durch eine umfassende Landreform, die nach der Revolution 1910 begonnen wurde und seit 1917 Bestandteil der Verfassung (Artikel 27) ist.[1] Das Hauptziel dieser Reform, die Umverteilung von Hacienda-Land auf kommunale Produktionseinheiten (ejidos), wirkt mit seinem rein quantitativen Aspekt bis in die jüngste Vergangenheit fort.

Die Entwicklung des Industriesektors ist seit dem 2. Weltkrieg durch eine strenge Importsubstitutionspolitik mit prohibitiven Importlizenzsätzen für die verarbeitende Industrie gekennzeichnet. Diese Politik resultiert vor allem aus dem Bestreben, die Abhängigkeit Mexikos von US-amerikanischen Industrieprodukten zu verringern. Um diesen importsubstituierenden Prozeß zu forcieren, wurde der Anteil der staatlichen Investitionen im Industriesektor von 23,1 % (1947 - 52) auf 40,1 % (1965 - 70) vor allem zu Lasten des öffentlichen Investitionsanteils in der Landwirtschaft erhöht, der im gleichen Zeitraum von 19,9 % auf 11,0 % zurückging.[2] Um soziale Spannungen im industriellen Sektor zu vermeiden, wurde ein weitreichendes Arbeitsrecht mit Mindestlohnbestimmungen eingeführt, das 1970 für ungefähr die Hälfte der mexikanischen Arbeitnehmer gültig war.[3]

Die hier skizzierten Grundzüge des mexikanischen Entwicklungskonzepts bilden bis heute die Basis der wirtschaftspo-

---

1 Vgl. B. FISCHER, E. GERKEN, U. HIEMENZ: Growth, a.a.O., S. 11
2 Vgl. ebenda, S. 9 und Tabelle 2, S. 10.
3 Vgl. ebenda, S. 11.

litischen Entscheidungen. Ihr historisch bedingter innenpolitischer und außenpolitischer Anteil wurzelt tief, die beschriebene "Entwicklungsstrategie" wird durch die seit 1946 ununterbrochen regierende Partido Revolucionario Institutional - trotz z.T. erheblicher Unterschiede der Politik der alle sechs Jahre wechselnden Präsidenten - im Kern politisch ohne substantielle Änderungen durchgesetzt. So ist zu erklären, daß die gravierenden Strukturprobleme vor allem in der Landwirtschaft und die massiven Verzerrungen der inländischen Faktorallokation, auf die neben der Mehrebenenstudie zahlreiche andere Untersuchungen hingewiesen hatten,[1] mit so großem Widerstand von den mexikanischen Entscheidungsträgern zur Kenntnis genommen wurden.

Erst in jüngster Zeit ist die Frage der landwirtschaftlichen Entwicklung in den Vordergrund getreten. In dem 1980 verabschiedeten Grundnahrungsmittelprogramm wird festgelegt, daß dem Landwirtschaftssektor zusätzliche Mittel aus den steigenden Erdöleinnahmen zugewiesen werden sollen. Entsprechend den Zielvorstellungen der Regierung soll der Anteil der öffentlichen Investitionen in der Landwirtschaft auf 25 % im Jahre 1982 steigen.

Unabhängige Beobachter glauben allerdings nicht, daß dadurch die strukturellen Probleme der Landwirtschaft, die vor allem aus zu kleinen Anbaueinheiten resultieren, zu bewältigen sind.[2]

---

[1] Vgl. z.B. die in B. FISCHER, E. GERKEN, U. HIEMENZ a.a.O. angegebene Literatur.
[2] Vgl. Bundesstelle für Außenhandelsinformationen/NfA, a.a.O., 2.9. 1980. Vgl. auch B. FISCHER, E. GERKEN, U. HIEMENZ: a.a.O., S. 134.

Die vermehrten Öleinnahmen, mit deren Hilfe das forcierte Landwirtschaftsmodell finanziert werden soll, verdeutlichen über die schon angeführten Umsetzungsprobleme der Empfehlungen des Mehrebenenmodells hinaus die konzeptionelle Schwierigkeit struktureller Planung. Dieser Aspekt mit all seinen Implikationen sei im folgenden exemplifiziert. Seit 1973 lagen der mexikanischen Regierung Kenntnisse vor, daß die Ölreserven im Reforma-Feld wesentlich größer als vorher angenommen waren.[1] Diese Information wurde bis zum Amtsantritt von Präsident Portillo im Jahre 1976 als streng geheim behandelt, da die mexikanische Regierung befürchtete, sich sonst einem massiven Druck der USA auf erhöhte Öllieferungen nach Nordamerika auszusetzen. Das aber bedeutete zugleich, daß diese für die Planung des Energiesektors wichtige Information nicht in den Planungsprozeß eingegeben werden konnte.

Für das Mehrebenenmodell Mexikos ist der hier geschilderte Sachverhalt konkret irrelevant, da neue Daten aus dem Jahre 1973 nicht mehr in das Modell hätten integriert werden können. Prinzipiell jedoch deckt dieses Beispiel die Verwundbarkeit des strukturellen Konzepts der Mehrebenenplanung auf: Das bewußte Zurückhalten oder die Manipulation von planungsrelevanten Daten beeinträchtigt grundsätzlich die Qualität von Planung, ist also auch bei der Partialplanung z.B. eines einzelnen Projekts schädlich. Bei einem umfassenden langfristigen Planungskonzept wie dem der Mehrebenenplanung sind die negativen Effekte allerdings gravierender, da falsche Ausgangsdaten sich auf mehrere Sektoren und über einen längeren Zeitraum auswirken.

---

1 Vgl. L.R. ROSENBAUM RANDALL: Mexico, in: K.R. STUNKEL (ed.): National Energy Profiles, New York, 1981, S. 282.

Ungenauigkeiten von zentralen Informationen auszuschließen, seien sie durch objektive Bedingungen oder bewußte Manipulationen verursacht, muß deshalb ein besonderes Anliegen der Konstrukteure solch umfassender Planungsansätze sein. Selbst wenn "Sensitivitätstests" dieser Art in quantitativer Form nicht möglich sind, erscheint die qualitative Berücksichtigung sozialer, politischer und administrativer Aspekte nötig, um über die Validität projektrelevanter Kerndaten ein möglichst genaues Bild zu haben und nicht schon aus diesem Grund - neben den anderen der Informationsunsicherheit gegenüber langfristigen Entwicklungen - zu unsinnigen Ergebnissen zu kommen.

4. Zusammenfassung

Zusammenfassend kann festgestellt werden, daß die wirtschaftspolitischen Empfehlungen der zwei Mehrebenenstudien in der Elfenbeinküste in weitaus stärkerem Maße in die Praxis umgesetzt wurden als in Mexiko. Dieser Unterschied resultiert vor allem daraus, daß in der Elfenbeinküste eine größere Übereinstimmung zwischen dem entwicklungspolitischen Konzept der politischen Entscheidungsträger und der Planentwerfer herrschte, als dies in Mexiko der Fall war, wo die über Jahrzehnte gültige Entwicklungskonzeption der mexikanischen Entscheidungsträger eine schnelle Umsetzung alternativer Entwicklungsempfehlungen unmöglich machte.
Solche Konflikte sind bei einer - wie im Eingangskapitel beschriebenen - funktionalen Trennung von Planentwurf und Planausführung nicht selten zu beobachten. Konflikte dieser Art lassen sich allerdings durch eine intensive Zusammenarbeit der zwei beteiligten Gruppen vor und während der Modellkonstruktion reduzieren. Diese Vorgehensweise ist bei der Entwicklung des Mehrebenenmodells für die Elfen-

beinküste zu beobachten, wo die intensive Beratung zwischen Planentwerfern und politischen Entscheidungsträgern nach der ersten Phase zu einer wesentlichen Modellmodifikation führte. Entscheidend ist, daß die Kooperation von Planentwurf und Planumsetzung zu einem von beiden Seiten weitgehend gemeinsam getragenen Zielsystem führt und sich nicht nur in der Koordination rein planungstechnologischer Aspekte erschöpft. Letzteres scheint bei der Entwicklung des Mehrebenenmodells für Mexiko der Fall gewesen zu sein und ist u.U. der entscheidende Grund für die geringe Umsetzung der entwicklungspolitischen Empfehlungen der Studie in diesem Land.

Neben den hier skizzierten Zielkonflikten sind Zielkonflikte innerhalb der Binnenstruktur der Mehrebenenmodelle von großer Bedeutung. Es muß gefragt werden, ob in Anbetracht der faktischen Interessen- und Zielgegensätze zwischen verschiedenen Einfluß- und Entscheidungsebenen innerhalb eines Landes das der bisher entwickelten Mehrebenenplanung zugrundeliegende symbiotische Zielsystem realitätsnahe Ergebnisse ermöglicht.

Zusammenfassung der Arbeit und Ausblick

Da jeweils am Ende der fünf Teile dieser Arbeit die betreffenden Einzelergebnisse zusammengefaßt wurden, erscheint an dieser Stelle eine sehr komprimierte Zusammenfassung ausreichend.

Dekompositionsalgorithmen bieten die Möglichkeit, komplexe intra- und intertemporale Ressourcenallokationsprobleme zu lösen. Mittels dieser Verfahren wird ein großes Problem in Teilprobleme aufgespalten. Die Teilprobleme werden auf

mehreren Ebenen bearbeitet, indem die Zentralebene in
Kenntnis der Gesamtzielfunktion und der zentralen Ressourcenbeschränkungen, die Unterebenen in Kenntnis ihrer Zielfunktionen, der sektoralen Ressourcenrestriktionen und der
jeweiligen technologischen Möglichkeiten Optimierungen mit
Hilfe der mathematischen Programmierung vornehmen. Üblicherweise sind die Zielfunktionen der Untereinheiten addierbare Teilziele der Gesamtzielfunktion. Es wird also
von zielsymbiotischen Organisationen ausgegangen.

Die verschiedenen Ebenen werden durch Informationsflüsse
systematisch verknüpft. Der Informationsoutput der einen
Ebene ist der Informationsinput der anderen Ebene und umgekehrt. Je nachdem, ob die Zentrale die Untereinheiten mit
Hilfe abwärtsfließender Preis- oder Mengeninformationen
steuert, auf die die Untereinheiten mit jeweils inversen
aufwärtsfließenden Informationen reagieren, handelt es sich
um preis- oder mengengesteuerte Dekompositionsalgorithmen.
Solche Dekompositionsalgorithmen lassen sich für die Mehrebenenplanung in Entwicklungsländern nutzen.

Bei der Mehrebenenplanung werden die Zentral-, Sektor-, Regional- und Projektebenen durch Verknüpfung ihrer jeweils
spezifischen Informationen verbunden, um durch eine iterative Informationsverarbeitung zwischen den Ebenen die vorhandenen Daten optimal zur Lösung umfassender Entwicklungsprobleme nutzen zu können.

Die konkrete Umsetzung des theoretischen Konzepts wird in
zwei Fallstudien analysiert. Dabei zeigt sich, daß die Anwendung in der Praxis Lösungsmöglichkeiten eröffnet, die
über die Reichweite von Partialanalysen hinausgehen. Allerdings wirft die Mehrebenenplanung als Instrument zur
Planung und Evaluierung struktureller Entwicklungsvorhaben
erhebliche Probleme auf. Dies zeigt sich vor allem bei der

Mexikostudie in bezug auf die Kohärenz der Einzelmodelle und die verwendete Zielfunktion. Diese Probleme werden in der Studie über die Elfenbeinküste weitgehend gelöst. Insofern kann von einem echten Lerneffekt gesprochen werden.

Im Anschluß an die Fallstudien wird ein Ablaufschema des gesamten Planungs- und Entscheidungsprozesses entwickelt, dessen Kernelement das dynamische Mehrebenenmodell ist.
Die Verwendung des "building block approach" gibt die Möglichkeit, gegenwärtig und in der Vergangenheit gewonnene Teilinformationen in ein Gesamtsystem einzubetten, das es längerfristig erlaubt, die unzureichende Informationsinfrastruktur in Entwicklungsländern zu verbessern.

Die im Anschluß vorgenommene Analyse der wirtschaftspolitischen Umsetzungen der Entwicklungsempfehlungen der zwei Mehrebenenstudien erbringt als wesentliches Ergebnis, daß Modellkonstrukteure und politische Entscheidungsträger in einem engen Abstimmungsprozeß, der über rein planungstechnologische Aspekte hinausgeht, zu einem von beiden Seiten getragenen verbindlichen Zielsystem kommen müssen. Nur so ist eine Umsetzung der Modellempfehlungen in die entwicklungspolitische Realität erst möglich.

Die für diesen Prozeß notwendige realistische Modellabbildung der Zielfunktionen in realen gesellschaftlichen Organisationen muß Zielkonflikte berücksichtigen können. Insofern ist die in den meisten theoretischen Mehrebenenmodellen und auch in den zwei Fallbeispielen unterstellte Zielsymbiose zwischen den verschiedenen Ebenen als wenig aussagefähig einzuschätzen, da komplexe politische Kräftefelder "notwendigerweise mehrdimensionale, konfliktgeladene Zielfelder zur Folge (haben), die die ungelösten und im bestehenden politischen Kräftefeld oft unlösbaren Interessengegensätze widerspiegeln."[1]

Die am Ende des Grundlagenteils skizzierten Lösungsverfahren für nicht-zielsymbiotische Organisationen kommen den realen Beziehungen in komplexen sozialen Organisationen relativ nahe. Sie verzichten im Gegensatz zu den zielsymbiotischen Methoden auf eine einzige umfassende gesamtwirtschaftliche Zielfunktion, die von allen beteiligten Ebenen unter Beachtung der jeweiligen Restriktionen maximiert wird.

Verhandlungsmodelle in der Mehrebenenplanung sind dem Konzept der begrenzten Rationalität eng verwandt, da sie nicht mehr ein absolutes Optimum anstreben, sondern versuchen, so gut wie möglich einige Ziele zu realisieren, die im Spannungsverhältnis zwischen verschiedenen Entscheidungsträgern definiert werden.[2] Der in diesen Modellen verwendete Mechanismus des Setzens von Zielen auf den jeweiligen Ebenen führt zu einem Modellverhalten, das in der Theorie des Aspirationsniveaus beschrieben wird.[3] Damit werden die neueren Ansätze der Mehrebenenplanung von der "Optimierungsrigidität" befreit, die ihre Fähigkeit, reale Planungsvorgänge abzubilden, negativ beeinträchtigt.

Modelle der nicht-zielsymbiotischen Mehrebenenplanung weisen eine Entwicklung auf, die es ermöglicht, Planung (in

---

1 Vgl. Weiss, D.: a.a.O., S. 4
2 Vgl. J.R. FREELAND: a.a.O., S. 194.
3 Vgl. ebenda, S. 184 und dort angegebene Literatur; vgl. auch J. KORNAI: Anti-Equilibrium, Amsterdam, 1971, Kapitel 10 und 11.

dem in der Einführung definierten Sinn) als umfassenden kognitiven Prozeß aufzufassen, in dem iterativ neue Kenntnisse auch über die Zielvorstellungen der beteiligten Individuen gewonnen werden.[1] Insofern ist das dieser Arbeit vorangestellte Zitat von Brecht zur Planung nicht als Ausdruck der Hoffnungslosigkeit zu interpretieren, sondern als Hinweis darauf, daß menschliches Planen ein - nicht immer erfolgreicher - komplizierter, in mehreren Schritten ablaufender kognitiver Prozeß ist, in dem sukzessiv die zu gestaltende Realität begriffen wird.

Wie kompliziert dieser Prozeß ist, zeigt sich bei den Lösungsverfahren, die nicht von Zielsymbiose ausgehen. Sie sind bisher nur im Kern formal erarbeitet, zahlreiche mathematische Probleme sind bis jetzt noch nicht gelöst.[2]
Vor allem liegen noch keine empirischen Erfahrungen aus dem Einsatz solcher Verfahren vor.[3]

Da die bisherigen theoretischen und praktischen Kenntnisse über solche Algorithmen begrenzt sind, ist es problematisch, ihre Bedeutung uneingeschränkt positiv zu beurteilen. Es erscheint sinnvoll, ihre Möglichkeiten und Grenzen bei zukünftigen Studien zur Mehrebenenplanung - wahrscheinlich zunächst nur in Experimentalmodellen - ausführlich zu analysieren.

---

[1] Vgl. L.M. GOREUX, A.S. MANNE (ed.): a.a.O., S. 542.
[2] Vgl. z.B. J.R. FREELAND: a.a.O., S. 181 und S. 192.
[3] Dies gilt auch für den Ansatz von Sfeir-Younis und Bromley, der ausführlich multiple Ziele bei der Entscheidungsfindung in Entwicklungsländern berücksichtigt; vgl. A. SFEIR-YOUNIS, D.W. BROMLEY: Decision Making in Developing Countries - Multiobjective Formulation and Evaluation Methods, New York, 1977.

Gleichzeitig sollte versucht werden, die vorhandenen in dieser Arbeit analysierten Probleme zu lösen. Für die Weiterentwicklung der Mehrebenenplanung und ihre Anwendung in Entwicklungsländern erscheint eine große Offenheit gegenüber theoretischen Neuansätzen, die nicht aus dem Bereich der Volkswirtschaftslehre stammen, als außerordentlich fruchtbar.[1]

---

[1] Vgl. z.B. S.F. MAIER, J.H. VAN DER WEIDE: Capital Budgeting in the Decentralized Firm, in: Management Science, Vol.23 (1976), S. 433 f., die einen interessanten Algorithmus zum iterativen Ausgleich der marginal rate of return zwischen den Projekten der selbständigen Untereinheiten unter Berücksichtigung von Unteilbarkeiten entwickeln.

ANHANG

Anhang I: Beziehungen in der Dualitätstheorie

Die Beziehungen zwischen dem primalen und dualen Problem lassen sich mit Hilfe von Tuckers abgekürzter Koeffizientafel leicht erkennbar darstellen, wobei man das primale Problem von links nach rechts und das duale Problem von oben nach unten liest.

Beim primalen Problem werden in Analogie zur Ungleichung $z \leq \max z$ die Ungleichungen in der Form $\leq$ geschrieben, während beim dualen Problem in Analogie zur Ungleichung $Z \geq \min Z$ die Ungleichungen mit $\geq$ notiert werden.[1]

		Primales Problem				
	Variable	$x_1 \geq 0$	$x_2 \geq 0$	$x_n \geq 0$	Relationen	Konstante
Duales Problem	$w_1 \geq 0$	a_{11}	a_{12}	$\cdots$ a_{1n}	$\leq$	r_1
	$w_2 \geq 0$	a_{21}	a_{22}	$\cdots$ a_{2n}	$\leq$	r_2
	$\vdots$	$\vdots$	$\vdots$	$\vdots$		
	$w_m \geq 0$	a_{m1}	a_{m2}	$\cdots$ a_{mn}	$\leq$	r_m
	Relationen	$\geq$	$\geq$	$\geq$	$\geq \min Z$	
	Konstante	c_1	c_2	c_n	$\leq \max z$	

---

[1] Vgl. G.D. DANTZIG: Lineare Programmierung und Erweiterung, a.a.O., S. 145.

Man erkennt, daß die Zeichen $\leq$, =, $\geq$ in den primalen Restriktionen sich nicht auf die dualen Restriktionen auswirken, sondern die Forderungen an die dualen Variablen hervorrufen et vice versa. Zu jeder primalen Restriktion gehört also eine duale Variable.[1]

Faßt man die Koeffizienten a_{ij} der einzelnen Variablen der Programmierungsaufgaben zu Aktivitätsvektoren $\underline{a}_{ij}$ zusammen, die die Spalten der Matrix $\underline{A}$ bilden, die Variablen x_j zum Vektor $\underline{x}_j$ und die Koeffizienten in der Zielfunktion c_j zum Vektor $\underline{c}_j$ zusammen, so lassen sich die zwei dargestellten zueinander dualen Aufgaben wie folgt formulieren:[2]

Primales Problem:

$$\underline{A}\,\underline{x} \leq \underline{r}$$
$$\underline{x} \geq 0$$
$$z = \underline{c}^T \underline{x} \rightarrow \text{Max}$$

Duales Problem:

$$\underline{A}^T \underline{w} \geq \underline{c}$$
$$\underline{w} \geq 0$$
$$Z = \underline{r}^T \underline{w} \rightarrow \text{Min}$$

Die Vektoren $\underline{a}_{ij}$ werden häufig als Aktivitätsvektoren, der Vektor $\underline{r}$ als Erfordernisvektor und $\underline{c}$ als Bewertungsvektor bezeichnet.[3]

---

1 Vgl. H. KÖRTH u.a.: a.a.O., S. 311.
2 Vgl. ebenda, S. 309.
3 Vgl. ebenda, S. 264.

Anhang II: Mengengesteuerte Lösungsalgorithmen

1. Der "large-step subgradient approach"[1]

Der allgemeine iterative Lösungsprozeß eines mengengesteuerten Verfahrens wurde bereits dargestellt. Die entscheidende Frage ist nun, wie die Zentrale eine Umverteilung der Ressourcen auch bei nicht ständiger Differenzierbarkeit von $w_i(\underline{v}_i)$ vornimmt, um sich dem Gesamtoptimum anzunähern.

Dazu muß die Richtung der Ressourcenumverteilung so bestimmt werden, daß der Wert der Zielfunktion

$$\sum_{i=1}^{n} w_i(\underline{v}_i)$$

aus Problem R sich erhöht.

Bezeichnet man die Richtung mit b_i^o, also b_1^o, b_2^o, ..., b_n^o, und die Schrittgröße in diese Richtung mit c, dann erfolgt in der zweiten Lösungsrunde (t+1) die Ressourcenzuteilung so, daß

$$\underline{v}_i^{t+1} = \underline{v}_i^t + c^t \underline{b}_i^o \quad (i=1, \ldots, n)$$

Die Schrittgröße c in Richtung b_i läßt sich durch Lösung des folgenden Problems ermitteln:[2]

---

[1] Vgl. J.R. FREELAND: a.a.O., S. 97 ff.
[2] Vgl. ebenda.

Maximiere $\quad \sum_{i=1}^{n} w_i (\underline{v}_i^t + \underline{c}^t b_i^o)$

unter Bed. $\quad \sum_{i=1}^{n} (\underline{v}_i^t + \underline{c}^t b_i^o) \leq \underline{r}$

$\quad\quad\quad\quad\quad \sum_{i=1}^{n} \underline{z}_i (\underline{v}_i^t + \underline{c}^t b_i^o) \leq \underline{y}$

Unterschiede zwischen verschiedenen Algorithmen werden vor allem durch die Kriterien der Wahl der verbesserten Richtung bedingt. Der "large step subgradient approach" bestimmt die Reallokationsrichtung, die die anfängliche Rate der Zielerreichungsänderung maximiert.

Die lösungsverbessernde Richtung wird bei Geoffrion durch ein block-diagonales lineares Hilfsprogramm ermittelt.[1] Zur Aufstellung dieses Hilfsprogramms müssen die Untereinheiten der Zentrale die Gradienten von f_i, $\underline{h}_i$, $\underline{z}_i$ und die Gradienten der Funktionen mitteilen, die die Menge X_i definieren, die bei der jeweils letzten Lösung von $R_i (\underline{v}_i)$ ermittelt wurde.[2] Besonders die letzteren Informationen, die die speziellen Produktionsmöglichkeiten der einzelnen Untereinheiten betreffen, heben die angestrebten informationskostensparenden Vorteile von Mehrebenenmodellen auf. Hinzu kommt, daß Gradienten, die die Richtung des größten lokalen Anstiegs einer Funktion, ermittelt in einem gegebenen Punkt, repräsentieren, sich kaum als ökonomisch gehaltvolle Information interpretieren lassen.[3]

---

[1] Vgl. GEOFFRION: Primal, a.a.O., S. 394.
[2] Vgl. J.R. FREELAND: a.a.O., S. 98.
[3] Vgl. ebenda.

Der "large step subgradient approach" ist deshalb eher eine Lösungsstrategie für komplexe mathematische Entscheidungsprobleme als ein Algorithmus für komplizierte ökonomische Allokoationsprobleme. Dies gilt auch für alle anderen auf dem "large step subgradient approach" beruhenden Algorithmen, die mit Ausnahme des Algorithmus von Zschau[1] für rein mathematische Probleme entwickelt wurden und auf ökonomische Aufgabenstellungen nicht anwendbar sind.[2] Der Algorithmus von Zschau ist zwar für ökonomische Probleme konzipiert und arbeitet mit für ökonomische Organisationen sinnvollen Informationen,[3] er ist aber sehr rechenaufwendig.[4] Aus diesem Grunde soll er nicht näher dargestellt werden.

2. Die stückweise Annäherung[5]

Diese Lösungstechnik geht von der Grundtatsache aus, daß die Funktionen w_i über bestimmten Bereichen von E^m eine erheblich einfachere Struktur haben. Die teilweise einfachere Problemstruktur resultiert daraus, daß ein Teil der Nebenbedingungen in Problem R_i ($\underline{v}_i$) nur für bestimmte Werte von $\underline{v}_i$ relevant ist. Das Lösungsproblem R' kann also dadurch vereinfacht werden, daß man den Teil von E^m, für den w_i relativ einfach strukturiert ist, abtrennt und die für diese Bereiche gültigen $\underline{v}_i$ sucht und so das Ausgangsproblem "stückweise", d.h. in bezug auf seine einfachen Teile löst. Bei diesem Verfahren weist die Zentrale den Untereinheiten

---

1 Vgl. Zschau, E.V.W., A Primal Decomposition Algorithm for Linear Programming, Diss. Stanford University, 1967.
2 Vgl. J.R. FREELAND: a.a.O., S. 100 und dort angegebene Literatur.
3 Vgl. L.P. JENNERGREN: a.a.O., S. 49.
4 Vgl. ebenda, S. 52 f.
5 Vgl. A.M. GEOFFRION: Primal, a.a.O., S. 395 ff.

Ressourcenbudgets zu.[1] Die Untereinheiten lösen jeweils ihr Problem und melden der Zentrale die mit den Nebenbedingungen verbundenen optimalen Dualvariablen (Schattenpreise) zurück. Zusätzlich melden sie den Bereich des Ressourcenbudgets, für den sich die augenblicklichen ökonomischen Aktivitäten, die die Untereinheiten entsprechend ihrer Produktionsbedingungen gewählt haben, nicht verändern.

Mit dieser Information wird also der minimale und maximale Ressourcenbedarf gemeldet, für den die in der laufenden Iteration gewählten Produktionsaktivitäten unverändert realisierbar sind; die Schattenpreise geben die Veränderung der jeweiligen Zielfunktion der Untereinheiten in diesem Bereiche in Abhängigkeit von der letzten Ressourcenzuteilung an. Mit Hilfe dieser Informationen sucht die Zentrale eine Ressourcenreallokation, die die globale Zielfunktion verbessert. Ist dies der Fall, beginnt der iterative Prozeß erneut. Ist durch eine Ressourcenumverteilung keine Zielerreichungsgradsteigerung mehr möglich, wird der Suchprozeß beendet.

Auf eine genaue analytische Darstellung des Algorithmus soll hier verzichtet werden, da er zwar für lineare und quadratische Probleme geeignet ist, jedoch i.d.R. allgemeine nicht-lineare Probleme nicht lösen kann.[2] Diese Eingrenzung, die aus der Schwierigkeit resultiert, E^m in Bereiche zu unterteilen, in denen w_i eine einfachere Struktur hat, macht das Verfahren der stückweisen Annäherung für ei-

---

1 Die mathematische Darstellung des iterativen Lösungsprozesses befindet sich in: J.R. FREELAND: a.a.O., S. 101 f.
2 Vgl. J.R. FREELAND: a.a.O., S. 103.

ne Reihe ökonomisch interessanter Probleme ungeeignet.

3. Das Verfahren der tangentialen Approximation[1]

Dieses Verfahren versucht eine stückweise lineare Annäherung an die Funktion w_i $(\underline{v}_i)$, indem die Tangente für w_i $(\underline{v}_i)$ an verschiedenen Punkten dieser Funktion ermittelt wird.

Nimmt man an, daß für jedes $\underline{v}_i \in V_i$ ein Vektor von Dualvariablen $\overline{p}_i$ existiert, der mit der Nebenbedingung $\underline{h}_i (\underline{x}_i) \leq \underline{v}_i$ (7.6) aus Problem R_i (v_i) verbunden ist, so läßt sich zeigen,[2] daß bei gegebenen $\underline{v}_i = \overline{\underline{v}}_i$ die Funktion $f_i (\overline{\underline{x}}_i) - \overline{p}'_i (\overline{\underline{v}}_i - \underline{v}_i)$ eine Tangente an w_i $(\underline{v}_i)$ bei $\overline{\underline{v}}_i$ ist; $\overline{\underline{x}}_i$ stellt dabei die Optimallösung für Problem R_i (v_i) dar. Der Vektor der optimalen Dualvariablen[3] hat die Eigenschaft, daß $w_i (\overline{\underline{v}}_i) + \overline{p}'_i (\underline{v}_i - \overline{\underline{v}}_i) \geq w_i (\underline{v}_i)$ für jedes $\underline{v}_i \in V_i$. Daraus läßt sich schließen, daß $\overline{p}_i$ eine Information darüber gibt, wie sich die Funktion $w_i (\underline{v}_i)$ in der Nähe von $\overline{\underline{v}}_i$ verhält.[4]

Problem R kann also dadurch gelöst werden, daß man mit Hilfe dieser Information eine schrittweise verbesserte Annäherung an w_i über die Tengenten erreicht. Dieser Zusammen-

---

[1] Vgl. A.M. GEOFFRION: Primal, a.a.O., S. 381 ff; J.R. FREELAND: a.a.O., S. 90 ff.; L.R. JENNERGREN: a.a.O., S. 64 ff.
[2] Vgl. A.M. GEOFFRION: Primal, a.a.O., S. 381.
[3] Zum Beweis der Optimalität vgl. L.R. JENNERGREN, a.a.O., S. 65.
[4] Vgl. ebenda, S. 66.

hang ist grafisch in Abbildung II.1 dargestellt. w_i wird an drei Punkten $\underline{v}_i^0$, $\underline{v}_i^1$ und $\underline{v}_i^2$ ermittelt.

Abbildung II.1: <u>Die tangentiale Approximation</u>

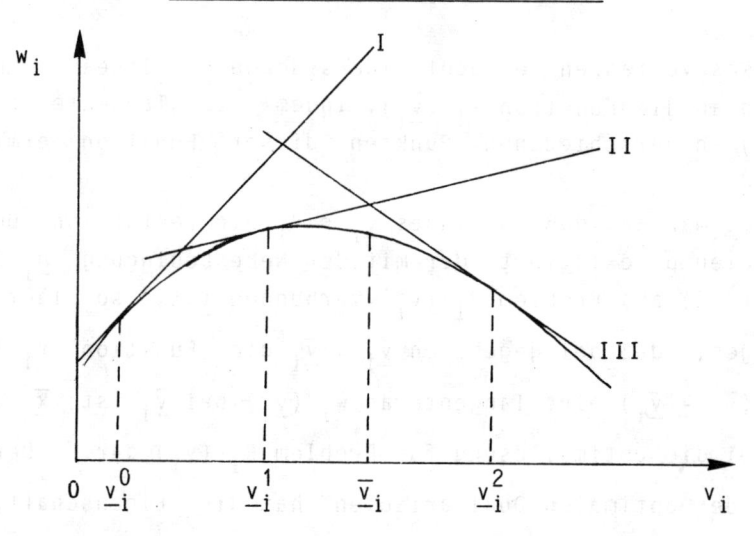

Die erste Tangente hat die Steigung $\underline{p}_i^0$, die zweite $\underline{p}_i^1$ und die dritte $\underline{p}_i^2$.

Wegen der Eigenschaften der Vektoren der optimalen Dualvariablen ergibt sich die laufende äußere lineare Approximation für $w_i(\underline{v}_i)$ – bezeichnet als $w_i^t(\underline{v}_i)$ – aus:[1]

$$w_i^t(\underline{v}_i) = \min(w_i(\underline{v}_i^s) + \underline{p}_i^s(\underline{v}_i - \underline{v}_i^s))$$

$s = 1, 2, \ldots, t$.

---

[1] Vgl. L.P. JENNERGREN: a.a.O., S. 66; sowie J.R. FREELAND: a.a.O., S. 91.

Der iterative Lösungsprozeß, der auf der Ebene der Zentrale und der Untereinheiten stattfindet, läuft nun so ab:[1]

1) Die Zentrale weist jeder Untereinheit einen Ressourcenmengenvektor zu. Diese dürfen insgesamt die zentralen Nebenbedingungen nicht verletzen.

2) Die Untereinheiten lösen Problem $R_i(v_i)$ und ermitteln $f_i(\underline{x}_i^t)$ und den mit ihren Nebenbedingungen verbundenen Vektor der optimalen Dualvariablen $\underline{p}_i^t$; $f_i(\underline{x}_i^t)$ und $\underline{p}_i^t$ werden der Zentrale mitgeteilt; t wird = 0 gesetzt. Ökonomisch bedeutet das, daß die Untereinheit i die Zentrale darüber informiert, wie hoch ihr Zielerreichungsgrad in Abhängigkeit von der ihr zugewiesenen Ressourcenmenge ist und wie sich der Zielerreichungsgrad verändert, wenn das zugewiesene Ressourcenbudget variiert würde.[2]

3) Nun ist das folgende Problem zu lösen, das der laufenden tangentialen Approximation von Problem R' entspricht.[3]

Problem R'':

$$\text{Maximiere} \quad \sum_{i=1}^{n} s_i^t$$

---

[1] Vgl. A.M. GEOFFRION: a.a.O., S. 382.
[2] Vgl. L.P. JENNERGREN: a.a.O., S. 66.
[3] Vgl. J.R. FREELAND: a.a.O., S. 91 ff. unter Verwendung von A.M. GEOFFRION: a.a.O., S. 381 f.

unter Bed.: $s_i \leq f_i(\underline{x}_i^j) - \underline{p}_i^{j'}(\underline{v}_i^j - \underline{v}_i)$

$j = 1, \ldots, t$, $i = 1, \ldots, n$

$\sum_{i=1}^{n} \underline{v}_i \leq \underline{r}$

$\sum_{i=1}^{n} \underline{z}_i(\underline{v}_i) \leq \underline{y}$; $\underline{v}_i \in T_i$, $i = 1, \ldots, n$.

Die Zentrale teilt den Untereinheiten $\underline{v}_i^{t+1}$ mit (Reallokation).

4) Die Untereinheiten nehmen die gleichen Berechnungen wie in Schritt 2 vor und teilen der Zentrale die Werte für $f_i(x_i^{t+1})$ und $\underline{p}^{t+1}$ mit.

5) Die Zentrale nimmt die gleichen Operationen wie in Schritt 3 vor. Ist $\underline{v}_i^{t+2}$ optimal oder hinreichend der Optimallösung angenähert, wird der Lösungsprozeß beendet oder - falls dies nicht der Fall ist - eine neue Iterationsrunde begonnen.

Geoffrion zeigt,[1] daß bei jeder Iteration eine obere und untere Grenze für die optimale Zielfunktion von Problem R entsteht, so daß die Zentrale ständig eine Information darüber hat, wie weit die momentane (iterative) Lösung vom Optimum entfernt ist. Da dieses mengengesteuerte Verfahren - sofern die Nebenbedingungen beachtet werden - bei jeder Iteration realisierbare Lösungen für das Zentralproblem und

---

1 Vgl. A.M. GEOFFRION: a.a.O., S. 383.

Kenntnisse über die Suboptimalität der jeweiligen Schrittlösung erbringt, kann der Lösungsprozeß bei Erreichen einer bestimmten Suboptimalitätsgrenze abgebrochen werden. Diese Eigenschaft ist in der Praxis deshalb wichtig, weil jede Iterationsrunde zeit- und kostenintensiv ist - besonders dann, wenn der Zielerreichungsgrad mit zunehmenden Iterationen degressiv steigt. Für die Praxis ist ein Planungsverfahren, das nach wenigen Schritten akzeptable Ergebnisse mit Kenntnis der Suboptimalität liefert, sinnvoller als Verfahren, die eine u.U. vielschrittig zu ermittelnde Optimallösung verlangen, weil sie erst im Optimum eine durchführbare (= dual feasible) Lösung liefern. Auf diesen Aspekt wurde bereits bei der kritischen Würdigung des Algorithmus von Dantzig/Wolfe hingewiesen. Er spielt bei der praktischen Anwendung von Dekompositionsalgorithmen - wie sich gezeigt hat - eine große Rolle. Geoffrion beweist nicht, daß das Tangentialverfahren zu einer Optimallösung konvergiert, führt allerdings aus, daß "each approach here should converge to an optimal solution, if one properly attains to the tactial questions."[1] Für einen auf der Basis der Tangentiallösung entwickelten Algorithmus, der allerdings nicht-zielsymbiotische Organisationen betrifft, beweist Freeland die endliche Konvergenz.[2]

Erhebliche Schwierigkeiten können bei der tangentialen Annäherung durch die Verletzung der Nebenbedingung entstehen. Ökonomisch interpretiert bedeutet diese Nebenbedingung, daß die Zentrale niemals einer Untereinheit ein Ressourcen-

---

1 Vgl. A.M. GEOFFRION: Primal, a.a.O., S. 377.
2 Vgl. J.R. FREELAND: a.a.O., S. 142 ff.

budget zuteilen darf, für das keine durchführbare Lösung existiert.[1]

In diesem Fall muß die Zentrale die Nebenbedingungen jeder Untereinheit kennen, was eine Verletzung der Informationsautonomie und damit den Verlust der durch Mehrebenenmodelle ja gerade angestrebten Informationsersparnisse bedeutet.[2] In den meisten praktischen Fällen lassen sich Probleme dieser Art jedoch ausschließen.[3]

4. Dem Verfahren der tangentialen Approximation verwandte Algorithmen

Eines der frühesten mengengesteuerten Mehrebenenmodelle ist das von Kornai und Liptak.[4] Es ist insofern interessant, als es konkret für die volkswirtschaftliche Gesamtplanung in Ungarn konzipiert wurde und für die verkrustete Diskussion der sozialistischen Planung erhebliche Impulse brachte. Die Besonderheit dieses Algorithmus liegt darin, daß die Verwandtschaft zwischen linearen Programmen und Spielen so genutzt wird, daß der iterative Lösungsprozeß zwischen der Zentrale und den Untereinheiten als ein Zweipersonen-

---

1 Vgl. J.R. FREELAND: a.a.O., S. 95.
2 Vgl. ebenda, S. 142 ff.;
vgl. L.P. JENNERGREN: a.a.O., S. 67 f.
3 Vgl. J.R. FREELAND: a.a.O., S. 95.
4 Vgl. J. KORNAI, T. LIPTAK: Two Level Planning, in: Econometrica, Vol. 33 (1965), S. 141 ff.; J. KORNAI, T LIPTAK: Planung auf zwei Ebenen, in: W.S. NEMTSCHINOW, L.W. KANTOROWITSCH u.a. (Hrsg.): Die Anwendung der Mathematik bei ökonomischen Untersuchungen, Wien, 1968 (Moskau 1965), S. 102 ff.; J. KORNAI: Mathematische Methoden bei der Planung der ökonomischen Struktur, Berlin, 1967 (Budapest 1965), Kap. 24 (S. 329 ff.) und Anhang H (S. 454 ff.).

spiel vollzogen wird.[1] Zur Lösung des Spiels bestimmen die Beschränkungen, die für die Sektoren gelten, die Strategie des ersten Spielers. Restriktionen, die die Sektoren miteinander verknüpfen, werden hingegen für die Errechnung der Strategie des zweiten Spielers benutzt. Es wird die Methode des fiktiven Abspielens verwendet.[2]

Unter Verwendung der bisher benutzten Symbole ergibt sich die Zielfunktion der Organisation als[3]

$$\text{Maximiere} \sum_{i=1}^{n} w_i (\underline{v}_i) = \max \sum_{k=1}^{n} \min \underline{p}'_k \cdot \underline{v}_k$$

Diese Zielfunktion wird im Spiel so benutzt, daß die Zentrale der maximierende und die Untereinheiten (als Gruppe) der minimierende Spieler sind.[4] Auf den iterativen Ablauf des Spiels soll hier nicht weiter eingegangen werden.[5]

Die ökonomische Interpretation der spieltheoretischen Formulierung liegt auf der Hand. Die Zentrale verfügt über Globalkenntnisse ohne Detailkenntnisse (z.B. Produktionsstruktur der Untereinheiten) und die Untereinheiten verfügen über die Detailkenntnisse, überblicken aber nicht den Geamtzusammenhang. Eine befriedigende Lösung kann sich nur aus dem Zusammenspiel beider Informationen ergeben, wobei

---

1 Vgl. H.P. TONN: a.a.O., S. 103.
2 Vgl. G.W. BROWN: Iterative Solution of Games by Fictious Play, in: T.C. KOOPMANS (ed.): Activity Analysis ..., a.a.O., S. 374 ff. und J. ROBINSON: An Iterative Method of Solving a Game, in Annals of Mathematics, 2nd Series, Vol. 54 (1951), S. 296 ff.
3 Vgl. J.R. FREELAND: a.a.O., S. 104.
4 Vgl. T.W. RUEFLI: Analytic Models of Ressource Allocation in Hierarchical Multi-Level Systems, in: Socio-Economic Planning Science, Vol. 8 (1974), S. 357 f.
5 Vgl. H.P. TONN: a.a.O., S. 114 ff.

die Aktionen des einen Spielers die Lösung des anderen Spielers beeinflussen. Die sicherste Strategie für beide Spieler ist die Minimaxlösung des Spiels.[1] Interessant an diesem Modell ist, daß die Zielfunktion des sektoralen Primalmodells die Maximierung des Devisenerlöses ist.[2]

Das Hauptproblem der empirischen Relevanz des Modells von Kornai und Liptak liegt darin, daß die optimalen Dualvariablen (Schattenpreise) $\underline{p}_k$ nur für einen begrenzten Bereich der $\underline{v}_i$-Werte gültig sind. Um diese Schwierigkeit zu verringern, benutzen Kornai/Liptak ein durchschnittliches Mischungsverfahren für die Schattenpreise der verschiedenen Iterationsrunden zur Berechnung der Ressourcenreallokation. Dadurch konvergiert das Lösungsverfahren nicht endlich.[3] Hinzu kommt, daß sich die Konvergenz langsam vollzieht.[4] Deshalb erscheint dieses Verfahren zur Anwendung für konkrete Aufgaben der Entwicklungsplanung als weniger geeignet, obwohl es viele interessante Aspekte aufweist.

Aus ähnlichen Gründen sollen Algorithmen, die auf dem Grundmodell von Kornai/Liptak aufbauen, z.B. von Heal und Aoki, im weiteren Sinne auch von Weitzmann, hier nicht näher beschrieben werden,[5] obwohl sie z.T. außerordentlich aufschlußreiche Lösungsansätze enthalten.

---

1 Vgl. C. SEIDL: Theorie, Modelle und Methoden der zentralen Planwirtschaft - Eine Einführung, Berlin, 1971, S. 272.

2 Vgl. J. KORNAI: Mathematische Methoden, a.a.O., S. 331, 337.

3 Vgl. J.R. FREELAND: a.a.O., S. 104.

4 Vgl. A. TEN KATE: Decomposition of Linear Programs By Direct Distribution, in: Econometrica, Vo. 40 (1972), S. 884;
H.P. TONN: a.a.O., S. 135.

5 T.W. RUEFLI: a.a.O., S 357 und dort angegebene Literatur.

Anhang III: Analytische Darstellung der Nutzenfunktion der Studie über die Elfenbeinküste

Die Nutzenfunktion U (c) ist in diesem Modell eine isoelastische Bernoulli-Funktion.[1] Sie läßt sich am einfachsten durch den Grenznutzen des Konsums und dessen Ableitung definieren:

$$u = \frac{dU}{dc} = Ac^{-1/\sigma}, \qquad (1)$$

$$\frac{du}{dc} = -A \frac{1}{\sigma} c^{-1/\sigma - 1} = -\frac{1}{\sigma} \frac{u}{c} \qquad (2)$$

A ist eine beliebige positive Konstante und c (Niveau des Pro-Kopf-Konsums) ist nicht-negativ. Der Grenznutzen des Konsums muß positiv sein und abnehmen, wenn der Konsum steigt.

Gleichung (2) kann so umformuliert werden:

$$\frac{dc}{c} = -\sigma \frac{du}{u}, \quad \sigma \geq 0 \qquad (2a)$$

Daraus ergibt sich, daß $-\sigma$ die Elastizität des Konsums im Verhältnis zum Grenznutzen des Konsums mißt.

---

[1] Vgl. L.M. GOREUX: a.a.O., S. 175 ff.

Integriert man die Gleichung (1), so ergibt sich die folgende Nutzenfunktion:

$$U = \bar{U} + A \frac{\sigma}{\sigma-1} c^{1-1/\sigma} \quad \text{für } \sigma \neq 1 \text{ und}$$

$$U = A \log \frac{c}{\bar{c}} \quad \text{für } \sigma = 1$$

A ist eine beliebige positive Konstante und $\bar{U}$ eine Integrationskonstante.

Durch angemessene Wahl dieser Konstanten läßt sich die Nutzenfunktion so umschreiben:

$$U = -c^{-(1/\sigma-1)} \quad \text{für } 0 \leq \sigma < 1 \quad (3a)$$

$$U = \ln c \quad \text{für } \sigma = 1 \quad (3b)$$

$$U = +c^{1-1/\sigma} \quad \text{für } \sigma > 1 \quad (3c)$$

Definiert man den Wert der Zielfunktion als Summe der diskontierten Konsumnutzen über einen unendlichen Zeithorizont, so gilt:

$$W = \sum_{t=0}^{t=\infty} (1+\delta)^{-t} U(c_t) \quad (4)$$

In einer Gleichung, in der die Zeit eine diskrete Variable ist, sind c und t nicht-negativ.

Betrachtet man die Konsumniveaus c_0 und c_t zu den Zeitpunkten 0 und t, so läßt sich der Wert der Zielfunktion (4) nach einigen Umformungen so schreiben:

$$(\mu W)^{-1/\rho} = a[\, hc_0^{-\rho} + (1-h)\, c_t^{-\rho}\,]^{-1/\rho} \qquad (4a)$$

μ ist eine Scheinvariable (dummy variable), definiert als $\mu = +1$ für $\sigma > 1$ und $\mu = -1$ für $0 < \sigma < 1$.
Weiterhin gilt: $\rho = 1/\sigma - 1$, $h = [\,1 + (1+\sigma)^{-t}\,]^{-1}$ und $a = [\,1 + (1+\sigma)^{-t}\,]^{-1/\rho}$.

Die umgeformte Zielwertgleichung 4 ist sehr ähnlich der CES-Funktion von Arrow, Chenery, Minhas und Solow:[1]

$$Q = a[\, hk^{-\rho} + (1-h)\, L^{-\rho}\,]^{-1/\rho} \qquad (4b)$$

In Analogie zur Produktionsfunktion (4b) definiert (4a) bei gegebenem W eine Isonutzenkurve für den Pro-Kopf-Konsum im Zeitpunkt 0 (c_0) bzw. t (c_t); σ ist dann ein Maß für die Substitutionselastizität zwischen dem Konsum zum Zeitpunkt 0 und t entlang dieser Kurve.[2]

Trotz der formalen Ähnlichkeit zwischen den zwei Funktionen (4a) und (4b) besteht zwischen beiden ein fundamentaler Unterschied. Die in der Produktionsfunktion (4b) verwendete Annahme von Constant return-to-scale läßt sich empirisch testen, da die drei Variablen in kardinalen Einheiten gemessen werden. In (4a) est W jedoch nicht kardinal, sondern ordinal definiert. Der Wert wird nur benutzt, um die Präferenzen der Konsumenten entlang verschiedener Nutzen-

---

[1] Vgl. K.J. ARROW, H.B. CHENERY, B.S. MINHAS, R.M. SOLOW: Capital Labor Substitution and Economic Efficiency, in: Review of Economics and Statistics, Vol. 43 (1961), S. 226 ff.
[2] Vgl. L.M. GOREUX: a.a.O., S. 176 und die grafische Darstellung, S.177.

Indifferenzkurven zu ordnen. Die verwendete Nutzenfunktion basiert also nicht auf der Grenznutzentheorie.

Die Ordinalität wird nicht von einer monotonen Transformation von W, wie z.B. $W^{-1/\rho}$, beeinträchtigt.[1]

Faßt man aus Vereinfachungsgründen Zeit als kontinuierliche Variable auf, so läßt sich die Zielfunktion (4) so umformen:

$$W = \int_{t=0}^{t=\infty} e^{-\delta t} U(c_t) dt \qquad (4'), \text{ wobei}$$

für U gilt: $U = -c^{-(1/\sigma - 1)}$ für $0 \leq \sigma < 1$ [2]

Im Modell einer geschlossenen Ein-Produkt-Wirtschaft gilt eine einzige Güterbilanz:

$$Y_t = I_t + C_t \qquad (5)$$

In dieser Gleichung bezieht sich C_t auf den Gesamtkonsum, wärend c_t in der Zielfunktion sich auf den Pro-Kopf-Konsum bezieht.

Wählt man die Bevölkerungszahl No in der Ausgangsphase als Einheit, ist C_t mit c_t durch die Bevölkerungswachstumsrate v verbunden:

$$C_t = e^{vt} c_t \qquad (5a)$$

---

1 Vgl. L.M. GOREUX: a.a.O., S. 179.
2 Vgl. Gleichung (3a).

v ist ein zeitinvarianter Parameter, $\bar{N}o = 1$.

Entsprechen die Investitionen der physischen Nettokapitalbildung,[1] so gilt:

$$I_t = \dot{K}_t \qquad (5b)$$

Geht man von der Modellannahme aus, daß die Produktion eine Funktion mit "constant return to scale" in Abhängigkeit von Kapital (K_t) und Arbeit (L_t) ist, wobei L_t eine exogene Variable ist, die mit der gleichen Rate v wie die Bevölkerung wächst, so ergibt sich die Produktionsfunktion:

$$Y_t = Y(K_t, t) \text{ mit } K(o) = \bar{K}_o \qquad (5c)$$

Diese Funktion ist strikt konkav und zweimal kontinuierlich differenzierbar in K.[2]

Setzt man (5a), (5b) und (5c) in die Gleichung 5 ein, so erhält man den Pro-Kopf-Konsum durch:

$$c_t = d^{-vt} [Y(K,t) - \dot{K}] , \qquad (6)$$

wobei $c_t > 0$, $Y_t > 0$ und $K_t > 0$

Ersetzt man in Gleichung (4') c_t durch seinen Wert aus Gleichung (6), so ergibt sich:

---

[1] Physisches Kapital ist die einzige erneuerbare Ressource; sie wird nicht über die Zeit abgeschrieben; vgl. L. M. GOREUX: a.a.O., S. 180 f.

[2] Diese Bedingung wurde im Grundlagenteil behandelt.

$$W = \int_{t=0}^{t=\infty} F(K_t, \dot{K}_t, t)dt. \qquad (4'')$$

Ist F strikt konkav in K_t und $\dot{K}_t$, so ist die Eulersche Gleichung die notwendige und hinreichende Bedingung für W als ein Maximum:

$$\frac{\partial F}{\partial K} = \frac{d}{dt}\left(\frac{\partial K}{\partial \dot{K}}\right) \text{ für alle t} \qquad (7)$$

In diesem Fall kann so umgeschrieben werden:

$$r_t = \delta + v - \frac{\dot{u}_t}{u_t}, \qquad (7a)$$

wobei $r_t = \partial Y/\partial K$, d.h. r_t die Grenzproduktivität des Kapitals angibt.[1]

Nach der dargestellten CES-Nutzenfunktion ist der letzte Ausdruck dieser Gleichung unter Verwendung von (2) als

$$\frac{\dot{u}_t}{u_t} = -\frac{1}{\sigma}\frac{\dot{c}_t}{c_t} \quad \text{zu schreiben.} \qquad (7a')$$

Bezeichnet man die Wachstumsrate des Pro-Kopf-Konsums $\frac{\dot{c}_t}{c_t}$ mit dem variablen Parameter γ_t, so folgt: $\gamma_t = \frac{\dot{c}_t}{c_t}$

---

1 Vgl. L.M. GOREUX: a.a.O., S. 181.

Dann läßt sich Gleichung (7a) mit (7a') zu

$$r_t = \delta + v + \frac{\gamma_t}{\sigma} \qquad (7b)$$

umformen.

Die Eulersche Gleichung definiert also die optimale Wachstumsrate des Pro-Kopf-Konsums (γ_t) im Verhältnis zur endogenen Grenzproduktivität des Kapitals (r_t) und zu den drei zeitinvariablen Parametern σ (Substitutionselastizität), δ (reine Zeitdiskontierungsrate) und v (Bevölkerungswachstumsrate):

$$\gamma_t = \sigma \ (r_t - \delta - v) \qquad (8)[1]$$

---

[1] Vgl. L.M. GOREUX: a.a.O., S. 182; eine intuitive Interpretation dieser Gleichung ohne Verwendung der Eulerschen Gleichung findet sich: ebenda, S. 182 f.

LITERATURVERZEICHNIS

MONOGRAPHIEN

Adelmann, J.; Thorbecke, E. (ed.)
    The Theory and Design of Economic Development, Baltimore 1966

Baetge, J.
    Systemtheorie und sozio-ökonomische Anwendung, Berlin 1976

Bernholz, P.
    Grundlagen der politischen Ökonomie, 1. Band, Tübingen 1972

Besters, H.; Boesch, E.E. (Hrsg.)
    Entwicklungspolitik, Stuttgart, Berlin, Mainz 1966

Blaas, W.; Henseler, P.
    Theorie und Technik der Planung, Wien 1978

Blitzer, Ch.R.; Clark P.B.; Taylor, L. (ed.)
    Economy-Wide Models and Development Planning, London 1975

Boettcher, E. (Hrsg.)
    Beiträge zum Vergleich der Wirtschaftssysteme, Berlin 1970

Bössmann, E.
    Die ökonomische Analyse von Kommunikationsbeziehungen in Organisationen, Berlin, Heidelberg, New York 1967.

Boucon, B.; Bouries, J.; Lorenzi, J.-H.; Rosier, B.
    Modèles de Planification Décentralisée, Presses Universitaires de Grenoble 1973

Brody, A. (ed.)
    Economic Development and Planning, Budapest 1970

Bruce, C.
    A Guide for Country and Project Economists to the Derivation and Application of Social Accounting Prices, IBRD, Washington D.C. 1975

Buhr, W.
    Dualvariable als Kriterien unternehmerischer Planung, Meisenheim a.G. 1967

Bundesstelle für Außenhandelsinformationen
    Nachrichten für den Außenhandel, Köln verschiedene Jahrgänge

Chenery, H.B. (ed.)
    Studies in Development Planning, Cambridge (Mass.) 1971

Chervel, M.; Le Gall, M.
    Manuel d'évaluation économique des projets - La méthode des effets, République Française, Ministère de la Coopération, Paris 1976

Cochrane, J.L.; Zeleny, M. (ed.)
    Multiple Criteria Decision Making, Columbia 1973

Dantzig, G.B.
    Lineare Programmierung und Erweiterungen, Berlin, Heidelberg, New York 1966

Das, R.K.
    Optimal Investment Planning, Rotterdam 1974

Dasgupta, P.; Marglin, S.; Sen, A.
    Guidelines for Project Evaluation, UNIDO, New York 1972

Dick, H.; Gerken, E.; Vincent, D.P.
    Die Landwirtschaft der Entwicklungsländer unter dem Einfluß von Ölpreissteigerungen und Nahrungspreissenkungen. Eine quantitative Analyse der Wirkungen auf Außenhandel, Produktion und Wertschöpfung in der Elfenbeinküste, Mexiko und Südkorea. Kieler Arbeitspapier Nr. 127, Kiel 1981

Fischer, B.; Gerken, E.; Hiemenz, U.
    Growth, Employment and Trade in an Industrializing Economy - A Quantitative Analysis of Mexican Development Policies, Tübingen 1982

Freeland, J.R.
    Conceptual Models of the Resource Allocation Decision-Process in Hierarchical Decentralized Organizations, Diss., Georgia Institute of Technology, 1973

Frisch, R.
    Macroeconomics and Linear Programming, Memorandum fra Socialokonomisk Institut, o.O., 156

Geoffrion, A.M. (ed.)
    Perspectives on Optimization, Reading, Mass., 1972

Goreux, L.M.; Manne, A.S. (ed.)
    Multi-Level Planning: Case Studies in Mexico, Amsterdam, London, New York 1973

Goreux, L.M.
    Interdependence in Planning - Multilevel Programming Studies of the Ivory Coast, Baltimore, London 1977

Haen, H.de; Evers, I.; Gans, O.; Henrichsmeyer, W.
    Integrierte Entwicklungsplanung - Eine Bestandsaufnahme, Berlin 1975

Halbach, A.J.; Osterkamp, R.; Braun, A.
    Wirtschaftsordnung, sozio-ökonomische Entwicklung und weltwirtschaftliche Integration in den Entwicklungsländern, BMWi-Studienreihe Nr. 36, Juli 1981

Harbusch, P.; Wiek, D. (Hrsg.)
    Marktwirtschaft, Stuttgart 1975

Heal, G.M.
    The Theory of Economic Planning, Amsterdam, Oxford 1974

Hedtkamp, G.
    Wirtschaftssysteme, München 1974

Hemmer, H.-R.
    Wirtschaftsprobleme der Entwicklungsländer - Eine Einführung, München 1978

Hemmer, H.-R.
    Zur Problematik der gesamtwirtschaftlichen Zielfunktion in Entwicklungsländern, Saarbrücken 1978

Jennergren, L.P.
    Studies in Mathematical Theory of Decentralized Resource-Allocation, The Economic Research Institute at The Stockholm School of Economics 1972

Kade, G.
Die Grundannahmen der Preistheorie - Eine Kritik an den Ausgangssätzen der mikroökonomischen Modellbildung, Berlin, Frankfurt a.M. 1962

Kendall, M.G. (ed.)
Cost-Benefit-Analysis, Liverpool 1971

Kendrick, D.A.; Stoutjesdijk, A.J.
The Planning of Industrial Investment Programs - A Methodology, Baltimore, London 1978

Kiener, E.
Kybernetik und Ökonomie, Bern 1973

Körth, H.; Otto, C.; Runge, W.; Schoch, M.
Lehrbuch der Mathematik für Wirtschaftswissenschaften, Opladen 1972

Koopmans, T.C. (Hrsg.)
Activity Analysis of Production and Allocation, New York 1951

Koopmans, T.C.
Three Essays on the State of Economic Science, New York, Toronto, London 1957

Kornai, J.
Mathematische Methoden bei der Planung der ökonomischen Struktur, Berlin (Ost), Vol. 1 (1969)

Kornai, J.
Anti-Äquilibrium, Berlin, Heidelberg, New York 1975

Lasdon, L.S.
Optimization Theory for Large Systems, New York, Toronto 1970

Leontief, W.; Stein, H.
The Economic System in an Age of Discontinuity, New York 1976

Little, I.M.D.; Mirrlees, J.A.
Manual of Industrial Project Analysis in Developing Countries, Vol. II: Social Cost Benefit Analysis, OECD, Paris 1969

Little, I.M.D.; Mirrlees, J.A.
Project Appraisal and Planning for Developing Countries, London 1974

Meimberg, R. (Hrsg.)
 Voraussetzungen einer globalen Entwicklungspolitik und
 Beiträge zur Kosten- und Nutzenanalyse. Schriften des
 Vereins für Socaialpolitik, N.F. Band 59, Berlin 1971

Messarovic, M.D.; Macko, D.; Takahara, Y.
 Theory of Hierarchical Multilevel Systems, New York
 1970

Mikus, R.
 Die Theorie der indikativen Planung unter besonderer
 Berücksichtigung des Problems unvollkommener Informa-
 tionen, Berlin 1976

Mitteilungen der Bundesstelle für Außenhandelsinformationen,
 Köln, verschiedene Jahrgänge

Nemtschinow, W.S.; Kantorowitsch, L.W.; u.a. (Hrsg.)
 Die Anwendung der Mathematik bei ökonomischen Untersuchungen, Berlin 1967 (Budapest 1965)

Novozhilow, V.V.
 Problems of Cost-Benefit Analysis in Optimal Planning,
 New York 1970

Pfouts, R. (ed.)
 Essays in Economics and Econometrics, Chapel Hill,
 N.C. 1960

Pratten, C.; Dean, R.M.
 The Economies of Large-Scale Production in British In-
 dustry, Occasional Papers no. 3, Department of Applied
 Economies, Cambridge 1965

Quayum, A.
 Theory and Policy of Accounting Prices, Amsterdam 1960

Rand Report
 No. Rm 5829-PR, 1968

Rieger, H.Ch.
 Begriff und Logik der Planung, Schriftenreihe des Süd-
 asien-Instituts der Universität Heidelberg, Wiesbaden
 1967

Sander, H.-J.
 Dualität bei Optimierungsaufgaben, München, Wien 1973

Sengupta, J.K.; Fox, K.A.
    Optimization Techniques in Quantitative Economic Models, Amsterdam, London 1969

Schmidt, K.
    Projektplanung - Intertemporale Konsumallokation und Cost-Benefit-Analyse für Entwicklungsprojekte, Bern, Stuttgart 1976

Seidl, C.
    Theorie, Modelle und Methoden der zentralen Planwirtschaft - Eine Einführung, Berlin 1971

Sfeir-Younis, A.; Bromley, D.W.
    Decision Making in Developing Countries - Multiobjective Formulation and Evaluation Methods, New York 1977

Simon, H.A.; Kometzky, G.; Tyndall, G.
    Centralization vs. Decentralization in Organizing the Controller's Department, The Controllership Foundation, 1954

Simon, H.A.
    Models of Man, New York 1957

Stunkel, K.R. (ed.)
    National Energy Profiles, New York 1981

Szyperski, N.; Nathusius, K.
    Information und Wirtschaft - Der informationstechnische Einfluß auf die Entwicklung unterschiedlicher Wirtschaftssysteme, Frankfurt, New York 1975

Tak, H. van der; Squire, L.
    Economic Analysis of Projects, IBRD, Staff Working Paper No. 194, Washington D.C. 1975

Tinbergen, J.; Bos, H.
    Mathematical Models of Economic Growth, New York, San Fransisco, Toronto 1962

Tinbergen, J.
    Central Planning, New Haven, London 1964

Tonn, H.P.
    Mehrebenenmodelle als Mittel und Abbildung gesamtheitlich geplanter Wirtschaftssysteme, Diss., Darmstadt 1971

UNESCO
Côte d'Ivoire: Education et développement (Rapport confidentiel, EFM/57), Vol. 1, Problèmes et recommendations, Paris 1973

Urff, W. von
Zur Programmierung von Entwicklungsplänen - Eine theoretische und empirische Analyse unter besonderer Berücksichtigung der indischen Entwicklungsplanung, Berlin 1973

Vaurs, R.; Condos, A.; Goreux, L.M.
A Programming Model of Ivory Coast, Development Research Center, World Bank, Washington D.C. 1971

Vaurs, R.; Goreux, L.M.; Condos, A.
An Agricultural Model from the Ivory Coast Programming Study, International Bank for Reconstruction and Development, Economic Staff Working Paper No. 125, March 10, Washington D.C. 1972

Voss, W.
Praktischer Leitfaden zur volkswirtschaftlichen Bewertung von Inputs und Outputs im Rahmen der Cost-Benefit-Analyse, Veröffentlichungen aus dem Arbeitsbereich der Kreditanstalt für Wiederaufbau, Nr. 10/73

Weingartner, H.M.
Mathematical Programming and Analysis of Capital Budgeting Problems, Chicago, Illinois 1967

Weiss, D.
Evaluierung von Entwicklungsprojekten - Ein kritischer Vergleich des neuen Weltbank-Ansatzes mit dem UNIDO und dem revidierten OECD-Ansatz, Berlin (DIE) 1976

Windeck, K.-J.
Foreign Trade Analysis for the Mano River Union - An Approach to Identification of Industrial Projects, Freetown, Hamburg 1981

World Bank,
Development Research Center, Working Papers on Rural Sector Model in the Ivory Coast, Washington D.C. 1975;
1. Vaurs, R., General Description of the Model System;
2. Quaix, H.; Vaurs, R., Exports, Food Demand and Population;
3. Vaurs, R., North Region Model;
4. Guinard, L., Techniques for the South Region Model;
5. Vaurs, R., South Region Model;
6. Loup, J., Livestock Model

World Bank
  Staff Working Paper No. 258, Multi-Level Programming and Development Policy, May 1977

Zangwill, W.J.
  Nonlinear Programming: A Unified Approach, Prentice Hall, Engiewood Cliffs, New Yersey 1969

Zentes, J.
  Die Optimalkomplexion von Entscheidungsmodellen, Köln, Berlin, Bonn, München 1976

Zschau, E.V.W.
  A Primal Decomposition Algorithm for Linear Programming, Diss., Stanford University, 1967

AUFSÄTZE

Arrow, K.J.; Hurwicz, L.
  Decentralization and Computation in Resource Allocation, in: Pfouts, R. (ed.), Essays in Economics and Econometrics, Chapel Hill, N.C., 1960, S. 34-104

Arrow, K.J.; Chenery, H.B.; Minhas, B.S.; Solow, R.M.
  Capital Labor Substitution and Economic Efficiency, in: Review of Economics and Statistics, Vol. 43 (1961), S. 225-250

Balinski, M.L.
  Integer programming: Methods, uses, computation, in: Management Science, Vol. 11 (1965), S. 253-313

Baumol, W.J.; Fabian, T.
  Decomposition, Pricing for Decentralization and External Economies, in: Management Science, Vol. 11 (1964), S. 1-32

Beckmann, M.
  Grundbegriffe der Produktionstheorie vom Standpunkt der Aktivitätsanalyse, in: Weltwirtschaftliches Archiv, Band 75 (1955), S. 33-58

Beckmann, M.
    Lineares Programmieren und neoklassische Theorie, in: Weltwirtschaftliches Archiv, Band 84 (1960), S. 39-52

Benders, J.F.
    Partioning Procedures for Solving Mixed Variables Programming Problems, in: Numerische Mathematik, Vol. 4 (1962), S. 238-261

Biermann, H.
    Mehrebenenplanung sozialistischer Volkswirtschaften in automatentheoretischer Sicht, in: Jahrbuch für Sozialwissenschaften, Band 22 (1971), S. 84-117

Bruno, M.
    Planning Models, Shadow Prices, And Project Evaluation, in: Blitzer, Ch.R.; Clark, P.B.; Taylor, N.; Economy-Wide Models and Development Planning, London 1975, S. 197-211

Carleton, W.T.; Kendall, G.; Tandon, S.
    Application of the Decomposition Priciple to the Capital Budgeting Problem in a Decentralized Firm, in: Journal of Finance, Vol. 29 (1974), S. 815-827

Cassidy, R.G.; Kirby, M.J.L.; Raike, W.M.
    Efficient Distribution of Resources Through Three Levels of Government, in: Management Science, Vol. 17 (1971), S.B 462-473

Champernowne, D.G.
    A Note on Mr. Farrell's Model, in: Econometrica, Vol. 22 (1954), S. 303-309

Charnes, A.; Clower, R.W.; Kortanek, K.O.
    Effetive Control through Coherent Decentralization with Preemptive Goals, in: Econometrica, Vol. 35 (1967), S. 294-320

Dantzig, G.B.; Wolfe, P.
    Decomposition Principle for Linear Programs, in: Operations Research, Vol. 8 (1960), S. 101-111

Dantzig, G.B.; Wolfe, P.
    The Decomposition Algorithm for Linear Programs, in: Econometrica, Vol. 29 (1961), S. 767-778

Dean, J.
    Decentralization and Intracompany Pricing, in: Harvard Business Review, Vol. 33 (1955), S. 65-74

Demmler, H.
　Die Ermittlung der Lohnkosten im Rahmen der Cost-Benefit-Analyse bei Projekten in Entwicklungsländern, in: Meimberg, R. (Hrsg.), Voraussetzungen einer globalen Entwicklungspolitik und Beiträge zur Kosten- und Nutzenanalyse. Schriften des Vereins für Socialpolitik, N.F. Band 59, Berlin 1971, S. 112-130

Farrell, M.J.
　An Application of Activity Analysis to the Theory of the Firm, in: Econometrica, Vol. 22 (1954), S. 291-302

Freeland, J.R.; Moore, J.H.
　Implications of Resource Directive Allocation Models for Organizational Design, in: Management Science, Vol. 23 (1977), S. 1050-1959

Frisch, R.
　A Complete Scheme for Computing All Direct and Cross Demand Elasticities in a Model with Many Sectors, in: Econometrica, Vol. 27 (1959), S. 177-196

Geoffrion, A.M.
　Primal Resource-Directive Approaches for Optimizing Nonlinear Decomposable Systems, in: Operations Research, Vol. 18 (1970), S. 375-403

Geoffrion, A.M.; Marsten, R.
　Integer Programming Algorithms: A Framework and State of the Art Survey, in; Geoffrion, A.M. (ed.), Perspectives on Optimization, Reading, Mass., 1972, S. 137-163

Geoffrion, A.M.
　Elements of Large-Scale Mathematical Programming, in: Management Science, Vol. 16 (1970), S. 652-691

Grinold, R.C.
　Steepest Ascent for Large Scale Linear Programs, in: SIAM Review, Vol. 14 (1972), S. 447-464

Hammel, W.; Hemmer, H.R.
　Zur Methodik der Cost-Benefit-Analyse bei Entwicklungshilfeprojekten, in: Meimberg, R. (Hrsg.), Voraussetzungen einer globalen Entwicklungshilfepolitik und Beiträge zur Kosten- und Nutzenanalyse. Schriften des Vereins für Socialpolitik, N.F. Band 59, Berlin 1971, S. 93-111

Harberger, A.C.
: Three basic postulates for applied welfare economies: an interpretative essay, in: Journal of Economic Literature, Vol. 9 (1971), S. 785-797

Hemmer, H.R.
: Die Ermittlung der Lohnkosten im Rahmen der Cost-Benefit-Analyse bei Projekten in Entwicklungsländern: Eine Erwiderung, in: Meimberg, R. (Hrsg.), Voraussetzungen einer globalen Entwicklungspolitik und Beiträge zur Kosten- und Nutzenanalyse. Schriften des Vereins für Socialpolitik, N.F. Band 59, Berlin 1971, S. 131 - 132

Hemmer, H.-R.
: Die Grenzen der Marktwirtschaft als ordnungspolitischer Konzeption in Entwicklungsländern, in: Harbusch, P.; Wiek, D. (Hrsg.), Marktwirtschaft, Stuttgart 1975, S. 59-75

Hurwicz, L.
: The Design of Mechanisms for Resource Allocation, in: American Economic Review, Papers and Proceedings, Vol. 63 (1973), S. 1-30

Jennergren, L.P.
: A Price Schedules Decompositions Algorithm for Linear Programming Problems, in: Econometrica, Vol. 41 (1973), S. 965-980

Kate, A. ten
: A Comparison Between Two Kinds of Decentralized Optimality Conditions in Nonconvex Programming, in: Management Science, Vol. 18 (1972), S. B735-743

Kate, A. ten
: Decomposition of Linear Programs By Direct Distribution, in: Econometrica, Vol. 40 (1972), S. 734-743

Koopmans, T.C.
: Analysis of Production as an Efficient Combination of Activities, in: Koopmans, T.C. (Hrsg.), Activity Analysis of Production and Allocation, New York 1951, S. 33-97

Koopmans, T.C.
: Allocation of Resources and the Price System, in: Three Essays on the State of Economic Science, New York, Toronto, London 1957, S. 1-26

Kornai, J.; Liptak, T.
Two Level Planning, in: Econometrica, Vol. 33 (1965), S. 141-169

Kornai, J.; Liptak, T.
Planung auf zwei Ebenen, in: Nemtschinow, W.S.; Kantorowitsch, L.W. u.a. (Hrsg.), Die Anwendung der Mathematik bei ökonomischen Untersuchungen, Berlin 1967 (Budapest 1965), Wien 1968, S. 102-127

Kornai, J.
Multi-level programming - a first report on the model and on the experimental computation, in: European Ecomic Review, 1969, S. 134-191

Kronsjö, T.O.
A Decentralized Economic Planning System Based on Decomposition into Only Master Problems, in: Jahrbuch der Wirtschaft Osteuropas, Band 3, o.J., S. 137 - 151

Krouse, C.G.
Complex Objectives, Decentralization and the Decision Process of the Organization, in: Administrative Science Quarterly, Vol. 17 (1972), S. 544-554

Kydland, F.
Hierarchical Decomposition in Linear Economic Models, in: Management Science, Vol. 21 (1975), S. 1029-1039

Maier, S.F.; Van der Weide, J.H.
Capital Budgeting in the Decentralized Firm, in: Management Science, Vol. 23 (1976), S. 433-443

Malinvaud, E.
Decentralized Procedures for Planning, in: Malinvaud, E.; Bacharach, M.O.L. (ed.), Activity Analysis in the Theory of Growth and Planning, London 1967, S. 170-208

Marschak, T.
Centralization and Decentralization in Economic Organizations, in: Econometrica, Vol. 27 (1959), S. 399-430

Meimberg, R. (Hrsg.)
Voraussetzungen einer globalen Entwicklungspolitik und Beiträge zur Kosten- und Nutzenanalyse. Schriften des Vereins für Socialpolitik, N.F. Band 59, Berlin 1971, S. 11-63

Moeseke, P.V.; Ghellink, G. de
    Decentralization in Separable Programming, in: Econometrica, Vol. 37 (1969), S. 73-78

Portes, R.D.
    Decentralized Planning Procedures and Centrally Planned Economies, in: American Economic Review, Papers and Proceedings, Vol. 61 (1971), S. 422-429

Ramsey, F.P.
    A Mathematical Theory of Saving, in: Economic Journal, Vol. 38 (1928), S. 543-559

Robinson, J.
    An Iterative Method of Solving a Game, in: Annals of Mathematics, 2nd Series, Vol. 54 (1951), S. 296-301

Rosenbaum Randall, L.R.
    Mexico, in: Stunkel, K.R. (ed.), National Energy Profiles, New York 1981, S. 270-314

Ruefli, T.W.
    Behavioral Externalities in Decentralized Organizations, in: Management Science, Vol. 17 (1971), S. B649-B657

Ruefli, T.W.
    A Generalized Goal Decomposition Model, in: Mangement Science, Vol. 17 (1971), S. 505-518

Ruefli, T.W.
    Linked Multi-Criteria Decision Models, in: Cochrane, J.L.; Zeleny, M. (ed.), Multiple Criteria Decision Making, Columbia 1973, S. 406-415

Ruefli, T.W.
    Analytic Models of Resource Allocation in Hierarchical Multi-Level Systems, in: Socio-Economic Planning Science, Vol. 8 (1974), S. 353-363

Sato, K.
    Additive Utility Functions with Double-Log Consumer Demand Functions, in: Journal of Political Economy, Vol. 80 (1972), S. 102-124

Silverman, G.J.
    Primal Decomposition of Mathematical Programs by Resource Allocation, in: Operations Research, Vol. 20 (1972), S. 58-93

Simon, H.A.
　On the Concept of Organizational Goal, in: Administrative Science Quarterly, Vol. 9 (1964), S. 1-22

Tinbergen, J.
　Methodik der Entwicklungsplanung, in: Besters, H.: Boesch, E.E. (Hrsg.), Entwicklungspolitik, Stuttgart, Berlin, Mainz 1966, S. 667-700

Weitzmann, M.
　Iterative Multilevel Planning with Production Targets, in: Econometrica, Vol. 38 (1970), S. 50-65

Welch, R.L.
　An Interactive Market-Planning Procedure, in: Econometrica, Vol. 44 (1976), S. 1141-1152

Westphal, L.E.
　Planning with Economies of Scale, in: Blitzer, Ch.R.; Clark, P.B.; Taylor, L. (ed.), Economy-Wide Models and Development Planning, London 1975, S. 257-306

Younes, Y.
　Indices prospectifs quantitatifs et procédures décentralisées d'élaboration des plans, in: Econometrica, Vol. 40 (1972), S. 137-146

Zentrum für regionale Entwicklungsforschung der Justus-Liebig-Universität Gießen

D-6300 Gießen · Diezstraße 15

Schriften   ISSN 0170-1614

1 Hemmer, Hans-Rimbert: Zur Problematik der gesamtwirtschaftlichen Zielfunktion in Entwicklungsländern. Zweite revidierte Auflage. 1978. 129 Seiten. DM 16,50. ISBN 3-88156-097-1.

2 Lemnitzer, Karl-Heinz: Ernährungssituation und wirtschaftliche Entwicklung. 1977. 349 Seiten. DM 30,–. ISBN 3-88156-076-9.

3 Bodenstedt, A. Andreas: Industrialisierte Agrartechnik – Modell regionaler ländlicher Entwicklung? 1977. 63 Seiten. DM 10,–. ISBN 3-88156-077-7.

4 Alewell, Karl zusammen mit Bernd Rittmeier: Dienstleistungsbetriebe als Gegenstand von Regionalförderungsmaßnahmen. 1977. 118 Seiten. DM 15,–. ISBN 3-88156-089-0.

5 Kroker, Detlef: Innovatives Handeln und Motivation. 1977. 157 Seiten. DM 20,–. ISBN 3-88156-090-4.

6 Kaufmann, Reinhard: Vergleichende Untersuchung strukturschwacher Regionen der Europäischen Gemeinschaften. 1978. 64 Seiten. DM 10,–. ISBN 3-88156-099-8.

7 Boguslawski, Michael von und Rolf Betz: Kommentare zur Regionalplanung in Entwicklungsländern: Kisii District Planning/Kenya. 1979. 66 Seiten. DM 10,–. ISBN 3-88156-113-7.

8 Bodenstedt, A. Andreas et al.: Das Ernährungsverhalten ländlicher und städtischer Bevölkerung in Kolumbien. 1979. 270 Seiten. DM 30,–. ISBN 3-88156-114-5.

9 Boguslawski, Michael von et al.: Die Berücksichtigung von Ernährungsaspekten bei der Regionalplanung in Entwicklungsländern. 1979. 118 S. DM 15,–. ISBN 3-88156-122-6.

10 Bodenstedt, A. Andreas et al.: Fehlernährung und ihre Folgen für die regionale Entwicklung. 1979. 96 S. DM 13,–. ISBN 3-88156-128-5.

11 Aberle, Gerd et al.: Konflikte durch Veränderungen in der Raumnutzung. 1979. 182 S. Zahlreiche Bildseiten und Karten. DM 28,–. ISBN 3-88156-136-6

12 Bäuerle, Gerhard: Naturorientiertes Freizeitwohnverhalten und Freizeitwohninteresse – dargestellt an drei Teilräumen in Gießen. 1979. 101 S. + 6 S. Anhang. DM 14,–. ISBN 3-88156-139-0.

Zentrum für regionale Entwicklungsforschung der Justus-Liebig-Universität Gießen

D-6300 Gießen · Diezstraße 15

Schriften ISSN 0170-1614

13 Boguslawski, Michael von: Regionalplanung und ländliche Entwicklung. Theoretische Grundlagen und praktische Anwendbarkeit in Entwicklungsländern. 1980. 279 S. DM 32,–. ISBN 3-88156-148-X.

14 Thimm, Heinz-Ulrich: Integrated Rural Development (IRD). Kommentar zum »Ontwikkelingsplan vir Owambo/Namibia«. 1980. 91 S. DM 12,–. ISBN 3-88156-156-0.

15 Amatucci, Andrea und Hemmer, Hans-Rimbert (Hrsg.): Wirtschaftliche Entwicklung und Investitionspolitik in Süditalien. 1981. 257 S. DM 35,–. ISBN 3-88156-166-8.

16 Thimm, Heinz-Ulrich: Integrated Rural Development (IRD): Comments on »Planning Proposals for Venda/S.A.« 1981. IV, 84 p. 7 fig(s). DM 11,–. ISBN 3-88156-169-2.

17 Bodemeyer Reinhard et al.: Stadt-Land-Verflechtung und Einkommensverteilung in Entwicklungsländern. Vorträge einer Öffentlichkeitsveranstaltung des Zentrums für regionale Entwicklungsforschung am 2. Juni 1981 in Gießen. 1981. XIII, 104 S. DM 14,–. ISBN 3-88156-189-7.

18 Stremplat, Axel V. und Stremplat-Platte, Petra: Kommentare zur Regionalplanung in Entwicklungsländern: Shinyanga Regional Integrated Development Plan, United Republic of Tanzania. 1981. III, 83 S. 2 Ktn. DM 12,–. ISBN 3-88156-190-0.

19 Stremplat, Axel V.: The Impact of Food Aid and Food Security Programmes on the Development in Recipient Countries. Including Case Studies in the Republic of The Gambia, the Republic of Niger, and the United Republic of Tanzania. 1981. VI, 61 p. 7 figs. 3 maps. DM 10,–. ISBN 3-88156-191-9.

20 Giese, Ernst: Voraussichtliche Entwicklung der Studentenzahlen in der Bundesrepublik Deutschland bis Ende der 80er Jahre. 1982. III, 73 S. 7 Abb. 2 Ktn. DM 12,–. ISBN 3-88156-203-6.

21 Spitzer, Hartwig: Das räumliche Potential als entwicklungspolitische Basis. 1982. XV, 506 S. 31 Fotos. 128 Abb./Tab. DM 49,50. ISBN 3-88156-212-5.

22 Arbeitsgruppe Stadt-Land-Verflechtung (Hg.): Aspekte der Stadt-Land-Beziehungen in Entwicklungsländern. 1982. IX, 129 S. DM 19,–. ISBN 3-88156-215-X.

Zentrum für regionale Entwicklungsforschung der Justus-Liebig-Universität Gießen

D-6300 Gießen · Diezstraße 15

Schriften ISSN 0170-1614

23 Göricke V.: Institutionenaufbau in IRD-Programmen. Das Beispiel der Region Dodoma/Tansania. 1982. VI, 290 S. DM 36,–. ISBN 3-88156-216-8.

24 Giese, Ernst; Benke, Eckhard; Towara, Michael: Zum Problem der Festlegung des kommunalrechtlichen Status von Städten. Eine Evaluierung und empirische Überprüfung der Kriterien zur Festlegung des kommunalrechtlichen Status hessischer Städte. 1982. IV, 108 S., 12 Abb., 19 Tab., DM 14,–. ISBN 3-88156-217-6.

25* Krietemeyer, Hartmut: Der Erklärungsgehalt der Exportbasistheorie. 1983. IX, 224 S., 16 Abb., 29 Tab., DM 46,—. ISBN 3-87895-240-6.

26 Windeck, Klaus-J.: Strukturelle Planung. Mehrebenenplanung in Entwicklungsländern. 1984. VII, 328 S., 16 Abb., 12 Tab., DM 59,—. ISBN 3-87895-252-X.

---

*
Die Schriften des Zentrums für regionale Entwicklungsforschung der Justus-Liebig-Universität Gießen werden bis einschließlich Bd. 24 vertrieben von Verlag breitenbach Publishers,
Memeler Straße 50, 6600 Saarbrücken, Germany
P.O.B. 16243 Fort Lauderdale/Plantation, Fla 33318, USA.
Ab Bd. 25 wenden Sie sich bitte an
Verlag Weltarchiv GmbH, Neuer Jungfernstieg 21, 2000 Hamburg 36